# 사회복지조사론

Social Welfare Inquiry

손병덕
신연희
양혜원
이상무
장신재
전미애
황혜원 공저

학지사

# 머리말

사회복지조사는 사회과학의 한 분야로서 사회복지적 문제들을 해결하기 위해 과학적인 지식 및 사회복지실천분야와 사회과학의 축적된 지식을 총동원하여 기존 지식을 기각하거나 강화하고, 새로운 지식을 제시하려는 과학적이며 실천적인 탐구활동이다. 사회적 소외계층의 문제를 해소하려는 사회 개량적 특성을 지니며, 주로 사회복지서비스를 적절하게 제공하기 위한 계획적 욕구조사, 사회복지서비스의 효과성과 효율성을 평가하기 위한 평가조사, 사회복지정책이나 프로그램의 대안이 적절한지를 알아보기 위한 상관관계를 분석하는 시험적 조사 등이 이루어진다. 이때 모든 탐색활동은 통계적으로 검증할 수 있는 양적조사나 특정 상황에 대한 통일적인 특성을 찾아 독특성, 복잡성, 상호관련성을 찾아내려는 질적조사로 이루어진다.

사회복지조사는 경험적 인식 · 시간 · 비용의 제한과 정치 · 문화 · 사회적 요인의 제한 그리고 개인적인 가치의 선호에도 불구하고, 경험과학을 통해 실제 생활에 개선을 가져오는 지식의 도출, 효과적인 실천방법의 제시, 사회복지이론과 실천기술의 구축에 있어서 인간의 복잡한 특성을 매우 유용하게 사용해 왔다.

이 책을 통해 사회복지조사 연구를 위한 방법론을 이해하고, 이를 현장연구에 적용하여, 사회가 안고 있는 사회복지적 문제들을 개선하는 데 유용한 지식과 이론, 효과적인 실천방법 도출에 의미 있는 진전이 있기를 기대한다. 이 책이 출판되기까지 모든 노력을 다하여 주신 학지사 김진환 사장님과 직원분들께 감사의 말씀을 전한다.

2021년 3월

저자 일동

# 차례

◆ ◆ ◆

제1장

# 사회과학과 조사연구방법

이 장에서는 사회복지의 상위 학문분류체계인 사회과학의 의미와 특징을 탐구하고, 사회과학연구의 가치를 살펴보며, 사회과학연구의 주요 추론방법인 귀납적·연역적 추론방법을 개괄한다. 나아가 조사연구방법 과정과 사회과학연구에 있어 중요하게 기억되어야 할 윤리적 문제들을 짚어 본다.

## 1. 사회복지실천에서 과학적 방법의 유용성과 필요성

현대 사회과학계 연구자와 전문실천가들은 개념적으로 타당하고 방법론적으로도 적절한 연구방법들을 확보하려고 한다. 다른 사회과학 학문들에 비하여 비교적 늦은 1930년대부터 전문사회사업영역이 발전하기 시작한 사회복지분야(류상열, 2003: 160-161)는 비록 늦은 출발을 하였지만 출발과 동시에 과학적 방법론을 도입하여 연구와 실천에 적용해 왔다. 특히 사회복지실천을 위하여 경험적 기반을 탄탄하게 놓으려고 하는 사회복지계는 엄정한 증거를 토대로 하는 조사방법들을 담보하려 노력하고 있다. 이런 시도들은 사회복지적 문제에 직면한 개인, 가족, 집단 그리고 사회 전반을 대상으로 하는 다양한 사회복지개입의 유효성과 타당성을 객관적으로 검증하게 하고 더 나은 정책과 개입 프로그램의 개발에 지대한 기여를 할 것으로 판단한다.

사회복지실천 이론과 연구결과들에 대한 **과학적 방법**과 **검증의 유용성**은 「사회복지사윤리강령」 제2조 제1항(한국사회복지사협회, 2020)의 "사회복지사는 클라이언트에게 최상의 서비스를 제공하기 위해 지식과 기술을 개발하는 데 최선을 다하며 이를 활용하고 전파할 책임이 있다."와 부합하며, 미국사회복지사협회 서비스가이드에 나타난 바와 같이 "사회복지사는 사회복지서비스의 유용성을 평가하기 위한 연구지식과 실천기술을 소유하여야 한다. 사회복지사는 사정과 개입계획을 위한 데이터수집에 대한 지식과 개입행위의 효과를 검증하는 객관적인 측정방법을 이해하고 있어야 한다."(NASW, 2020)와도 맥을 같이한다. 예를 들어, 최근 사회복지현장에서 주요 실천방법으로 대두되는 '사례관리' 실천을 위하여 가장 중요한 과제인 '사정(assessment)'을 위한 도구가 필요할 때 심리 · 사회 · 인지적 특성을 판별하기 위한 모든 과정은 사회과학을 기반으로 하는 과학적 조사연구방법에 의해 실행된다. 만약 사회복지종사자들이 기관과 대상의 특성을 고려하는 사정도구들을 개발하고자 한다면 축적된 과학적 방법론과 사고체계가 필수적인 역할을 할 것이다. 그만큼 사회복지분야에서 과학적 방법의 습득과 축적을 통한 실천능력이 중요하기 때문에 관련 지식에 대한 이해와 적용능력은 중요한 과제가 된다.

물론 사회과학의 발전과 함께 성장한 양적연구가 사회복지실천에 기여한 긍정적 기여에 대하여 질적방법론을 선호하는 연구자들이 '엄밀하게 말하여 객관적인 데이터가 존재하는가?' '사회복지는 복잡하고 다양한 인간관계의 문제를 다루는 데 인간을 인간 자체로 간주하기보다는 변수와 변수들 간의 관계를 다루는 사회과학적 방법론이 신뢰할 만한 해결방법을 제시할 수 있는가?'라는 질문을 제기하기도 한다. 그러나 질적연구방법은 사회과학적 양적연구방법과 적절한 조화를 이룰 수 있으며, 질적연구방법이 양적연구방법이 성취하고 있는 논리적 · 과학적 접근의 장점들을 수용한다면 최상의 사회복지서비스 실현을 위하여 보다 나은 진보를 이룰 수 있을 것이라 판단된다. 따라서 사회복지의 일반적 대상이 되는 개인과 사회의 중요한 문제들을 해소 혹은 해결하기 위한 사회복지개입의 유용성을 검증할 수 있고, 이를 바탕으로 서비스계획수립과 개입 그리고 정책적 방향을 설정하는 데 양적연구방법에 기반하는 과학적 연구방법들이 지대하게 기여할 수 있다. 따라서 과학적이고 합리적인 증거에 기초하는 사회조사연구방법론에 대한 이해는 사회복지실천과 정책수립 모두를 위해 중요한 지식을 제공할 것이다.

사회복지의 대분류체계인 사회과학(Social Science) 학문분야에서 '과학(Science)'

은 진실을 규명하는 데 목표를 두고 경험주의(empiricism: 경험과 증거를 중시하며 주로 인간의 인식능력을 통하여 가설을 관찰 · 검증하는 과학적 과정), 실험주의(experimentation: 변수 간 인과관계를 검증하는 방법으로서 주로 문제를 해소하고 이론을 수립하기 위해 사용되며 실험집단과 비교집단을 도입) 그리고 방법론적 자연주의(methodological naturalism: 자연주의는 자연과 같이 여기 현존하는 지식을 다루며, 그 지식을 습득하는 방법은 원인을 가정하고 수립된 가정을 검증하는 방식을 사용)에 바탕을 두고 '지식'을 획득하려는 체계를 지칭한다(Wikipedia, 2020). 과학은 '내용'과 '과정'의 두 가지 뜻을 동시에 포함하는데, 내용으로서의 과학은 '알려진 사실들과 관계들의 집합체(지식의 내용)'로 말할 수 있고, 생물, 심리, 사회학 등이 이 범주에 포함된다. '과학'은 다른 한편으로, 인간이 가설을 바탕으로 지적 탐구에 의해 획득하는 '지식의 조직화된 체계(과정)'로 불리기도 하는데, 데이터를 수집하거나 관계를 규명하거나 설명하는 일련의 조직적 과정이 그것이다. 따라서 과학적 조사방법을 견지하는 대부분의 과학자는 자연계에서 발생하는 관찰 가능한 사건들을 설명하도록 하기 위하여 가설을 세우고 그 가설에 대한 경험적 지식을 평가하는 과정에 주목한다. 그런 과정을 거쳐 획득된 사실들이 과학의 또 다른 단초가 된다.

그렇다면 과연 무엇을 과학적 사고라고 할 수 있으며, 과학적 사고는 어떤 특징을 담고 있는가? 사실 과학적 사고의 표준을 제시하는 것은 대단히 어려운 작업이나 Crombie(Salmon, 1993: 250에서 재인용)에 따르면 서구유럽의 전통에서 통상적으로 합의하는 다음의 네 가지 **과학적 사고방법의 특징**들에 대한 제시가 과학적 사고를 이해하는 데 도움을 준다.

- **실험적 탐구와 복잡한 관계성의 측정**: 사회과학에서 '실험'은 발생한 사건에 대한 전후 조직적 관찰을 의미하며(Shadish, Cook, & Campbell, 2002: 2), 이러한 조직적 관찰에 기반하는 탐구를 통하여 문제에 대한 원인, 영향, 인과관계(상관관계, 다면적 관계)를 과학적인 방법으로 측정해 내려는 것을 의미한다.
- **추론적 모델을 기초한 가설구축**: 사회복지실천 대상이 생각하는 그 무엇을 추론하거나, 실험집단과 비교집단의 차이를 추론할 수 있다. 이때 조직적 사고체계에 기초한 사고모델을 추론적 모델이라 할 수 있고, 이렇게 수립된 추론적 모델을 근거로 실험에 필요한 가설을 구축하는 과정을 가설구축이라고 한다. 이처럼 과학적 사고는 다양한 추론근거를 수집하여 그 수집된 근거로 삼아 추

론모델을 설정하고 가설을 구축하는 조직적 사고체계라 할 수 있다.

- **비교와 분류의 체계화**: 가설의 일반화를 위하여 반드시 모집단에 대한 전수조사, 혹은 대표성을 가지는 추출(sampling)과정을 거치고, 특히 문제의 특성에 따른 집단 간의 체계적인 비교, 분류는 변수 간 관계를 이해하도록 돕는다.
- **가설과 가능성에서 규칙성을 발견하기 위한 통계적 분석**: 과학적 사고를 하는 사회복지사는 이상에서 열거한 사고체계에 따라 수립된 가설과 가능성이 과연 타당한지 수집된 데이터를 사용해 일정한 관계를 추정하려 할 것이다. 이때 SPSS, SASS, AMOS와 같은 통계분석 패키지를 주로 분석도구로 사용하여 일정한 관계발견을 보다 용이하게 할 수 있다.

사회과학연구자는 실험적 탐구와 변인들 간 관계측정을 통해 세워진 가설을 검증할 뿐만 아니라 자신들의 다양한 변인을 관찰하는 관찰기법들을 더욱 정교하게 할 수 있고, 예측능력의 발전을 만들어 낼 수 있다(Shadish et al., 2002: 255-257). 또한 사회행동과 사회현상을 이해하고 설명하기 위하여 사회문화적 변화를 설명하는 논리적인 모델을 발견해야 하고, 그 모델이 사회문화적 변화를 설명하는 데 경험적 증거를 제시하는지 측정하는 것이 중요하다(Shadish et al., 2002: 258-260). 경험적 이론을 세우기 위하여 문제를 정의하고 분류하는 작업도 필연적이다(Shadish et al., 2002: 260-261). 나아가 인간행동과 사회현상을 규명하기 위하여 수집한 데이터들에 기초한 통계적 발견들이 제시된 추론적 모델과 구축된 가설에 일치하는지 살펴보는 작업도 연구자의 과학적 탐구에서 빼놓을 수 없을 것이다(Shadish et al., 2002: 262). 이와 같이 Crombie가 찾아낸 서구사회에서 발달해 온 과학적 사고방법의 특징과 방법들은 사회과학 연구자들 사이에서 여러 시대에 걸쳐 사용되었고, 역사적으로 검증되어 왔으며, 미래에도 더 정제된 과학적 결과를 도출하기 위하여 사용될 것으로 이해된다.

## 2. 과학과 사회과학 그리고 사회과학적 연구방법의 가치

과학은 순수과학과 인간의 필요들에 따라 적용 가능한 연구에 초점을 두는 응용과학으로 분류될 수 있고, 과학은 또한 자연현상을 연구하는 자연과학과 인간행동이나 사회를 탐구하는 사회과학으로 분류된다. 인간행동과 사회현상 전반을 연구하는 사회과학의 각 분야는 각기 다른 구별된 관점을 가지고 개별분야를 설명하려 시도한다. 특별히 사회복지대상의 영역과 관련된 행동사회과학연구는 설문조사연구, 직접면담, 직접관찰, 임상실험, 표준연구실험, 경제학적 분석, 통계적 방법론, 조사평가방법 등을 사용하여 인간행동과 환경에 관련된 이론연구, 인간행동과 사회적 현상의 해석, 인간발달의 문제, 인간과 사회현상의 변인들 간의 상관관계, 사회 · 정치 · 경제 · 문화적 맥락 속에서 인간행동의 문제 등을 규명하려고 시도한다. 보다 구체적으로 사회과학연구는 이론연구(① 인간행동 변화 및 사회변화에 관한 연구, ② 사회심리학적 문제에 관한 연구, ③ 인간행동발달 및 사회현상에 대한 적절한 측정 · 분석 · 분류하기 위한 연구)와 임상연구(① 이상 인간행동과 그와 관련된 사회적 위험 및 보호요소의 발견에 관한 연구, ② 인간행동과 사회적 기능에 영향을 주는 질병과 신체적 상태조사에 관한 연구, ③ 치료와 결과에 관한 연구, ④ 인간행동과 사회문제에 영향을 주는 조직과 정책에 관한 연구)로 분류될 수 있다(NIH, 2020).

여기서 **인간행동연구**라 함은 이상행동을 가능하게 하는 감정, 인식, 기질, 동기, 상호작용을 말하며, 사회연구라 함은 개별 인간과 집단, 사회일반 그리고 사회맥락 안에서의 사회문화적 · 사회경제적 · 사회인류통계학적 상호작용에 관한 연구를 의미한다(NIH, 2020). 그러므로 사회과학은 단순하고 유일무이한 사건에 관심을 보이기보다는 인간행동과 사회현상의 이해에 초점을 두며 그러한 인간행동과 사회현상에 영향을 미치는 위험요소들을 규명하려고 한다(NIH, 2020). 결과적 사실을 설명하는 여러 가지 인자 가운데 발견되는 일관성을 바탕으로 논리적 설명이 곁들여지며, 일관되게 관찰되는 양식은 기술적 일반화를 가능하게 한다. 이러한 기술적 일반화가 결국 '이론(theory)'을 구성하게 되는 것이다(Bryman, 2016).

Thyer(1989: 314-317)는 과학적 연구방법의 가치들을 사회복지실천과 관련하여 다음과 같이 설명하였다.

- 체계적인 사회복지개입에 대한 연구보고는 자세하고 체계적인 연구절차가 부족한 연구보고에 비하여 전문연구의 발달을 가속화시키는 데 기여할 수 있다.
- 신뢰도와 타당도가 높은 사정방법들은 신뢰도가 떨어지는 사정방법들에 비하여 오류의 가능성을 줄일 수 있기 때문에 결과측정에 대한 신뢰도와 타당도를 높일 수 있는 과학적 방법들을 사용하는 것이 중요하다.

- 문제에 대하여 측정 가능한 다양한 데이터를 확보하는 것은 의미 있는 변화를 찾아내는 데 매우 효과적이며 판단의 도구로서 적절한 통계방법을 사용하여 내린 연구결론은 단순히 연구자의 감흥이나 질적 사정(qualitative assessment)에 기초한 연구결론에 비하여 가치가 있다.
- 일정기간이 지난 후 추적조사에 기초한 연구결론들은 의미 있는 후속효과들을 산출해 내는 데 적절한 연구조치이다.
- 문제를 재검토하여 의미 있는 결과들을 도출할 수 있으므로 재검토는 과학적 연구과정에서 중요한 검증과정으로 이해할 수 있다.

이상에서 간략히 서술된 것처럼 사회과학적 연구방법론의 목적과 가치는 연구자의 결론을 지지하는 증거들을 찾아내어 논리적으로 입증할 수 있는 자료들을 제시하는 데 있다. 그러한 노력들이 사회복지 연구자들에게서 일반화될 때 연구계획, 사정방법 그리고 통계방법들에서 발생할 수 있는 다양한 형태의 오류들을 최소화하고, 문제에 대한 더 진전된 규명을 제시하도록 하는 일련의 과정이 지속될 수 있게끔 할 수 있을 것이다.

## 3. 응용사회과학으로서의 사회복지

응용사회과학은 사회과학의 연구방법론에 의해 획득한 지식을 적용하는 데 그 기반을 둔다. 현실세계에 존재하는 문제들의 해결과 해소를 모색하고자 노력하는 사회복지적 추구는 추상적이고 개념적인 것을 추구하는 사회과학과는 구별될 수 있다. 많은 사회과학 연구자는 실증자이면서 자연주의자일 수 있으나 현실의 문제들을 구체적으로 탐구하지 않는다. 그러나 응용사회과학으로서의 사회복지는 '인간행동과 사회 전반에 걸친 문제들에 연관된 복잡하고 다양한 원인을 규명해 내는 데이터를 만들어 내어 사회복지정책과 실천에 기여한다'(University of York, Department of Social Policy and Social Work, 2020)는 점에서 다른 사회과학 학문들과 차별성이 있다. 즉, 응용사회과학으로서의 사회복지연구는 실제 세계를 규명하기 위하여 이론과 실천을 종합적으로 판단하려고 시도하는데, 그러한 시도는 과학적 연구과정을 통하여 이루어지는 것이다.

사회복지는 사회과학의 응용학문영역으로서 사회과학이 축척해 온 과학적 인식방법과 연구과정을 사용한다. 즉, 사회복지는 사회과학적 방법론을 사용하여 사회복지현장에서 발생하는 다양한 문제의 원인과 과정, 결과를 분석해 낼 때 과학적 인식방법을 토대로 경험적 검증작업을 수행하는 것을 기본 전제로 한다.

따라서 사회복지 관련 종사자들은 비논리적 사유를 가능한 한 배제하고, 정확한 관찰을 수행하려고 하고, 과도한 일반화를 위해 선별적 관찰을 시도하는 것을 피하는 태도가 요청된다. 비록 사회복지가 인간과 사회환경의 문제를 다루기 때문에 엄밀한 해석이 쉽지 않은 부분이 있으나 최대한 과학적 관찰과 증거를 토대로 한 이론과 설명을 시도하려 한다면 사회복지실천과 정책방향 결정에 상당히 긍정적인 성과를 기대할 수 있을 것이다. 그러므로 사회복지 관련 커리어를 계획하고 있다면 과학 지식 · 이론과 관찰 · 분석방법을 숙지하려는 노력이 필요하다. 이러한 노력이 사회복지실천능력을 고양하는 데 매우 중요한 토대가 되고, 과학적이고 전문적인 실천능력 습득에 견인차 역할을 할 것이다.

## 1) 귀납적 추론

사회복지사의 문제에 대한 사정은 주로 인터뷰, 직접관찰 그리고 관련보고서 같은 방법들을 통하여 이루어지는데, 이때 가장 문제가 되는 것은 주어진 정보를 토대로 얼마나 정확한 이해와 의미해석 그리고 기술을 해내느냐에 있다. 즉, 질적인 방법론의 문제인 것이다. 그러므로 **귀납적 추론**(inductive hypothetical reasoning)은 가지고 있는 모든 자료를 사용하여 일반화를 이끌어 내려는 시도라고 할 수 있기 때문에, ① 질적인 방법론에 초점을 두며, ② 사례중심이고, ③ 사례의 귀납적 추론을 통해 이론을 형성한다는 세 가지 특징을 갖고 있다. 귀납적 추론의 방법은, 예를 들어 알코올중독과 같은 문제에서 추론될 수 있는 다양한 국면으로부터 전개되는 가설의 발전이라 할 수 있다. Robinson(1951)은 다음과 같은 귀납적 추론의 접근방식을 제시하였다.

① 설명될 수 있는 문제의 대략적 정의를 내린다.
② 그 문제에 대한 가정적 설명을 만든다.
③ 가정적 설명이 그 사건에 적절한지에 대한 연구관찰을 한다.

④ 만약 그 가정이 사실과 맞지 않는다면, 가정이 다시 만들어지든지 혹은 문제의 정의가 다시 규정되어야 한다.

⑤ 몇 가지 사안에 대한 검증으로 어느 정도의 확실성을 담보할 수 있으나 한 경우라도 부정적인 결과를 산출한다면 그 가정적 설명은 다시 규정될 필요가 있다.

⑥ 이러한 절차는 일반적 상관성들이 획득될 때까지 지속된다.

이와 같은 귀납적 추론의 접근방식의 논거를 분명하게 알 수 있다. 즉, 귀납적 추론은 연구자가 찾고자 희망하는 일반성을 찾으려는 시도 속에서 오류를 제거함에 의해 성취된다는 것이다. 귀납적 추론의 예를 들면 다음과 같다. 가난하고 학업성취도가 떨어지는 청소년들의 많은 수가 높은 비행지수를 보인다. 그러므로 가난하고 학업성취도가 떨어지는 모든 청소년은 비행범이다.

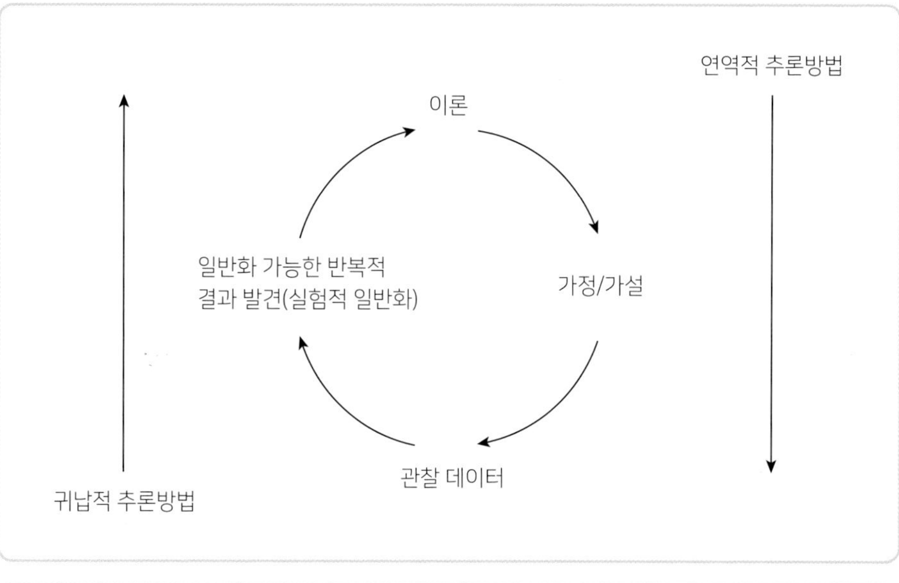


**[그림 1-1]** 귀납적 · 연역적 추론방법

### 2) 연역적 추론

이 방법은 비교적 단순한 방식으로 변인들 간 상관관계를 묘사하거나 명확하게 할 때 사용되는데, **연역적 추론**(deductive hypothetical reasoning)은 다음과 같이 요약할 수 있다.

① 측정할 이론이나 가설을 세운다.
② 그 이론이나 가설로부터 가능한 예측을 한다.
③ 제기한 예측들이 적절한지 확인하기 위하여 실험적 방법들을 사용한다.
④ 세운 가설이나 이론이 확증되었다고 하거나, 옳지 않으므로 버리거나 혹은 애초에 세운 이론이나 가설을 수정한다.

한 예로, 어떤 청소년이 비행을 저질렀다고 가정하자.

① 이때 연구자는 아마도 그 원인이 가정불화로 말미암은 것이라고 가정할 수 있을 것이다.
② 주어진 가정에 따르면, 연구자는 그 비행청소년의 가정불화가 해결된다면 현재의 비행문제가 해결될 수 있다고 예측할 수 있다.
③ 그러므로 연구자는 비행청소년의 가정불화를 해결 혹은 해소하기 위하여 사정과 개입을 시도하는 실험적 방법들을 사용하였다.
④ 만약 가정불화가 해결되었는데도 비행청소년의 비행문제가 여전하다면 연구자는 원가설을 버리고 새로운 가설을 세우거나 대치할 수 있는 방법을 재실험해야 하며, 그 문제가 해결 혹은 해소되었다면 애초에 세운 가설을 확증할 수 있다.

## 4. 사회과학연구의 과정: 양적 데이터 분석의 과정

사회과학조사연구, 특별히 양적 **데이터 분석**(quantitative data analysis)**과정**은 [그림 1-2]에서 보여 주는 절차를 거친다.

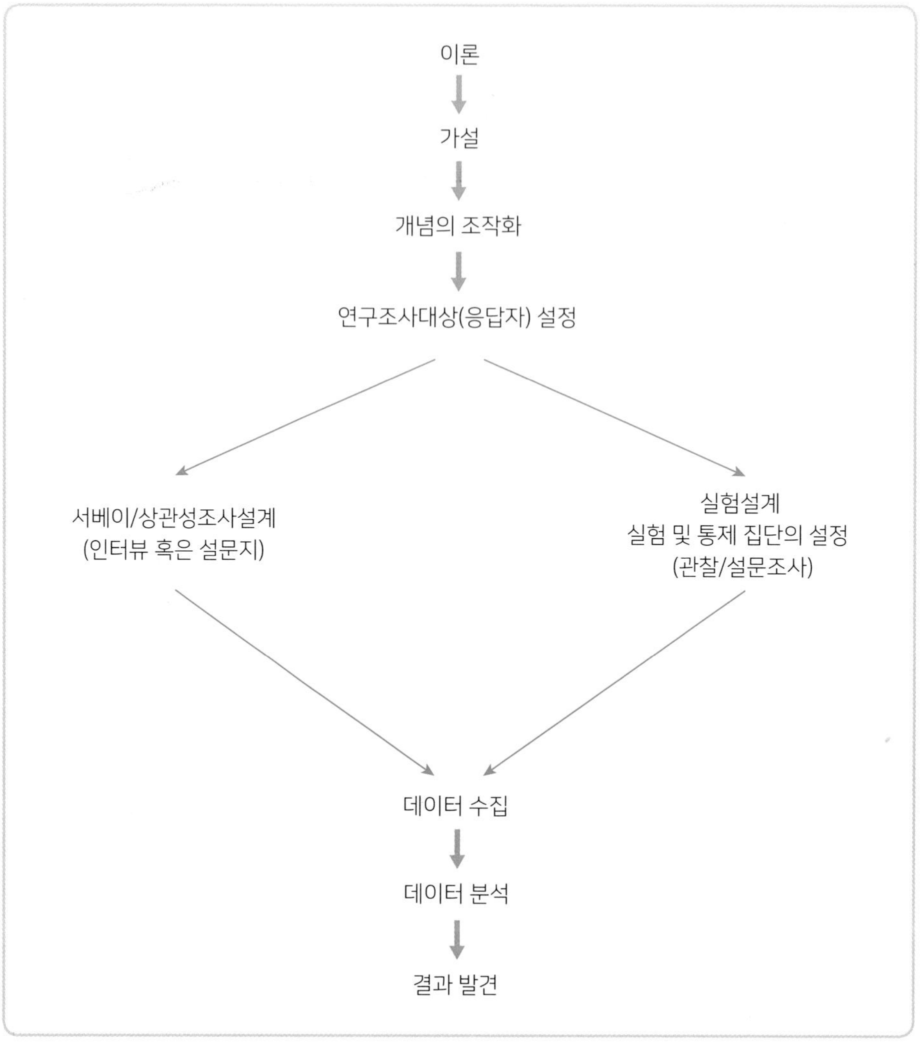


**[그림 1-2]** 조사연구과정

출처: Bryman (2016), p. 3.

① 먼저, 조사연구 목적과 대상과 관련된 선행연구들을 분석하여 문제와 현상을 엄밀하게 정의하고 연구하고자 하는 문제의 일반적 접근이론들을 개괄하여, 수행하고자 하는 연구조사의 독특성과 연관된 가설을 이끌어 낼 수 있도록 이론들을 집약하는 작업을 한다.

② 이론화 작업이 완료되었을 때 선행연구된 이론들의 한계 속에서 발견되는 또 다른 가능성을 염두에 두고 실험될 필요가 있는 가설을 제기하는 것이 필요

하다.

③ 가설의 타당성을 검증하기 위하여 가설을 구성하는 개념들을 측정할 수 있는 개념의 조작화가 중요하다. 이 개념의 조작화는 일반적으로 개념들을 변인들로 조작함으로써 가능해진다.

④ 연구자는 조사연구 목적과 관련된 대상을 선정하는 작업을 수행하게 된다. 일반적으로 자기기입식 설문조사 혹은 인터뷰 형태의 조사를 하는지에 따라 조사대상의 수가 결정되며, 이때 무작위 추출방법과 연구대상자 참여여부에 대한 자발적 동의가 염두에 두어야 할 중요한 사항이다.

⑤ 다음에 고려할 사항은 연구설계방법이다. 연구설계방법은 크게 두 가지로 분류할 수 있는데 서베이(survey)설계 혹은 실험설계가 그것이다. 실험설계는 통제집단이 반드시 존재하여야 한다.

⑥ 연구설계방법의 선택에 따라 서베이설계 혹은 실험설계가 실행된 이후 데이터를 수집한다.

⑦ 수집된 데이터는 일반적으로 컴퓨터 통계 프로그램을 사용하여 입력한 후 연구목적에 따라 다양한 통계분석 방법론을 사용하여 분석을 한다.

⑧ 통계분석이 애초 제안한 가설이 정당함을 밝혀낸다면 결과는 제안된 가설에 대한 증거들을 제공할 수 있을 것이다. 만약 통계분석이 제안한 가설을 부정한다고 할지라도 논의되었던 이론들의 문제점들을 밝힐 수 있고 더 나은 연구를 제안할 수 있기 때문에 가치가 부여된다.

## 5. 사회과학연구의 윤리

사회과학 관련 연구자들은 자신의 연구수행에 있어 발생할 수 있는 윤리적 문제들에 민감할 필요가 있다. 특별히 사회복지실천을 위한 연구수행은 인간과 사회현상을 직접관찰의 대상으로 하기 때문에 연구자의 잘못된 연구수행에 의해 개인, 가족, 집단, 사회일반에 미칠 수 있는 모든 부정적 영향을 최소화할 수 있도록 올바른 연구행위 규범을 마련하고 연구수행에 적용하여야 한다. 현재 사회과학 관련 연구학회, 국제학회, 국제단체들이 개별적인 연구 가이드라인을 가지고 있으나 다음과 같은 내용을 **연구자들을 위한 윤리수칙**으로 포함하고 있다.

① 연구 프로젝트와 관련된 모든 연구절차와 윤리적 문제들에 대한 책임은 주 연구자에게 있다.

② 연구는 연구기획의 통일성이 유지되는 방식으로 수행하여야 하고, 연구의 제한점들을 고려하여 지속적 연구가 가능하도록 하여야 한다.

③ 연구 과제와 대상을 선택할 때 연구대상과 사회에 미칠 수 있는 최상의 이익과 최소한의 위험을 우선적으로 고려하여야 한다.

④ 연구자는 연구결과를 조작하여 개인과 집단, 동료 그리고 사회 전체에 부정적인 영향을 미치지 않도록 하여야 한다.

⑤ 연구자는 채택한 연구방법이 객관적으로 적절한지 최대한의 정당성을 담보하여야 한다.

⑥ 연구는 객관적인 사회과학 프로젝트로서 편견 없이 수행할 수 있게끔 충분한 자질을 갖추도록 노력하여야 한다.

⑦ 연구는 지역문화, 규범, 법과 규칙을 사전에 인지하고 그런 내용을 침해하지 않도록 하여야 한다.

⑧ 연구대상들의 문화적 · 지역적 및 국가 간 특성들을 숙지하여 개인과 지역사회의 복지를 염두에 두고 최대한 객관적인 연구방식을 사용하여 연구하여야 한다.

⑨ 주 연구자는 연구에 참여하는 모든 사람에게 자신의 연구윤리를 분명히 알려야 하고, 연구 참여자들에게 연구에 대한 충분한 사전정보를 제공한 후 이에 대한 동의를 구하여 추후 발생할 수 있는 윤리적 문제들을 사전에 예방하여야 한다.

⑩ 연구대상의 삶을 침해하는 행위를 피하면서, 연구대상의 존엄성 · 사생활 · 관심사항에 우선권을 두는 원칙을 항상 견지하여야 한다.

⑪ 모든 연구 참여자가 이해할 수 있는 언어로 연구의 맥락, 목적, 본질, 방법, 절차, 연구후원자 등에 관한 정보를 준 상태에서 자발적으로 이루어져야 한다. 연구 참여자들로 하여금 연구자들이 누구인지 식별할 수 있도록 하여야 하고 연구수행 도중이나 이후 언제라도 접촉하여 연구와 관련된 내용을 전달 할 수 있어야 한다.

⑫ 연구 참여자들은 자신들이 연구 참여를 거부할 수 있는 권리와 연구수행 시 언제라도 참여를 거부할 수 있다는 사실을 충분히 숙지하도록 한다.

⑬ 잠재적 연구 참여자들도 발생 가능한 어떠한 문제들에 대하여서도 보호해야 하기 때문에 잠재적 참여자들로 하여금 발생 가능한 문제들에 대하여 숙지할 수 있도록 하여야 한다.

⑭ 연구를 통해 획득한 모든 정보는 비밀보장이 이루어지고, 참여자들의 익명성이 유지되어야 한다. 정보의 비밀보장의 한계도 연구 참여자들에게 알려야 하고, ⑬~⑮ 절차들은 정보의 비밀보장을 위하여 연구현장에서 반드시 고지하여야 한다.

⑮ 연구 참여자들은 연구결과에 대하여 자신들이 이해할 수 있는 언어와 방식으로 연구결과를 알 수 있도록 제공받을 수 있어야 한다.

⑯ 연구결과는 개관성과 일관성을 유지하여 보고하여야 한다.

⑰ 연구자들은 모든 출판물에서 자신이 채택한 연구방법에 관한 적절한 정보를 제공해야 하고, 동료연구자들이 그 연구방법과 결과들에 대하여 평가할 수 있도록 해야 한다. 따라서 연구의 신뢰도와 적용의 한계는 분명히 밝혀야 한다(UNESCO, 2020).

## 참고문헌


류상열(2003). 사회복지역사. 서울: 학지사.

한국사회복지사협회(2020). 사회복지사윤리강령.

Bryman, A. (2016). *Social Research Methods* (5th ed.). New York: Oxford University Press.

National Institutes of Health (NIH). (2020). A Definition of Behavioral and Social Sciences Research, Office of Behavioral and Social Sciences Research National Institutes of Health, http://obssr.od.nih.gov/funding/definition.html

National Association of Social Workers (NASW). (2020). NASW standards for social worker services in schools. Washington, DC: NASW.

Robinson, W. S. (1951). The logical structure of Analytic Induction. *American Sociological Review*, *16*, 812-818.

Salmon, M. H. (1993). Reasoning in the Social Sciences. *Kluwer Academic Publisher,*

*97*(2), 249-267.

Shadish, W. R, Cook, T. D., & Campbell, E. (2002). *Experimental and quasi-experimental designs*. Boston & New York: Houghton Mifflin Company.

Thyer, B. A. (1989). First Principles of Practice Research. *British Journal of Social Work*, *19*, 309-323.

UNESCO(2020). Ethical Guidelines for International Comparative Social Science Research. https://www.cre.or.kr/bbs/board.php?bo_table=3300&wr_id=1388407&sst=wr_datetime&sod=asc&sop=and&page=10

University of York, Department of Social Policy and Social Work. (2020). http://www.york.ac.uk/depts/spsw/ugrad/study.html

Wallace, W. (1971). *The Logic of Science in Sociology*. Chicago: Aldine-Atherton.

Wikipedia. (2020). Science. The Free Encyclopedia. http://en.wikipedia.org/wiki/Science.

제2장

# 사회복지와 조사연구방법

사회복지현장에 있는 사회복지사들은 클라이언트를 만나고 프로그램을 계획하고 추진하는 과정에서, 흔히 여러 가지 질문을 가지게 된다. 사회복지관에서 실시한 상담서비스가 효과적이었는지, 방과후 프로그램에 참여한 아동이 참여하기 전과 후에 어떠한 변화가 있었는지, 그 지역사회의 우선적 욕구는 무엇인지 등 많은 의문을 갖게 된다. 이 과정에서 사회복지조사가 필요하다.

조사연구란 간단히 말해 이러한 질문에 답할 수 있는 지식을 과학적 절차를 통해 습득하는 것을 의미한다. 과학적 절차를 통해 습득한 해답은 과학적 지식이 되며, 과학적 지식은 우리의 행위와 판단의 근거가 될 수 있다. 이러한 과학적 지식을 얻는 절차와 방법에 관한 것이 바로 조사연구방법(research method)이다. 따라서 조사연구방법은 사회복지정책 수립에 있어서뿐만 아니라 사회복지실천 현장과도 밀접히 관련되어 있다.

이 장에서는 조사연구의 개념 및 특성을 살펴보고 조사연구를 몇 가지 기준에 따라 분류하여 설명하고자 한다. 또한 사회복지연구의 특성과 목적을 제시하고, 조사연구의 유형을 크게 양적연구와 질적연구로 분류하여 개괄적으로 살펴보고자 한다. 그리고 사회복지조사에서 많이 활용되는 욕구조사, 평가조사 및 실험조사의 특성에 대해 개괄적으로 소개하고자 한다.

## 1. 조사연구의 개념 및 분류

### 1) 조사연구의 개념

조사연구의 research라는 단어는 re와 search라는 두 개의 음절로 구성되어 있다. 전자의 접두사 re의 사전적 정의는 다시(again), 새로(anew) 또는 다시 한번(over again)을 의미하고, 후자의 동사 search는 주도면밀하고 주의 깊게 조사하고, 검사하고(test) 시도하는(try), 탐사하는(probe) 것을 의미한다. 이것들이 합쳐져서 사실 또는 원리를 형성하기 위해 시도되고, 몇몇 지식 분야에서 주의 깊고, 체계적이고, 끈기 있는 조사와 연구를 설명하는 명사를 말한다(Grinnell, 2018).

이러한 조사연구는 기능이라기보다 어떤 것에 대해 생각하는 방법이라고 볼 수 있다. 그러나 우리는 일상생활 속에서 이루어지는 생각하는 방법과 전문가들이 학술활동에서 행하는 생각하는 방법은 구분할 필요가 있다. 학문분야에 관계없이 전문가들이 행하는 생각하는 방법은 과학적이다. **과학적 방법**은 모든 학문분야에서 중요한 문제에 대해 정확한 답을 얻는 유용한 도구이다. 연구가 과학적인 절차를 무시하고 진행된다면 연구의 가치는 크게 저하되므로 연구에 있어서 과학성이란 매우 중요하다.

조사연구(research)의 정의

1. 인간과 자연을 둘러싼 다양한 현상을 이해하는 한 방식(전경원, 2020)
2. 지식을 발견하고 개발하는 체계적인 활동(조용태, 2002)
3. 문제를 명백히 하거나 해결하기 위하여 여러 가지 방법을 사용하는 조심성 있고 비판적인 학문적 탐색(교육학용어사전, 2011)
4. 증거 없는 상식을 체계적 · 구체적 · 논리적인 방법으로 증거를 확인하여 이론을 정립해 주는 작업(성태제, 2016)
5. 어떤 목적을 위해서 정보나 자료를 수집하고 분석하는 체계적인 절차(Macmillan & Schumacher, 2000)
6. 과학적 연구란 가설이나 이론에 의하여 유도된 자연현상에 대한 체계적이며 경험적인 탐구(Kerlinger, 2000)

이러한 조사연구의 정의를 토대로 **사회복지조사연구의 정의**를 살펴보면, 사회복지의 목적을 수행하기 위한 하나의 도구로서 개인의 복지욕구를 충족시키고 사회적 문제를 해결하기 위한 방안을 강구하기 위해 자료를 수집하는 지식탐구의 절차라고 볼 수 있다.

## 2) 조사연구의 분류

조사연구를 좀 더 구체적으로 이해하기 위해 몇 가지 기준으로 분류해 살펴보고자 한다. 먼저, 조사연구를 **결과의 적용 관점에서 분류**하면 기초연구와 응용연구로 나누어 볼 수 있다. **기초연구**(basic research)는 이론적 체계를 발전시키는 것이며 지식의 탐구 그 자체를 목적으로 한다. 한편, **응용연구**(applied research)는 실제적 문제에 대한 해결 방안을 찾기 위한 연구로서 지식의 현장 활용을 일차적인 목적으로 한다. 이러한 측면에서 볼 때 사회복지학에서의 연구는 대부분이 응용연구라고 할 수 있다.

다음으로 **조사연구를 착수하는 목표**에 따라 분류하면 탐색연구, 기술연구, 상관연구 그리고 설명연구로 나누어 볼 수 있다.

**탐색연구**(exploratory research)는 예비연구라고도 일컬어지며, 일반적으로 연구자들이 아는 것이 없거나 적은 영역을 탐색하기를 원할 때 수행하는 연구이다. 대체로 연구대상자의 규모가 작거나 사전실험적 성격의 조사(pilot test)이며, 탐색적 목적으로 수행된 조사에서는 명확한 결론을 내리기가 어렵고 다음 단계의 조사로 진행하기 위한 기초로 활용되는 경우가 많다. 예를 들어, 국내 에이즈 감염자의 삶이나 탈북자의 삶이 어떻게 진행되고 있는지 살펴보는 연구가 이에 해당될 수 있다.

**기술연구**(descriptive research)는 상황, 문제, 현상, 서비스나 프로그램을 체계적으로 기술하고, 지역사회의 생활 조건에 관한 정보를 제시하고, 이슈에 대한 태도를 설명하는 것을 목적으로 한다. 즉, 조사대상자 집단에 대한 구체적인 정보를 수집할 목적으로 진행되며, 조사의 결과로 어떤 주제에 대한 분명한 정보, 즉 그 속성 및 특성에 대한 구체적인 기술과 묘사가 가능하다. 예를 들어, 아동복지기관에서 제공하는 서비스의 유형, 국내에 거주하는 외국인 이주노동자의 생활실태, 사회복지기관의 행정체제 등을 기술하는 것 등이 포함될 수 있다.

**상관연구**(correlational research)는 두 가지 이상의 상황 간의 관계/결합/상호의존성 여부를 발견하거나 형성하는 것으로, 아동의 긴장된 생활과 심장병 출현율의 관계는 무엇인가, 부모의 학력과 가정환경의 관계는 무엇인가, 청소년의 사회봉사활동과 사회적 책임의식 간에는 어떤 상관성이 있는가 등의 질문에 대해 연구하는 것이다.

**설명연구**(explanatory research)는 상황 또는 현상의 두 측면 간의 관계 이유와 방법을 해명하려는 것으로 볼 수 있다. 이 연구는 어떤 변수들 간의 관계를 규명하는 데 초점을 두고 어떤 현상과 관계의 속성을 구체적으로 설명할 수 있으며, 대체로 가설을 설정함으로써 조사를 시작하고, 그 조사결과로 가설을 증명하게 되는 것이 일반적이다. 예를 들면, 노인의 긴장된 생활이 왜 심장병을 유발하는가, 가정환경이 아동의 학력에 어떻게 영향을 주는가 등의 질문에 대해 연구하는 것이다. 설명연구는 변인들 간의 인과관계를 기초로 앞으로 변화될 수 있는 현상을 과학적 근거에 의해 서술할 수 있으며, 이러한 예측과정을 통하여 예측의 정확성이 검증된 이론은 실제로 관련 현상을 통제할 수 있게 된다. 어떤 현상이 나타났을 때 왜 그런 현상이 나타났는지를 인과적으로 설명할 수 있다면 그 현상을 일으키는 조건을 강화하거나 제거함으로써 통제할 수 있다. 예를 들어, 이혼증가 현상은 청소년문제, 여성빈곤 문제 등 여러 문제를 파생시켜 사회적으로 바람직하지 못하므로 예측을 목적으로 한 연구에서 이혼을 증가시키는 예측 가능한 변수들의 영향력을 파악하여 사전에 다양한 방법으로 통제함으로써 이혼율의 증가를 완화시킬 수 있을 것이다.

조사연구를 좀 더 잘 이해하기 위해 조사연구의 목적에 따라 탐색연구, 기술연구, 상관연구, 설명연구로 구분하여 설명하였다. 하지만 이론적으로는 연구가 앞서 제시한 관점 가운데 하나로 분류될 수 있지만, 실제로 대부분의 연구는 기술연구, 상관연구, 설명연구의 요소들이 결합된다.

이상에서 다룬 조사연구들의 종류를 정리하면 〈표 2-1〉과 같다.

**표 2-1** 조사연구의 종류

| 탐색연구 | 기술연구 | 상관연구 | 설명연구 |
|---|---|---|---|
| • 예비적 조사(조사설계 확정 전 실시되는 연구과정)<br>• 연구대상에 관한 사전 지식이 부족할 경우 수행되는 경우가 많음 | • 변수 간 상관관계를 설명하며 현상을 기술하는 조사<br>• 실태조사의 형태를 띠는 경우가 많음<br>• 종단연구와 횡단연구도 포함됨 | • 두 가지 이상의 상황 간의 관계, 결합, 상호의존성 여부를 발견하기 위한 연구 | • 인과관계를 규명하는 연구를 말함<br>• 주로 미래 예측과 함께 미래의 대안을 마련하기 위해 시행됨 |

마지막으로, **연구설계에 의한 분류**를 살펴보면 실험적 연구와 비실험적 연구로 나누어 볼 수 있다. **실험적 연구**는 조작적 연구라고도 불리며 연구자가 하나 또는 그 이상의 독립변수를 의도적으로 조작하고 나머지 변수를 통제하는 방법이다. 반면, **비실험적 연구**는 비조작적 연구라고도 하며 연구자가 특별한 조작을 계획하지 않고, 자연스러운 상황에서 현상을 기술하거나 변인 간의 관계를 설명하는 연구로 볼 수 있다.

## 2. 조사연구의 대상과 특성

인간행동과 사회현상을 이해하는 방법, 즉 **지식형성의 방법**은 전통(실천지혜), 직관, 권위, 경험, 과학적 접근 등 여러 가지이다. 그중 **과학적 접근**은 지식을 생산하는 체계 그리고 그 체계로부터 생산된 지식을 의미한다. 과학은 이론과 조사방법으로 구성된다. 이론은 사회현상이 어떤 상태인지를 말하며 이에 대해 논리적인 설명을 하는 것으로, 조사방법에 의해 지지되어야 한다. 과학(science)은 일반인 모두가 사용하는 용어이다. 하지만 과학에 대해 사람들이 갖는 이미지는 매우 다르며(수학, 흰색 가운과 실험실) 흔히 과학기술과 혼동되기도 한다. 과학의 정의에 대한 이견이 많으나, 여기서 우리는 과학을 탐구방법으로 간주하여 주변세상을 알고 이해하는 방법으로 사용한다.

지식을 형성할 때 과학적 접근을 하는 이유는 개인적이고 일상적으로 지식을 형성할 경우 많은 오류가 발생하기 때문이다. 현상을 탐구할 때 일반인이 **일상적 관찰 속에서 범하는 오류**를 살펴보고 이를 과학적 관찰에서의 사례와 비교해 보면 〈표 2-2〉와 같다.

**표 2-2** 일상적 관찰과 과학적 관찰의 차이

| 일상적 관찰 | 과학적 관찰 |
| --- | --- |
| • 일상적인 관찰은 대부분 무의식적인 경우가 많아 정확성을 담보하기 어렵다. | • 과학적인 관찰은 일반인들이 하는 관찰과는 달리 정확성을 갖춘다. |
| • 과도한 일반화의 오류가 발생하기 쉽다.<br>➔ 예를 들어, 어떤 사회복지기관에서 비리 | • 과학적 연구에서는 충분히 많은 사례를 관찰하고 분석한 뒤 결과를 제시하며, 반복조사 |

| | |
|---|---|
| 가 발생하였다고 해서 마치 전체 복지기관이 비리에 연루된 양 확대해석하는 것은 과도한 일반화라고 볼 수 있다.<br>• 자신의 신념에 부합하는 사례에만 주목해 관찰하는 선별적 관찰의 오류가 발생하기 쉽다. | 를 통해 같은 결과가 나오는지도 살펴본다.<br>• 과학적 연구에서는 미리 연구대상의 수와 종류 등을 구체화시키기는 방식으로 선별적 관찰의 오류를 예방한다. |
| • 일상적인 지식습득과정에서는 관찰된 결과를 가지고 사후에 가설을 유추하기 쉽다.<br>➜ 예를 들어, 자원봉사교육을 통해 참여율을 높이고자 했으나 그렇지 않은 경우 교육 참여자들이 원래 이타심이 약한 사람들이었다고 추정하는 것(사후에 가설 설정)이 이에 해당된다. | • 과학적 방법에서는 사전에 가설 설정이 이루어진다. |
| • 비논리적인 추론이 일어나기 쉽다.<br>➜ 예를 들어, 도박꾼들은 그동안 계속해서 돈을 잃었음에도 불구하고 쉽게 도박을 멈추지 못하는데 이는 그동안 계속 잃어왔기 때문에 앞으로 딸 확률이 높을 것이라는 비논리적인 추론에 의거한 것이다. | • 과학적 연구는 논리성과 객관성을 갖추고 있다. |

표에서 알 수 있듯 일상적인 방법으로 지식을 습득하는 데는 많은 오류가 있기 때문에 우리는 과학적 방법에 의하여 지식을 습득해야 한다. 과학적 지식을 습득하는 방법 및 절차를 다루는 것이 바로 과학적인 접근방법 또는 조사방법이 된다.

한편, Best와 Kahn(2006)은 이런 점을 고려하여 **조사연구의 특성**을 다음과 같이 열 가지로 나열하였다.

### 조사연구의 특성

1. 문제해결과 연관되어야 한다. 조사연구의 궁극적인 목적은 변인들 간의 인과관계를 찾는 것이지만, 때로는 인과관계에 대한 증거가 충분하지 못해 체계적인 관계를 찾지 못하는 경우도 있다.
2. 원리와 이론의 정립으로 현상과 사실을 예측하여야 한다. 연구는 앞으로의 발생을 예언하는 데 유용하게 이용할 수 있는 일반화, 원리, 이론을 개발하는 것이다. 일반적으로 연구는 조사된 특정 목적, 집단, 상황을 능가하고, 관찰된 표본으로부터 표적집단의 특성을 추론하는 것이다. 연구는 정보의 단순한 수집인 정보 검색 이상의 의미를 가진다.
3. 실증적인 증거에 기초하여야 한다.

4. 정확한 관찰력과 서술에 의한다. 연구는 관찰 가능한 경험이나 실제적인 증거에 근거한다. 연구는 관찰에 의해 입증될 수 있는 것만 수용된다.
5. 조직적이고 체계적이어야 한다. 연구활동이 때로는 어느 정도 무선적이고 비체계적이지만, 엄격한 분석을 적용하는 주의 깊게 설계된 절차이다.
6. 전문적인 지식이나 경험을 보유하여야 한다. 연구자는 문제에 관해 이미 알려진 것이 무엇인지를 알아야 하고, 수집된 자료를 분석하고 이해하는 데 필요한 용어, 개념, 공학적 기술에 철저하게 근거해야 한다.
7. 객관성이나 논리성을 유지하여야 한다. 연구자는 개인적 편견이 제거되도록 해야 한다. 가설을 증명하기보다는 검증하는 것이 강조된다. 연구자는 자신의 분석에서 편견과 감정을 통제해야 한다.
8. 문제 지향적이어야 한다. 연구자는 해결되지 않은 문제에 대한 해답을 탐구한다. 무지의 경계를 밀어내는 것이 목적이며, 독창성은 연구계획의 좋은 질이 된다. 반복연구는 이전 연구의 결론에 관해 문제를 제기하거나 확증하는 것이 바람직하다.
9. 지속적이어야 한다. 연구는 인내와 신중한 활동에 의해 특징지어진다. 연구자는 어려운 문제에 대한 해답을 얻는 과정에서 실망하고 낙담할 수 있다는 것을 생각해야 한다.
10. 연구결과가 왜곡되지 않아야 한다. 연구는 주의 깊게 기록되고 보고된다. 결과가 객관적으로 기록되어야 한다.

(Best & Kahn, 2006)

## 3. 사회복지연구의 특성 및 목적

### 1) 사회복지연구의 특성

**사회과학**은 과학적인 방법을 통해서 사회현상에 대한 체계적인 지식을 구축해 나가는 과정이라고 볼 수 있다. 사회복지는 이러한 사회과학의 한 분야이며 따라서 사회복지에서 과학적 지식과 연구의 진행과정과 관련된 연구방법론을 필요로 하는 것은 당연한 일이며(강영걸, 정주석, 김정우, 신정인, 2018), 사회과학 분야의 연구들이 일반적으로 가지고 있는 여러 가지 특징을 공유한다. 하지만 다른 사회과학연구와 구별될 수 있는 몇 가지 특성이 있는데 이를 살펴보면 다음과 같다(남일재 외, 2016: 173-200).

### (1) 사회복지의 과학성과 관련된 특성

사회복지조사는 사회복지의 전문성과 과학성을 주장하고 이를 실증하는 방법이다. 사회복지조사는 사회복지사가 개인적 · 사회적 요구에 따라 수행한 개별적 사업과 활동을 통합하고 체계화하여 그 전문성과 과학성을 찾는 데 활용된다. 사회복지가 연구하고 실천하는 대상이 대부분 인간이라는 점으로 인하여 사회복지에서 객관성에 근거한 엄밀한 과학적 방법론을 다른 학문에서와 같이 일률적으로 적용할 수 없다는 주장도 있으나(강영걸 외, 2018), 사회복지조사에서는 사회복지와 관련된 실태를 정확히 파악하여 이를 계량화함으로써 객관적이고 통계적으로 검증할 수 있는 과학적 연구를 지향하고 있음을 부인할 수 없다. 따라서 사회복지조사는 **사회복지를 과학화하는 성격**을 가진다고 볼 수 있다.

### (2) 응용연구적 특성

연구를 적용관점에 의하여 분류하면 기초연구(basic research)와 응용연구(applied research)로 나누어 볼 수 있다. 기초연구는 이론적 체계를 발전시키는 것이며 지식의 탐구 그 자체를 목적으로 한다. 반면, 응용연구는 실제적 문제에 대한 해결 방안을 찾기 위한 연구로서 지식의 현장 활용을 일차적인 목적으로 한다. 사회복지조사는 기초연구와 응용연구의 양면성을 지니고 있으나 대부분이 **응용연구의 성격**을 띤다고 볼 수 있다. 왜냐하면 사회복지조사는 실제 문제에서 출발하며 그 목적은 사회복지 프로그램을 계획하고 수행하여 문제를 해결하고 또한 조사결과를 근거로 보다 효율적인 사회복지정책을 수립하는 등 **사회복지실천 현장과 정책수립과정에서 활용될 수 있는 지식을 산출**하는 것이기 때문이다(Rubin & Babbie, 2016).

### (3) 사회개량적 특성

과거로부터 사회복지조사의 연구대상은 주로 소외되거나 빈곤이나 장애 등 문제를 지닌 사람들이었는데, 이는 사회복지조사가 개량적 성격을 지니도록 한 이유가 된다. 역사적으로 **사회복지조사는 사회개혁주의와 함께 발전**되어 왔는데 몇 가지 초기 연구를 살펴보면 다음과 같다. J. Howard는 사회개혁가로서 최초로 교정복지 분야의 실태조사를 실시하였는데, 수형자와 직접 면접을 하여 수용조건과 환경에 대한 조사를 하였다. Le Play는 사례조사의 선구자로서 노동자 계층의 경제적인 생활상태를 조사하여 노동자 계층의 생활개선을 위한 연구를 실시하였다. C. Booth

는 Le Play의 조사방법을 발전시켜 런던의 빈민가를 조사하였고 B. S. Rowntree는 Booth의 도시빈곤 조사를 계승하여 요크시의 빈곤조사를 실시하여 빈곤대책의 수립을 위해 활용하였다. 또한 D. L. Dix는 사회계량의 선구자로서 정신장애인 보호 및 처우개선에 기여하였다. 이렇듯 **사회복지조사의 선구자**들은 사회개량을 위해 조사활동을 했으며 그 결과에 기초하여 사회복지사업을 발전시켜 왔다. 현대 한국사회에서 사회복지조사에 기반한 다각도의 사회복지학 연구는 보건복지정책의 역사적 전개과정에서 다양한 사회적 기여를 이루었다(정경희 외, 2020). 이와 같이 사회복지조사는 빈민이나 노동자들의 생활향상을 도모하거나, 장애인의 사회재활을 강구하고, 아동의 학대를 방지하며, 노인요양시설을 개선하는 등 인간의 고통경감과 사회복지 증진에 필요한 정보와 지식을 사회복지현장에 제공하여 사회문제를 해결하는 노력을 이끌어 내는 **사회개량적 성격**을 가진다.

#### (4) 욕구조사 및 효과측정의 특성

넓은 의미로 사회복지는 욕구조사, 개입, 평가가 연속되는 과정이라고 볼 수 있다(황성동, 2015). 따라서 **사회복지의 첫 번째 임무**는 개인, 가족, 집단, 조직, 지역사회 등의 욕구를 발견하고 이해하는 것으로 볼 수 있다. 사회복지조사는 이러한 과정에서 반드시 활용되어야 할 방법이다. 최근에는 사회복지 프로그램이나 서비스 계획을 수립함에 있어 **욕구측정**이 필수조건이 되고 있다. 이렇듯 욕구조사는 사회복지 대상자가 지닌 욕구의 종류와 수준을 파악하고 그러한 욕구를 충족시키는 데 필요한 프로그램이나 정책을 개발하고 실시하도록 유도한다. 또한 욕구조사는 기존 프로그램의 효과성과 효율성을 평가하는 기초자료를 제공할 수 있어 사회복지서비스 계획을 체계적으로 수립하는 데 기여한다.

또한 사회복지조사는 **사회복지 프로그램이나 정책의 효과성을 평가**하기 위한 도구로서 활용된다. 사회복지실천에 의한 개입의 효과성을 측정하기 위한 평가조사가 개발되어 사회복지분야에서 널리 쓰이고 있다. 이렇듯 사회복지조사는 다른 학문에 비해 욕구조사와 평가조사의 특성을 뚜렷하게 보인다.

### 2) 사회복지연구의 목적

많은 사회복지사는 자신이 인식하든 그렇지 못하든 끊임없이 연구나 그와 유사한 활동들을 하고 있다. 예를 들어, 사회복지사는 자신의 팀에 속해 있는 여러 사회복지사가 사용하는 다양한 상담방법 중 어떤 방법이 비행청소년을 돕기에 가장 적절한지 알고자 할 수 있다. 또한 빈곤아동과 가족을 위해 새로 고안된 위스타트(We Start) 운동의 영향을 살펴보고자 할 수 있다. 사회복지사가 직면할 수 있는 이러한 상황들을 해결하기 위해서는 조사방법에 대한 기본적인 지식이 필요하다.

사회복지조사방법론에 대한 학습이 필요한 궁극적인 목적은 사회복지사들이 책임 있는 활동을 하기 위하여 **근거 있는 결정**을 내리고 개입의 과정에서 조심스럽게 사고할 수 있도록 하기 위함이라고 볼 수 있다. 구체적으로 **사회복지조사방법론을 배우는 이유**를 살펴보면 다음과 같다(Alston & Bowles, 2019: 4-6).

### (1) 연구결과의 비판적 수용

사회복지사는 종종 통계자료가 포함된 정부보고서를 비롯한 각종 보고서를 접하게 된다. 이때 조사에 대한 기초 지식이 없다면 그러한 보고서들을 비판적인 시각으로 바라보기가 어렵다. Royse(2017)는 많은 연구가 여러 가지 이유로 편향되었다든지 잘못되었을 가능성이 있다는 것을 지적하면서 사회복지사가 지식의 올바른 소비자가 되기 위하여 연구대상이 부족하지는 않은지, 방법론상에 어떠한 문제가 없는지, 연구결과에 대한 일반화를 제대로 했는지 등을 판단할 수 있는 능력이 있어야 한다고 주장하였다. 이러한 능력은 결국 조사방법론에 대한 기본적인 지식을 습득할 때 얻어질 수 있다. 또한 사회복지사가 자신의 기관이나 프로그램에 영향을 미치는 정책이 결정되는 자료들을 분석할 수 있는 능력을 갖추는 것은 전문적 실천가로서 필수적인 요소라고 볼 수 있다.

### (2) 자신의 실천적 개입에 대한 정당성 확보

사회복지조사론에 대한 지식을 습득하는 것은 사회복지사로서 자신의 실천적 개입에 대한 정당성을 확보하는 데 많은 도움을 준다. 사회복지사는 반드시 클라이언트가 원하고 필요로 하는 것이 무엇인지, 자신의 개입이 클라이언트에게 어떤 영향을 미치는지, 자신의 프로그램이 어떻게 개선될 수 있는지 등에 대하여 알아야 한다. 사회복지사들이 자신이 하고 있는 일이 정말 효과가 있는 것인지를 알아야 하는 **증거기반적**(evidence-based) **문화**에서 일하는 것이 최근의 세계적인 사회복지 동향이다.

사회복지사로서 클라이언트 집단에 대한 어떤 **개입의 효과성**을 조사해야 한다거나, 자신이 소속된 기관에서 제공하는 서비스에 대한 평가를 하거나 클라이언트 집단에 대한 서비스의 효과를 제공하여 자신이 소속된 기관의 효과성을 조사하기도 한다. 또한 자신의 클라이언트가 가지고 있는 욕구를 충족시키고 있는지, 계획된 프로그램이 목적을 달성하였는지 등에 대한 조사가 필요하다. 이러한 조사를 통하여 기금을 유지하고 더 많은 기금을 확보할 수 있게 된다.

### (3) 정책수립과정의 참여

사회복지조사론에 대한 학습은 정부의 사회정책을 사정하고 이러한 정책들을 형성하는 데 기여한다. 사회복지사는 소외되고 열악한 환경에 처해 있는 지역사회 구성원들에게 영향을 미칠 수 있는 **정책의 형성에 있어서 주도적인 역할**을 하여야 하며 정부의 정책을 지원하기도 하고 비판하기도 하여야 한다. 조사방법론에 대한 보다 깊은 이해는 사회복지사가 정책의 형성과정에 참여할 수 있는 기반을 조성해 준다.

### (4) 대학원 교육 수행 촉진

학부 수준에서 사회복지조사론을 학습하는 것은 앞으로 석사과정과 박사과정에 진입할 수 있는 촉진제의 역할을 할 수 있다. 많은 학생이 조사론에 대한 지식이 부족하고 따라서 이에 대한 부담감으로 대학원 진학을 포기하기도 하는데, 이는 사회복지학의 학문적 발전에 있어 손실이 된다. 뿐만 아니라 전문적인 사회복지사가 되기 위하여 학부 수준에서도 반드시 필요한 과목이기에 사회복지조사론은 「사회복지사업법」에 규정된 필수 10개 교과목 중 하나이며 1급 사회복지사 시험과목 중 하나로 지정되었다. 또한 미국사회복지교육협의회에서도 조사론을 다섯 가지 전문기초교과 영역 중 하나로 규정하고 있다.

### (5) 사회복지 관련 지식과 이론 개발

사회복지조사론을 학습하는 또 하나의 중요한 이유는 사회복지 관련 지식을 축적하고 이론을 개발하는 데 필요하기 때문이다. 사회복지사는 사회복지 관련 지식과 이론을 실제로 현장에서 검증할 수 있으며 그 효용성에 대한 평가를 할 수 있는 위치에 있다. 따라서 사회복지사들이 조사론에 대한 철저한 학습을 통하여 스스로 지식을 축적하고 이론을 개발해 나갈 수 있는 능력을 갖추어야 할 것이다.

사회복지사가 엄격한 의미로 연구자가 되는 것은 매우 드문 일이긴 하지만 직장생활을 하면서 연구조사방법을 사용하게 될 것이고 더 많이 알았더라면 좋았을 것이라는 상황에 직면하게 될 것이다. 예를 들면, 실천현장에서 일하는 사회복지사는 클라이언트에게 미치고 있는 어떤 개입의 효과나 결과를 과학적으로 평가하기 위해 단일사례조사방법을 써 보려고 할 수 있다. 이러한 과정을 통하여 사회복지사는 다양한 기술과 기법이 사람들에게 적용되었을 때 어떤 결과가 나오는지에 대해 알 수 있다. 지역사회 조직가나 계획가도 자원개발의 지침으로 지역사회에 현존하는 가장 큰 욕구를 평가하기 위한 과학적 설문조사를 실시할 수 있다. 또한 사회복지 행정가도 시민에 대한 책임을 다하기 위해, 프로그램이 원래 의도된 대로 서비스 양과 형태를 전달했는지 과학적으로 입증해야 한다.

더 나아가서 사회복지사는 충분한 과학적 방법으로 행해져 신뢰할 만한 결과를 보이는 연구와 연구방법이 너무 취약해 연구결과의 신빙성이 없는 것을 구별해 낼 만큼 연구방법을 잘 이해할 필요가 있다. 즉, 사회복지사가 발표된 연구의 결과를 단순히 받아들이는 것에 그치지 말고 그 연구의 방법을 비판적으로 평가할 수 있어야 한다. **사회복지 전문가**란 클라이언트에게 존재하는 가장 효과적인 서비스를 확실히 제공하려는 노력을 하는 사람을 의미한다. 따라서 사회복지사는 최신 연구를 살펴보고 비판적인 수용을 하여 스스로를 발전시키려는 노력을 하여야 한다.

Grinnell(2018)은 **사회복지사가 수행해야 할 세 가지 조사 관련 역할**을 제시하였다. 첫째, **조사의 소비자 역할**로 사회복지사가 지식에 근거해서 자신의 업무를 수행해야 한다는 것을 의미한다. 둘째, **지식의 보급자 역할**로 사회복지사가 문제의 효과적인 실천방법을 결정하기 위한 체계적인 노력을 주도하여야 하고 그러한 노력의 결과가 다른 사회복지사들에게 전달되어야 한다는 것이다. 셋째, **공헌 파트너로서의 역할**로 전문직의 지식기반을 확대하기 위해 유사한 과업과 문제를 가지고 있는 다른 전문가들과 연합해야 하며 그러기 위하여 사회복지사가 조사방법에 익숙해야 한다는 것이다(이익섭, 이윤로, 2007).

## 4. 사회조사의 형태와 종류

사회조사는 조사의 목적, 조사의 방법 또는 조사대상이나 자료를 수집하는 방법에 따라 서로 다르게 분류될 수 있다. 이렇듯 조사를 분류하는 방법은 다양하지만 여기서는 사회조사의 유형을 크게 양적연구와 질적연구로 분류하고자 한다. 또한 사회복지조사에서 많이 활용되는 욕구조사, 평가조사 그리고 실험조사의 특성에 대해 개괄적으로 소개하고자 한다.

먼저, 조사는 접근방법에 따라서 실증주의에 입각한 양적연구와 후기실증주의에 입각한 질적연구로 크게 양분된다(성태제, 2016). 이는 1980년대 초 이래 사회복지 문헌 속에서 많은 논쟁의 중심에 있었던 것으로, **양적연구방법**(quantitative research method)은 정확하고 일반화시킬 수 있는 통계결과 산출을 강조하며, 일반적으로 보편법칙 목적에 더 적절하다. 따라서 일반적으로 원인이 결과를 낳는지 입증하려고 할 때 사용할 가능성이 높다. 반면, **질적연구방법**(qualitative research method)은 개별 사례적 관심사와 관련된 이해의 깊이를 강조한다. 즉, 인간경험의 깊은 의미를 끌어내려 하고 숫자로 쉽게 축소되지 않는 더 이론적으로 풍부한 관찰을 끌어내려 한다. 이러한 질적연구는 우리가 잘 모르는 새로운 현상의 연구를 위해 또는 이론 구축을 위해 복잡한 현상에 대한 주관적 의미에 대한 통찰력을 얻고자 할 때 시도된다.

20세기 상반기 동안 사회학자는 보통 질적방법을 사용했으나, 20세기 중반경 더 일반화시킬 수 있는 결론을 끌어내는 양적방법의 잠재성이 사회과학자들에게 설득력 있게 다가오면서 점차 양적연구가 우월한 것으로, 더 과학적인 것으로 여겨져 질적연구의 기세를 눌렀다. 하지만 지난 20여 년 동안 질적방법은 사회복지를 포함하여 사회과학에서 전반적으로 새로운 지지를 얻고 있으며, 현재는 많은 학자가 두 개의 대조적 방법이 본질적으로 양립할 수 없는 것이 아니라고 본다. 즉, 양적방법과 질적방법이 철학적 차이는 있음에도 불구하고 지식구축에 있어 똑같이 중요한 보완적 역할을 하며 현대 사회과학의 역사를 통해 그러해 왔다는 것이다. 따라서 각 접근법은 유용하고 정당하며 각각은 탐구에 나름대로 독특한 공헌을 하므로 연구자는 연구질문과 자신이 직면한 조건에 맞는 사용도구를 찾아야 한다.

### 1) 양적연구

현대 사회과학 연구의 대부분은 복잡한 수학공식이 포함된 계량적인 분석방법을 활용하고 있으며, 이런 연구의 대부분이 양적연구(quantitative research)이다. 양적연구는 **객관적 · 가치중립적 · 합리적 · 경험적인 접근방법**을 사용하며 대상의 속성을 계량적으로 표현하고 그들의 관계를 통계분석을 통해 밝혀내는 조사로서 실증주의적 인식론에 바탕을 두고 있어 객관성과 보편성을 강조하며 가설의 수립과 검증을 통해 진리를 밝힐 수 있다고 주장한다. 양적연구는 18세기와 19세기 자연과학적 패러다임에서 파생되었으며, 정확하게 측정될 수 있고 조사에 의해 발견될 수 있는 자연적 법칙에 따라 움직이는 객관적인 '실재(reality)'가 있다는 것을 근거로 한다 (Marlow, 2010).

양적연구의 예

- 인구센서스
- 여론조사
- 평가조사의 몇 가지 유형(예: 성과평가, 비용-효과분석 등)
- 두 개나 그 이상의 변수들 간의 상관관계를 살펴보고자 하는 연구(예: 소득과 종교 간에 상관관계가 있는가 등)

(Alston & Bowles, 2019: 12)

전통적으로 **계량적인 경험주의**를 바탕으로 한 연구자들은 그들이 나가서 경험적으로 검증할 수 있는 세상에 대한 아이디어나 이론으로부터 출발한다. 따라서 이들은 현장으로 나가기 전에 조사할 개념들과 연구설계를 주의 깊게 설정한다. 일반적인 것에서 구체적인 것으로 또는 이론으로부터 시작하며 아이디어들을 경험적으로 검증하는 방법은 연구의 **연역적 접근**으로 알려져 있으며, 이는 1장에서 자세하게 다루었다. 양적연구의 가장 극단적인 방법은 실험적 조사이며 이는 뒷부분에서 좀 더 자세히 다룬다.

**양적연구의 목적**은 기술(descriptions), 설명(explanation), 예측(prediction), 통제(control)로 볼 수 있다. 그중에서도 기술은 양적연구의 가장 기본적인 목적으로 볼 수 있는데, 이는 어떤 현상이나 상황을 있는 그대로 묘사하는 것으로, 어떤 현상의 빈도, 중앙치, 분포 등을 탐색하는 가운데 어떤 규칙성이나 원리를 발견하는 기초로 사용될 수 있다(천혜정, 2004).

양적연구는 전형적으로 서베이, 설문지, 구조화된 관찰 등의 기술을 사용한다. 또한 통계방법을 활용하여 연구자들이 수집한 자료들을 분석하여 어떠한 패턴이나 상관관계에 대한 그들의 아이디어가 연구에서 나타난 사실에 의해 지지되는지를 확인한다.

**양적연구의 속성**

- 양적연구는 주로 서론, 문헌과 이론, 방법, 결과, 논의로 구성되는 경우가 많다.
- 연역적으로 검증이론에 관해 가정하는 경우도 있다.
- 연구결과를 일반화하고 반복하기 용이하게 설계되어 있다.

(황성동, 2015)

양적연구자들은 '진리'와 사회의 자연적 '법칙들'을 발견하는 데 관심이 있으므로 그들의 연구대상이 전체 모집단의 특성을 잘 대표하고 있는지 따라서 보다 더 큰 모집단에게 연구결과를 적용할 수 있는지를 매우 중요하게 다룬다. 즉, 다양한 표집방법과 통계적 기술을 동원하여 한 연구에 참여한 연구대상자뿐만 아니라 관련된 모든 사람에게 **연구결과를 일반화**할 수 있도록 하는 데 초점을 둔다. 양적연구의 장점과 단점을 정리하면 〈표 2-3〉과 같다.

표 2-3 양적연구의 장점과 단점

| 양적연구의 장점 | 양적연구의 단점 |
| --- | --- |
| • 계량적 분석을 바탕으로 체계적인 연구가 가능하다.<br>• 조사결과를 일반화하기 용이하다. | • 인간의 복잡한 심리현상을 계량화하기 쉽지 않을 수 있다.<br>• 연구과정에서 통제가 엄격히 이루어지지 않으면 정확한 결과를 도출하기 어렵다. |

양적연구방법이 해결하기 복잡한 사회현상에 대한 관찰 및 분석과 깊이 있는 해

석을 시도하는 사회과학 연구방법의 하나라는 사실에는 많은 사람이 동의하고 있으나, 한편으로는 양적접근에 대한 비판으로 나타난 다양한 연구방법론이 있는데, 일반적으로 이를 질적연구방법이라고 한다.

### 2) 질적연구

이론으로부터 도출된 어떤 패턴이나 관계들을 실제 세계에서 검증하는 양적연구와는 달리 **질적연구**(qualitative research)는 이와 반대로 **연구자들의 경험이나 구체적인 관찰로부터 시작**한다. 즉, 질적연구자들은 이미 존재하는 아이디어로부터 출발하는 것이 아니라 그들의 경험이나 관찰로부터 어떤 패턴이나 주제들이 도출되기를 바란다. 따라서 질적접근은 구체적인 관찰로부터 일반적인 이론을 끌어내는 **귀납적 접근**이다.

질적연구의 예

- 연구자는 폭주족의 생활양식과 그들에게 중요한 이슈들이 무엇인지 알아보기 위해 그들과 여러 개월 동안 함께 시간을 보낸다.
- 농촌지역의 가정폭력에 대한 태도를 탐색하기 위해 관련기관의 종사자와 농촌 여성들을 상대로 심층면접을 실시한다.
- 대도시에 살고 있는 노인 거주자 집단과의 만남을 통하여 그들의 고민이 무엇이며 지역사회복지관으로부터 받고자 하는 서비스는 무엇인지 살펴본다.

(Alston & Bowles, 2019: 14)

질적연구는 인간행동이나 사건의 의미에 대한 해석을 통해서 사회현상을 이해하려고 시도하는데, 이때 사회현상에 대한 접근방법으로는 **주관적 · 해석적 · 자연적 · 전체적인 접근방법**을 사용한다. 질적연구는 현상학과 해석학의 영향을 받아서 연구영역을 넓혀 왔으며, 객관적 사실보다 **주관적 의미에 관심**을 갖고 있다. 즉, 현상학적 논리에 따르면 사회현상에 대한 관심은 인간이 어떤 것을 어떻게 지각하는가(perceive)에 따라 달라진다. 또한 질적연구는 새로운 개념들이나 이론들을 탐색하는 데 관심을 가진다. 즉, 질적연구의 목적은 본질적으로 **의미추구를 지향**하는데, 이는 인간이 그들이 처한 환경 속에 있는 사건, 사물, 상황에 부여한 해석과 의미들을 탐색함으로써 인간행동의 이면에 감추어진 관념, 느낌, 동기, 신념 등을 보다 **심층적으로 이해**하고자 하는 것이다. 질적연구의 속성을 정리하면 다음과 같다(천혜정, 2004).

질적연구의 속성

- **주관성**: 질적연구는 현상을 관찰하고 인지하는 주체에 의해 주관적으로 파악된다는 관점을 가지고 있다. 그렇기 때문에 질적연구에서는 사람들이 자신의 삶을 어떻게 주관적으로 바라보는가에 관심을 두게 된다. 즉, 연구자의 주관적 인지와 느낌, 해석을 적극적으로 활용하여 자료를 분석한다.
- **탐색과 기술성**: 질적연구는 현상에 대해 무슨 일이 일어나고 있는지, 조사대상자의 생활과 그들의 생각 등을 심도 있게 이해할 수 있도록 탐색하고 기술하는 것에 주된 관심을 둔다.
- **총체성**: 질적연구는 조사대상자의 세계, 시각 등을 총체적으로 살펴보기 위해 노력한다. 자료수집을 특정 변수나 범주에 국한하지 않고, 최대한 포괄적이고 다양한 자료를 수집하게 된다. 또한 조사대상자들의 다양한 행동이나 언어적 의사소통이 이루어지는 상황과 맥락 등을 관찰하고 묘사한다.
- **자연성**: 질적연구는 조사대상자가 있는 상황적 · 환경적 맥락 안에서 관찰해야 가장 잘 이해할 수 있다. 즉, 질적연구는 조사대상자의 자연적인 상태를 있는 그대로 묘사해야 하며, 이를 위해 조사대상자들과 오랜기간 동안 지속적인 관계를 맺고 신뢰를 쌓으면서 조사대상자들의 자연스러운 상태에 접근하여 자료를 수집한다. 그렇기 때문에 질적연구는 양적연구에서는 알기 어려운 심층적인 관행과 상호작용, 기타 상황을 파악할 수 있다.
- **귀납성**: 질적연구는 현실에서 발생하는 경험적 자료를 수집하고 분석하여 이론을 도출하는 귀납적 방법을 사용한다.
- **연구절차의 유연성**: 질적연구는 연구절차가 구조화되어 있지 않고, 자료수집 및 분석과정이 유연하다. 연구 절차와 단계는 연구자의 직감과 경험에 의존하여 결정하며, 자료 수집 및 분석이 동시에 상호작용하면서 이루어지기도 한다.
- **연구도구로서의 연구자**: 질적연구는 자료수집의 도구로서 연구자 자신을 활용한다. 즉, 질적연구자는 연구자의 관찰과 통찰을 통해 자료를 수집하고 분석한다. 따라서 질적연구에서의 연구자는 수집된 원자료로부터 의미 있는 범주나 주제를 도출할 수 있는 역량이 매우 중요하다.

(황성동, 2015)

질적연구를 수행하는 데 활용될 수 있는 자료수집방법은 심층면접, 포커스 집단(focus group), 예술품이나 사진 등이 있다. 예를 들어, Morrow와 Smith(2000)는 아동기의 성적 학대를 극복한 여성들의 이야기를 개별 심층면접, 10주에 걸친 포커스 집단 인터뷰, 문서화된 증거 등의 다양한 자료를 사용하여 연구하였다.

질적연구자들은 양적연구가 수량화될 수 있는 측면만 측정하기 때문에 현실을 왜곡한다고 비판하며 통계적인 절차나 대표성 등을 중요시하지 않는다. 질적연구에서 통계는 많은 사람이 어떻게 느끼고 있는지를 요약하고 서술하는 목적으로 매우 제한적으로 사용된다. 이렇듯 질적연구는 **현상학적인 인식론에 바탕**을 두기 때문에 주관성과 상황적 변화를 강조하지만 가설의 수립과 검증을 통해 보편적 진리를 밝히는 데 한계가 있다.

표 2-4 질적연구의 장점과 단점

| 질적연구의 장점 | 질적연구의 단점 |
|---|---|
| • 심층적이고 자세한 사실 발견 가능<br>• 문제에 대한 통찰력 제공<br>• 조사설계와 자료수집에 유연성 존재<br>• 상대적으로 적은 집단과 표본으로 조사 수행 가능 | • 주관성이 강해 현실에 적용이 어려움<br>• 조사결과를 일반화하기 어려움<br>• 조사결과의 실천적 적용에 한계가 있음 |

자신의 세 딸의 발달과정을 관찰하고 인간의 지적 발달에 관한 이론을 정립한 Piaget가 주로 사용한 임상적 연구방법은 대표적인 질적연구라고 볼 수 있다. 이러한 질적연구가 1930년대까지는 인간의 발달을 효과적으로 설명하기 위해 널리 사용되었다.

앞에서 살펴보았듯이 양적연구와 질적연구는 많은 차이점을 가지고 있다. 질적연구를 추종하는 사람들은 양적연구가 일종의 수놀음이라고 비난하고, 양적연구를 하는 사람들은 질적연구를 일기나 소설이라고 비난하기도 한다. 하지만 양적연구나 질적연구 중 어떤 특정한 방법이 더 좋다고 말할 수 있는 성질의 것이 아니다. 연구자의 연구목적과 연구대상 및 연구상황에 따라 적절한 방법을 선택하는 것이 보다 중요한 것이다.

이상에서 제시한 양적연구와 질적연구의 특성을 정리해 보면 〈표 2-5〉와 같다.

표 2-5 양적연구와 질적연구의 비교

| 질적연구 | 양적연구 |
|---|---|
| • 행위자의 언어, 몸짓, 행동 등 상황과 환경적 요인을 현지조사, 민속방법론 등의 방법으로 조사하는 방법<br>• 현상과 관련 있는 소수 대상에 대하여 전체적인 측면을 심도 있게 조사<br>• 연구자 및 연구대상자의 주관적 특성을 반영, 일반화 어려움<br>• 현상학적 입장, 귀납적 방법 사용 | • 대상의 속성을 계량적으로 측정하고 설문조사나 통계기법을 활용하여 정보를 양적으로 축적 · 분석하는 방법<br>• 다수를 대상으로 대량의 자료를 수집하여 수치화한 다음 통계적으로 분석<br>• 한정된 특정 측면에 대한 객관적 검증, 일반화 가능<br>• 논리실증주의적 입장, 연역적 방법 사용 |

20세기 중반에 들어서면서 실증주의와 양적 패러다임을 강조하게 되어 질적연구는 점차 감소되었고, 사회복지연구에서도 통계적 분석법을 사용한 양적연구가 주로 사용되었다. 지금까지도 사회복지를 연구하는 방법으로 양적연구가 많이 사용되고 있으나, 특히 인간의 경우 양적연구로만은 인간의 특성을 규명하는 데 많은 한계가 있어 질적연구의 중요성이 더욱 커지고 있다. 아울러 컴퓨터와 비디오 기술의 발달로 질적연구가 더욱 증가하는 추세이다. 하지만 최근의 사회복지조사의 경향은 질적연구와 양적연구 모두 장단점이 있음을 인정하고 양적연구와 질적연구를

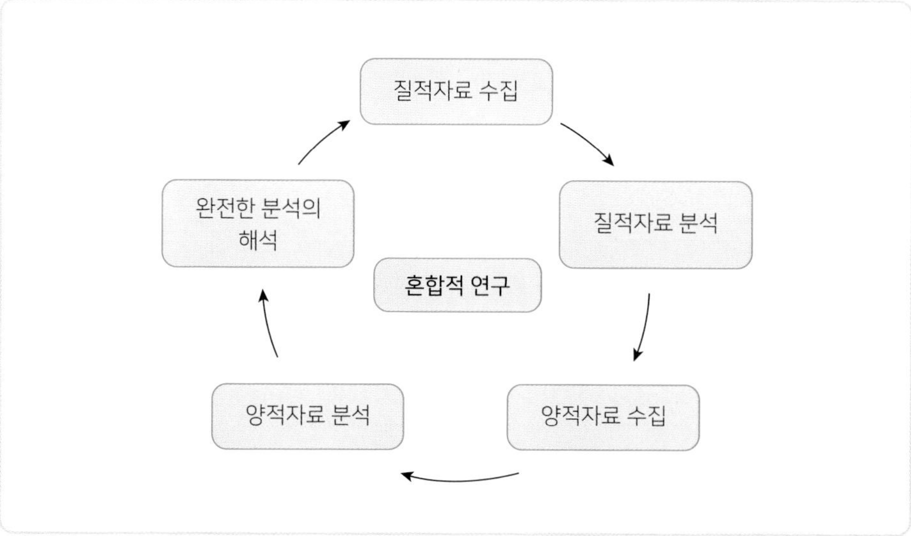


[그림 2-1] 양적연구와 질적연구를 혼합한 연구 개요

병행하는 추세이다. 또한 많은 학자는 이 두 가지 접근방식을 이분법적으로 상반되게 보는 것이 아니라 지식을 개발하는 데 있어 순환적인 과정의 다른 단계로 간주한다(Rubbin & Babbie, 2016). 즉, 연구자들은 양적인 접근으로 보다 구체화된 가설들을 검증하기 전에 질적인 접근으로 그들의 아이디어를 탐색하는 것으로 시작할 수 있다. 사회복지조사연구 실무현장에서는 질적접근과 양적접근이 함께 사용되면서 상보적인 효과를 내고, 연구문제에 대한 심층적 이해를 돕는 경우가 많다(황성동, 2015). 양적연구와 질적연구를 **혼합한 연구과정**의 경우 [그림 2-1]과 같은 경로를 따를 수 있다(강근복, 2009).

### 3) 욕구조사

지역사회복지관의 사회복지사로서 그 지역이나 서비스의 대상이 되는 표적집단의 욕구를 파악하고 욕구의 우선순위를 분석하는 것은 매우 중요한 일이다. **욕구조사**란 사회복지서비스 이용자들이 가지고 있는 사회복지 욕구를 알아내는 것을 말한다. 욕구조사는 서비스 대상자들의 욕구에 맞는 프로그램을 개발하고, 원하지 않는 프로그램 실시나 개발로 인한 낭비를 예방하기 위한 목적 등이 있다(황성동, 2015). 즉, 욕구조사는 보다 나은 서비스를 제공하기 위한 계획을 수립하기 위하여 그 지역사회에 대한 정보들을 수집하는 것이다. 또한 이러한 욕구들을 평가하고 우선순위를 정하는 것으로 볼 수 있다. 따라서 **욕구조사의 목적**은 먼저 대상집단의 욕구를 충족시키고, 사회문제를 해결하고 예방하기 위한 정책대안이나 프로그램을 개발하고 수정하며, 기관운영에 도움이 되는 기초자료를 제공하는 데 있다(남일재 외, 2016: 173-200).

**욕구조사에 포함되는 내용**은 조사대상과 조사목적에 따라 달라질 수 있지만 일반적으로 지역사회의 일반적 특징에 관한 기초자료, 욕구파악을 위한 자료, 활용자원에 관한 자료가 포함될 수 있다. 욕구조사는 조사를 실시하는 사회복지기관의 형태나 프로그램의 형태에 따라 수혜자 중심적 욕구조사, 서비스 중심적 욕구조사, 지역사회 중심적 욕구조사로 나누어 볼 수 있다. 지역사회 중심적 욕구조사는 수혜자 중심적 욕구조사와 서비스 중심적 욕구조사를 통합한 것으로 지역사회의 전반적인 문제를 확인하여 문제해결의 우선순위를 파악하고 서비스의 대상과 그 수준을 파악하는 것이다. 이러한 욕구조사가 필요한 이유는 무엇보다도 기관 중심적이고 기관 편의적인 프로그램이나 정책의 운영에서 벗어나 서비스 대상자의 욕구를 바탕으로 한 클라이언트 중심적이며 클라이언트 친화적인 정책을 운영하기 위함이다(김기원, 2016).

**욕구조사의 자료수집방법**으로는 주로 지역사회 공개토론회, 주요 정보제공자조사, 사회지표조사, 일반집단조사, 표적집단조사, 델파이조사, 2차적 자료조사, 프로그램 운영자 또는 서비스제공자 조사, 통합적 방법 등이 있다. 이에 대한 자세한 내용은 제9장에서 제시될 것이다.

욕구조사의 목적

- 욕구의 유형을 파악함으로써 어떠한 정책대안이나 프로그램이 필요한지를 파악한다.
- 욕구의 우선순위를 파악함으로써 정책대안이나 프로그램의 상대적 중요성을 파악한다.
- 프로그램의 상대적 중요성에 따라 인적 자원과 물적 자원을 할당할 기준을 수립한다.
- 현재 수행 중인 프로그램이나 정책의 타당성을 평가할 수 있는 기초자료를 파악한다.
- 기관들이 실시하고 있는 프로그램이나 서비스들의 중복을 방지하고, 상호 연계할 수 있는 방안을 강구한다.
- 조직 내에서 기관의 정체성을 확인한다.
- 기관의 활동과 프로그램을 대상집단이나 지역사회에 홍보한다.

(김기원, 2016)

### 4) 평가조사

욕구조사와 더불어 최근 평가조사 또는 프로그램 평가라고 불리는 연구분야가 사회복지 연구자들에게 관심을 받고 있다. 프로그램 평가는 어떤 특정 연구방법이라기보다는 연구의 목적을 의미한다고 볼 수 있다. **프로그램 평가**는 사회적 개입의 효과성을 체계적으로 조사하기 위하여 사회조사의 과정을 활용하는 것으로, 구체적으로는 사회적 개입 및 인간봉사 프로그램의 개념화, 설계, 기획, 관리행정, 실행, 효과, 효율 및 활용에 대한 이해와 증진을 목적으로 하는 연구이다(Rossi, Freeman, & Lipsey, 2019; Rubin & Babbie, 2016). 따라서 프로그램 평가는 이론적 상관관계를 발견하기 위한 연구설계가 아니라 **사회복지서비스의 전달에 초점**을 두고 이를 개선하려고 하는 것이다.

평가조사는 특정 개입기술이나 프로그램의 개선이나 계속 수행의 여부를 결정짓기 위하여 개입기술과 프로그램이 본래 의도한 목적을 어느 정도 달성하였는지에 관해 조사하는 응용조사이다(양정하 외, 2016: 173-200). 평가조사는 평가대상에 따라 단일사례연구와 사업(프로그램)평가조사로 나누어 볼 수 있는데, 단일사례연구는 개인이나 한 집단에 대한 개입효과를 평가하기 위한 것이고 사업평가조사는 프로그램의 서비스 효과를 평가하기 위한 것이다.

사회복지실천 현장에서 일하는 사회복지사들은 그들이 제공하는 서비스, 그들이 소비하는 자원 그리고 그들이 달성한 성과에 대한 책임을 져야 한다. 정부, 클라이언트, 세금을 납부하는 국민들이 사회복지사의 이러한 **책임성**(accountability)을 기대하기 때문이다. 따라서 평가와 책임성은 사회복지사들에게 매우 중요한 개념이 되어 왔다. 프로그램 평가는 사회복지사의 실천이 효과적이며 점차적으로 개선되고 있음을 보장하기 위한 기술들을 발달시키는 도구가 되며, 또한 사회복지사의 실천에 있어서 책임성과 투명성을 고려할 수 있도록 해 준다(Alston & Bowles, 2019). 즉, 프로그램 평가는 보다 효과적이고 효율적인 사회복지사가 되도록 돕는다.

**프로그램 평가의 목적**

- 책임성
- 효율성
- 계획
- 적절한 프로그램의 개발
- 현재 활용되는 프로그램의 개선

(Alston & Bowles, 2019: 175-178)

### 5) 실험조사

실험조사는 최근 사회복지연구의 몇몇 분야에서 다시 늘어나고 있는 추세이다. 특히 미국과 영국에서 두드러진다(Trinder, 2000). **실험조사의 목적**은 인과관계를 밝히는 데 있다. 즉, 독립변수 X의 변화가 종속변수 Y의 변화의 원인이라는 것을 확인하고자 한다. 이러한 목적을 달성하기 위해 실험조사는 **실험집단**(개입이 들어가는 집단)과 **통제집단**(개입이 들어가지 않는 집단)에 연구대상자들을 **무작위로 할당**하는 등 엄격한 조건들을 수반한다. 또한 연구자들은 실험집단에 시도된 개입 또는 치료의 효과를 알아내기 위해 **독립변수를 체계적으로 조작**한다. 연구대상자들이 실험집단과 통제집단에 무작위로 할당되기 때문에 개입의 효과에 영향을 미치는 다른 요인들은 두 집단 간에 적절히 균형을 이루었다고 가정한다. 따라서 실험집단에서 나타난 변화는 독립변수에 의한 것이라고 본다. 사회복지영역의 실험조사 옹호자들은 오직 실험조사만이 개입의 효과성을 검증할 수 있는 유일하고 정확한 방법이라고 주장한다.

하지만 연구대상자들을 실험집단과 통제집단에 무작위로 할당하는 것이 늘 가능하지는 않다. 통제집단은 개입을 받지 못하게 되므로 이에 따른 윤리적인 딜레마가 있다. 특히 교정시설이나 감호소 등에 있는 연구대상자들의 경우 이러한 문제가 더 자주 발생할 수 있다. 또한 어느 한 시점에 한 변수의 단순한 조작으로 사회적 실재를 파악할 수 없다는 비판을 받기도 한다. 즉, 인간의 삶은 보다 복잡다단하다는 것이다.

이러한 한계로 인하여 전통적인 실험조사설계의 조건들을 절충해 줄 수 있는 방법들이 개발되었는데, 예를 들면 사회복지사가 한 사람에게 개입을 한 후 그 개입의 효과를 평가하는 유사실험적 단일사례조사설계(quasi-experimental single-case designs), 비실험적 서베이, 연구대상자들을 무작위로 할당하지 않는 집단설계 등이 있다.

실험조사의 주요 요소

- 연구대상자의 실험집단과 통제집단에 무작위 할당
- 독립변수의 조작
- 종속변수에 대한 결과의 관찰

(Alston & Bowles, 2019: 198-200)

## 5. 사회복지조사의 한계 및 범위

### 1) 사회복지조사와 과학의 한계

일반적으로 사회복지조사를 위시한 사회조사에 대한 두 가지 잘못된 생각 중 첫째는 조사가 인간문제의 모든 것을 해결한다고 기대하는 것이다. 즉, 조사방법이 모든 인간조건을 효율적으로 발견할 수 있고, 따라서 바람직하지 않은 문제를 해결할 수 있다는 전제(조사론에 대한 만능론)이다. 둘째는 이와 반대로 조사에 기대할 것은 하나도 없다는 것으로 현재의 세상은 큰 재앙 속에 있고 그 책임은 기술적 변화를 가져온 과학에 있다고 비관하는 입장(조사론에 대한 무용론)이다. 하지만 이러한 극단적인 입장은 경계할 필요가 있으며, 조사는 **새로운 이해를 위한 한 가지 방법**이라는 것을 인식할 필요가 있다.

또한 사회복지조사는 인간의 욕구를 충족시키고 사회문제를 해결하며 사회복지 관련 이론과 기술을 개발하는 데 기여하지만 한계도 있음을 인식해야 한다. **사회복지조사의 몇 가지 한계**를 살펴보면 다음과 같다(김기원, 2016).

- **경험적 인식의 제한성**: 사회복지조사는 다양한 방법을 통해 이루어지지만 경험적으로 인식된 내용만을 포함한다. 하지만 인간이 경험적으로 인식할 수 있는 대상과 범위는 제한되어 있으므로 동일한 사건이나 현상을 다르게 인식하는 경우도 있다. 이러한 인간의 한계는 사회복지조사의 한계를 의미한다.
- **시간적 제한성**: 사회복지조사는 일정한 기간 동안 조사가 수행되며, 제한된 일정기간 내에 조사될 수 있는 내용은 양적으로도 제한될 수밖에 없다. 또한 조사상 필요한 내용이 조사기간 동안에는 발생하지 않고 조사가 종료된 이후에 발생할 가능성이 있다.
- **지리적 제한성**: 조사는 일정한 제한된 지역 내에서 행해지며, 제한된 지역 내지 공간에서 얻어진 정보가 전체를 얼마나 대표할 수 있느냐 하는 대표성의 문제가 표집과정에서 대두하게 된다. 전체를 대표할 수 있도록 다양한 표집방법이 개발되고, 인터넷 조사나 전화, 팩스 조사는 지리적 한계를 벗어날 수 있으나 이들 매체에 접근할 수 있는 대상에 조사가 한정된다는 한계가 있다.

- **비용적 제한성**: 전문조사원을 통해 조사가 이루어질 경우 상당한 조사비용을 지불해야 한다. 사회복지조사는 할당된 예산범위 내에서 조사를 수행해야 하는 제한성이 따른다.
- **조사자 개인의 가치와 선호의 차이로 인한 제한**: 사회복지학은 가치중립적이기보다는 가치개입적인 학문이다. 따라서 사회복지조사자들도 조사자의 개인적 가치가 조사과정에 영향을 미칠 가능성이 있으며, 또한 개인적 선호, 감정, 열망 등이 조사문제의 선정이나 조사방법의 선택에 영향을 미칠 수 있다.
- **사회적 요인에 따른 제한**: 조사는 여러 가지로 사회로부터 영향을 받는다. 우선권이 주어지는 문제, 재정적 후원이 쉬운 주제, 조사의 결과가 제공하는 여러 가지 반대급부 등에 의해 제한을 받을 수 있다. 조사의 결과는 논리적 타당성이나 합리적 이유 때문만이 아니라 당시의 지배적인 사상과 이념 때문에 수용되기도 하고 거부되기도 한다.
- **정치적 · 문화적 요인으로부터의 영향**: 사회조사는 정치적인 통제, 문화적인 요인들로부터도 영향을 받을 수 있다. 조사 실시나 조사결과 수용에도 직간접적으로 영향을 미칠 수 있음을 인식해야 한다.

앞부분에서 제시되었듯이 **과학적 방법의 특징**은 개념적이며 이론적인 틀을 사용하고, 주어진 가설에 대한 체계적이고 실증적인 검증, 통제된 관찰, 변수들의 관계에 대한 의식적이며 체계적인 접근, 관찰된 현상에 대한 객관적이고 가치중립적인 설명으로 볼 수 있다(Kerlinger, 2000). 이러한 특징들이 결여된 방법은 비과학적 또는 상식적이라고 본다. 하지만 **과학적 방법에도 한계**가 있음을 인식해야 한다. 즉, 인간의 형태가 핵심이 되는 사회현상의 속성과 과학의 가치배제 경향이라는 일정한 한계를 가진다(Goode & Hatt, 1952: 2).

이렇게 과학적 연구는 여러 가지 한계를 가지고 있으나 관련 전문가와 학자들은 과학적 연구가 자연과학과 사회과학 어느 영역에서도 부인될 수 없는 방법임을 인정하고 있으며 과학적 연구의 약점을 최소한으로 줄이는 노력을 해야 한다고 본다. 사회과학 연구방법론의 정립 초기에는 자연과학적 방법론의 영향으로 실증주의, 경험주의와 같은 양적방법론이 지배적이었으나, 오늘날에는 인간의 주관성을 중시하는 질적방법론도 크게 강조되고 있으며, 이는 연구방법론도 연구상황의 변화와 지식체계의 발전에 따라 변화한다는 것을 보여 준다.

**과학적 방법의 한계**

- 인간의 형태는 복잡하고 가변적이기 때문에 예측이 불가능하다.
- 인간형태의 핵심을 알아 낼 수 있는 객관적 절차, 즉 실험과 같은 방법이 완전하지 못하다.
- 인간에게는 예측을 전복시킬 수 있는 능력이 있다.
- 방법의 정확도와 신뢰도를 지나치게 강조하여 사회과학의 적합성과 타당성을 무시한다.
- 비인간화를 재촉하는 폐단을 낳는다.
- 가치중립의 문제와 가치개입의 불가분성이 문제될 수 있다.

(Goode & Hatt, 1952: 2)

### 2) 사회복지조사의 범위

사회복지조사의 범위는 순수한 사회복지의 주제뿐만 아니라 그 학문과 관련된 주제에 걸쳐 있어 사회복지조사의 범위를 한정한다는 것은 매우 어려운 일이다. 하지만 몇몇 학자는 사회복지조사의 범위를 제시하고자 노력하였는데 이를 소개하고자 한다.

Reid & Smith(1999)는 이미 발행된 사회복지조사 연구보고서의 내용을 검토한 뒤 다루어진 조사주제가 광범위하다는 것을 발견하였으며, 실제로 사회복지조사에서 다루어진 연구문헌을 검토하여 사회복지조사의 범위를 개인과 가족 및 소집단의 다양한 속성에 관한 조사, 서비스에 관한 조사, 사회복지전문직 또는 다학문적 관계에 대한 조사, 조직과 지역사회를 포함한 사회정책에 관한 조사로 구분하였다.

한편, 글리손(Glisson, 1990)은 1983부터 1988년까지 5대 주요 사회복지 관련 학술지에 게재된 논문을 검토하여 사회복지조사의 연구내용들을 실천방법을 중심으로, 개인과 가족 및 집단에 관한 직접적인 실천분야, 사회정책과 복지행정 및 지역사회조직과 같은 간접적인 실천분야, 사회복지교육을 위한 분야, 조사연구분야로 구분하였다.

이러한 연구결과로 볼 때, 사회복지조사의 범위는 개인을 비롯한 가족과 비공식적 체계, 공식적 체계 그리고 광범위한 사회체계들 간의 내외적 관계를 망라한다(김성천, 1999: 38). 개인적 측면에서 사회복지의 대상인 클라이언트뿐만 아니라 서비스 제공자인 사회복지전문가를 비롯해 비클라이언트까지 포함하며, 가족적 측면에서 사회복지대상 가족으로서 문제가족에서 일반가족까지 모두 포함한다. 비공식적 체계로 비공식적 동료집단과 같은 단위가 포함되고, 공식적 체계로 사회복지 서비스 전달체계에서 볼 수 있는 사회복지기관을 포함한 법인 및 국가가 포함된다. 더 나아가 광범위한 사회체계, 즉 특정 집단의 범위를 넘어선 단위를 일컫는 것으로 보다 광범위한 사회공동체도 다루어진다.

## 참고문헌

강근복(2009). 정책분석 및 평가에서의 양적·질적연구의 혼합. 정책분석평가학회보, 19(4), 43-67.

강영걸, 정주석, 김정우, 신정인(2018). 사회복지조사론. 경기: 정민사.

김기원(2016). 사회복지조사론. 경기: 교육과학사.

남일재, 양정하, 조윤득, 윤성호, 신현석, 조은정, 오주, 윤은경, 김태준, 임혁(2016). 사회복지학개론. 경기: 공동체.

김성천(1999). 사회복지조사론. 서울: 대학출판사.

서울대학교 교육연구소(2011). 교육학용어사전. 서울: 하우동설.

성태제(2016). 교육연구방법의 이해. 서울: 학지사.

이익섭, 이윤로(2007). 사회복지 조사방법의 이해. 서울: 학지사.

전경원(2020). 발문 중심의 유아 창의성 교육. 서울: 창지사.

조용태(2002). 아동연구방법. 서울: 도서출판 양지.

정경희, 강혜규, 조성은, 강은나, 고숙자, 신윤정, 곽윤경(2020). 보건복지 정책의 역사적 전개와 국책연구기관의 역할: 한국보건사회연구원 사례를 중심으로. 한국보건사회연구원.

천혜정(2004). 가족학 분야에서의 질적연구 경향 및 방법론적 문제점. 한국가정관리학회지, 22(5), 161-173.

황성동(2015). 알기쉬운 사회복지조사방법론. 서울: 학지사.

Alston, M., & Bowles, W. (2019). *Research for Social Workers: An Introduction for Methods* (3rd ed.). London: Routledge.

Best, J. W., & Kahn, J. V. (2006). *Research in Education* (10th ed.). Boston: Pearson Education, Inc.

Glisson, C. (1990). *A Systematic Assessment of the Social Work Literature: Trends in*

*Social Work Research Part II*. Knoxville: University of Tennessee School of Social Work.

Good, W. J., & Hatt, P. K. (1952). *Methods in Social Research*. NY: McGraw-Hill.

Grinnell, R. M. (2018). *Social Work Research and Evaluation* (11th ed.). Oxford: Oxford University Press.

Kerlinger, E. N. (2000). *Foundations of Behavioral Research* (4th ed.). San Diego: Harcourt College Publishers.

MacMillan, J. H., & Schumacher, S. (2000). *Research in Education: A Conceptual Introduction* (5th ed.). Glenview: Allyn & Bacon.

Marlow, C. (2010). *Research Methods for Generalist Social Work* (5th ed.). Boston: Cengage Learning.

Morrow, S. L., & Smith, M. L. (1996). Constructions of survival and coping by women who have survived childhood sexual abuse. *Journal of Counseling Psychology*, *42*, 24-33.

Reid, W. J., & Smith, A. D. (1999). *Research in Social Work*. NY: Colombia University Press.

Rossi, P. H., Freeman, H. E., & Lipsey, M. W. (2019). *Evaluation: A Systematic Approach* (8th ed.). CA: Sage Publication.

Royse, D. (2017). *Research Methods in Social Work* (7th ed.). Chicago: Cognella Academic Publishing.

Rubin, A., & Babbie, E. (2016). *Research methods for social work* (9th ed.). CA: Wadsworth Publishing.

Trinder, L. (2000). A critical appraisal of evidence-based practice. NJ: Wiley.

제3장

# 조사설계

사회복지조사란 사회복지의 목적인 개인의 복지 욕구를 충족시키고 사회문제 해결을 위한 방안을 강구하기 위해 자료를 수집하는 지식탐구 절차를 말한다. 사회복지조사는 과학적 연구방법의 일환이며, 과학적 연구가 가지는 일반적 특성을 가져야 한다(고수현, 박성복, 2013). 이 장에서는 과학적 연구방법의 특성을 갖추기 위한 조사설계의 방법과 구체적 과정에 대해 알아본다.

**조사설계**(research design) 또는 연구설계란 연구문제에 대한 답을 얻기 위해 생각한 연구의 계획(plan), 구조(structure), 전략(strategy)이라고 볼 수 있다. 즉, 조사설계는 연구문제의 이론 명제나 가설을 경험적으로 검증해 보기 위한 일종의 조사 틀을 짜는 것이다(박옥희, 2020). 이러한 조사설계는 전반적인 조사의 과정을 이끌어 주며, 연구설계, 측정, 표집 및 자료수집 방법, 자료분석방법 등에 관한 선택을 포함한다. 연구문제의 답을 제시하기 위해 어떤 자료가 필요하며 그 자료는 어떻게 확보할 것이며 어떻게 분석하여 결과를 제시할 것인지에 대한 내용이 포함된다. 이 장에서는 이러한 조사설계를 분류해 보고 **조사의 주요 개념**인 연구문제, 가설, 이론, 개념의 조작화, 변수 등을 살펴본다. 또한 **사회복지조사의 과정**과 **연구계획서 작성방법**을 개괄적으로 제시하고자 한다.

## 1. 조사설계의 분류

조사설계방법은 매우 다양하며 이러한 여러 가지 조사설계방법 중에서 어떤 방법이 가장 좋고 나쁘다고 말할 수 없는데, 그 이유는 조사설계란 연구문제와 주어진 상황에 따라 달라져야 하기 때문이다. 여러 가지 조사설계는 세 가지 관점, 즉 조사집단과의 접촉빈도, 준거기간, 연구의 특성에 따라 분류될 수 있다. 이 중에서 **연구자가 조사집단과 접촉하는 빈도에 근거한 설계**는 횡단적 조사설계(cross-sectional studies), 전후조사설계(사전검사/사후검사 설계), 종단적 조사설계(longitudinal studies)의 세 가지로 구분할 수 있다.

### 1) 횡단적 조사설계

사회과학에서 가장 보편적으로 사용되는 설계로 단일대상연구(one-shot studies), 지위연구(status studies) 라고도 하는데, 이 설계는 연구 당시에 나타나는 전반적 특성을 얻는 데 유용하다. **연구집단과 오직 한 번 접촉**을 하므로 연구수행과 분석이 비교적 쉬운 특성이 있다. 하지만 변화를 측정할 수 없다는 단점이 있는데, 이는 변화를 측정하기 위해서는 적어도 두 번 이상의 관찰이 필요하기 때문이다. 이러한 횡단적 설계에 적합한 주제의 예로는 청소년들의 가출의 원인, 보육 프로그램의 질 보장, 우리나라 역이민자의 사회-경제-인구통계적 특성, 학령기 아동의 가정환경과 학력 간의 관계 등이 있다.

횡단적 조사설계(cross-sectional studies)에는 다음과 같은 특징이 있다.

**횡단적 조사설계의 특징**

- 일정 시점에서 조사가 진행되는 정태적인 특성을 가지고 있다.
- 표본조사를 주로 행하고, 반복측정을 진행하지는 않는다.
- 조사대상의 특성에 따라 집단을 여러 개로 나누기 때문에 표본의 크기가 커야 한다.

(황성동, 2015)

## 2) 전후조사설계(사전검사/사후검사 설계)

전후조사설계는 프로그램의 효과나 영향을 측정하는 데 가장 적절한 설계로 평가조사(evaluation studies)에서 보편적으로 사용되는 설계 가운데 하나이다. **전후조사설계**는 시간적으로 두 시점 사이의 현상이나 변인의 변화를 찾기 위해 **같은 집단을 횡적으로 두 번 관찰**하는 것으로, 특정 시간이 지난 후 두 번째가 수행되는 두 개의 횡단 관찰을 제외하고는 횡단연구와 같은 과정으로 적용하여 수행된다. 이러한 전후조사설계의 장점은 상황, 현상, 이슈, 문제나 태도의 변화를 측정할 수 있다는 것이다. 따라서 프로그램의 효과나 영향을 측정하는 데 가장 적절한 설계로 볼 수 있다.

하지만 연구집단과 두 번 접촉을 해야 하므로 시간과 비용이 많이 들고 어려우며 종종 두 접촉 사이의 시간경과로 인해 연구대상자의 수가 줄어들 가능성이 있다는 단점이 있다. 또한 전체 변화는 측정되지만 그것이 독립변수 때문인지 외생변수 때문인지 확인하기가 어려우며, 연구대상자가 매우 어리고 사전검사와 사후검사 사이에 의미 있는 시간경과가 있으면 성숙 때문에 변화가 발생할 수도 있다(성숙효과, maturation effect). 그리고 사전검사의 실시로 인해 피험자들이 변화되어 사후검사가 영향을 받을 수 있는 도구의 반응효과(reactive effect of testing)가 나타날 수 있다는 단점이 있다. 이러한 전후조사설계에 적합한 조사주제의 예로는 부모상담서비스의 효과, 사회복지기관에서 사회복지사의 생산성에 대한 장려제도의 영향, 유아사망률에 대한 산모와 아동 건강서비스의 영향 등이 있다.

## 3) 종단적 조사설계

**종단적 조사설계**는 시간에 따른 변화의 형태를 결정하는 데 사용되는 것으로 **연속적으로 사실적인 정보를 수집**하는 것이 필요할 때 유용하다. 종단연구에서는 필요한 정보를 수집하기 위해 조사집단을 장기적으로 규칙적인 간격을 가지고 여러 번 방문해야 하는데, 이 설계의 장점은 연구자들이 변화의 형태를 측정할 수 있고 규칙적 또는 연속적으로 수집이 요구되는 사실적 정보를 얻을 수 있다는 것이다. 반면, 단점으로는 **조건화 효과**(conditioning effect)가 대표적인데, 만약 같은 응답자와 자주 접촉하게 되면 기대하는 것이 무엇이지를 알게 되고, 생각 없이 답을 하게 되고, 조사에 흥미를 잃게 되는 상황이 발생할 수 있다. 종단적 조사설계는 노동자의 욕구 경향, 이사경향, 질병이나 사망 출현율의 형태를 확인할 때 등에 활용될 수 있다.

종단연구는 같은 표본(조사대상)을 간격을 두고 두 번 이상 관찰 · 조사함으로써 그 대상의 변화를 파악하는 연구이다. 따라서 종단연구는 점진적이고 지속적인 변화를 추정하는 데 적합한 연구이다. 종단연구는 다음과 같은 특징이 있다.

**종단연구의 특징**

- 일정한 시간 간격을 두고 측정하게 된다.
- 표본조사를 진행한 후, 장기간 동안 같은 내용을 반복해서 측정한다.
- 동일 대상자를 장기간 추적해야 하므로, 표본이 커질수록 시간과 비용이 많이 든다.
- 장기적인 관점에서 조사대상자의 변화를 분석하는 것이 가능하다.

(황성동, 2015)

횡단연구와 종단연구의 속성을 도표로 나타내 보면 [그림 3-1]과 같다.

| | | 조사시기 | | | | |
|---|---|---|---|---|---|---|
| | | 1980 | 1990 | 2000 | 2010 | 2020 |
| 출생연도 | | 종단적 ↔ | | | | |
| | 1950 | 30세 | 40세 | 50세 | 60세 | 횡단적 ↕ |
| | 1960 | | | | 50세 | |
| | 1970 | | | | 40세 | |
| | 1980 | | | | 30세 | |

**[그림 3-1]** 횡단연구와 종단연구의 속성

## 2. 연구문제의 선정

연구자가 연구를 하기 위해서는 제일 먼저 연구주제와 연구문제를 설정해야 한다. 하지만 문제를 정확하게 제기하는 것은 종종 그에 대한 답을 하는 것보다 더 어려운 경우가 있다(Rubin & Babbie, 2016). Powers, Meenaghan과 Twoomey(1985)도 우리에게 잠재적 연구문제는 일상적으로 발생하지만, 의미 있는 방법으로 그것들을 형성하는 과정은 결코 쉬운 과제가 아니라고 하였다.

초보 연구자들은 종종 연구주제와 연구문제, 연구제목을 혼동하므로 이 용어들의 차이를 알아보고자 한다. **연구주제**는 연구하는 내용을 연구문제와 관련지어 함축적으로 표현한 제목으로 사회복지와 관련된 모든 현상(예: 사회복지사의 소진, 양육시설 아동의 발달 등)이 포함될 수 있다. **연구제목**은 연구의 내용을 간결・명확하게 표현한 것으로 석・박사 학위논문이나 학술지 논문의 제목이 된다. **연구문제**는 주제와 관련해서 어떤 문제를 해결해 나가는 과정이라고 할 수 있다. 2020년도에 발행된 한국사회복지학회의 학회지인『한국사회복지학』제72권 제3호에 실린 학술논문의 연구제목과 연구문제의 예를 들면 다음과 같다.

연구제목

부모의 양육행동이 청소년기 친사회적 행동과 공격적 행동에 미치는 영향–유대감과 역량의 매개효과를 중심으로

연구문제

① 부모의 양육행동이 청소년 자녀의 친사회적 행동과 공격적 행동에 미치는 영향은 어떠한가?

② 부모의 양육행동이 청소년 자녀의 유대감과 역량에 미치는 영향은 어떠한가?

③ 청소년의 유대감과 역량은 부모의 양육행동이 청소년 자녀의 친사회적 행동과 공격적 행동에 미치는 영향을 매개하는가?

**연구제목을 붙일 때 주의할 사항**

- 독립변수와 종속변수의 관계가 있으면 독립변수를 먼저 진술하고 종속변수를 표현한다(예: 지각된 낙인-독립변수, 정신장애인의 삶의 만족과 자아존중감-종속변수: 독립변수인 지각된 낙인을 먼저 표현하여 '지각된 낙인이 정신장애인의 삶의 만족과 자아존중감에 미치는 영향'이라고 제목을 붙이는 것이 좋다).
- 필요에 따라 부제를 붙여도 된다(예: 장애노인의 삶의 질에 관한 연구-장애중장년층과의 비교를 통하여(부제)라고 붙임).
- 연구제목을 붙일 때 필요에 따라서는 '연구'라는 단어를 뒤에 붙여도 좋다(예: ~에 관한 실험적 연구, ~에 관한 조사연구라고 붙임).

이러한 연구문제를 선정하는 것은 연구과정의 가장 중요한 단계로서 연구의 기초가 된다. 따라서 만약 연구문제가 잘 구성되어 있으면 좋은 연구를 기대할 수 있다. 사회과학의 다른 학문분야와는 달리 사회복지분야의 연구에 있어서 연구문제를 선정하는 데 중요한 역할을 하는 것은 사회복지서비스를 제공하는 기관들이 직면하게 되는 결정을 필요로 하는 여러 가지 상황과 사회복지분야에서 발생하는 현실적인 문제들을 해결하는 데 필요한 정보라고 할 수 있다. 즉, 어떤 연구문제가 사회복지정책이나 실천과 관련된 결정을 내리는 데 도움을 주는 정보에 대한 필요성에 의해 선정된 주제일 때 그러한 연구가 사회복지분야에서 가치 있는 연구가 될 수 있다(Rubin & Babbie, 2016).

**연구문제를 선정**할 때 고려해야 할 몇 가지 구체적인 기준을 살펴보면 다음과 같다(전경원, 김누리, 2015).

첫째, **연구의 창의성**이다. 연구문제를 결정하기 위해 가장 중요한 것은 연구의 창의성으로 볼 수 있는데, 이는 연구문제를 선정할 때 지금까지 사회복지분야에서 다루지 않았던 새로운 것이어야 한다는 것이다. 연구자는 선행연구를 면밀히 검토하여 기존의 연구를 단순하게 되풀이하지 않도록 해야 한다. 또한 새로운 연구문제를 찾기 어려우면 기존의 연구를 똑같이 수행하는 것이 아니라 연구대상, 연구 시기, 연구방법 등을 달리하여 연구를 할 수도 있다. 반복연구가 필요한 경우도 있는데 새로운 연구결과를 검토하거나, 다른 모집단을 통해 연구의 타당성을 검토할 때, 또는 시간이 경과하면서 변화하는 경향을 검토할 때나 다른 연구방법론을 사용하여 중요한 연구결과를 검토할 때 등이다(김석우, 최태진, 박상우, 2015).

둘째, **연구자의 호기심**이다. 연구문제가 창의적일지라도 연구자에게 별로 흥미가 없는 연구를 하게 된다면, 그 연구는 연구자에게 동기 유발을 하지 못하고 최선을 다할 수 없게 된다. 연구는 일반적으로 시간이 소비되는 어려운 활동이고 어쩌면 예기치 않은 문제가 포함되기 때문에 연구문제 자체에 대한 연구자 자신의 흥미는 연구를 지속할 수 있는 원동력이 될 수 있다.

셋째, **연구의 공헌도**이다. 이는 연구문제가 과연 중요한 문제이며 연구해 볼 만한 가치가 있는 것인지, 사회복지에서 필요한 연구인지 생각해 보는 것이다. 연구의 공헌도는 세 가지 측면에서 살펴볼 수 있는데, 이는 연구의 이론적 의의, 실용적 가치, 방법론적 의의이다. **이론적 의의**는 이 연구를 통하여 얻어지는 결과가 그 분야의 학문 발전에 얼마나 공헌할 것이냐 하는 것으로, 크게는 새로운 이론을 구축하거나 과거의 이론을 수정·보완하는 것이고, 작게는 미소한 것이나마 증거를 하나 더 첨가시킴으로써 학문의 발전에 이바지하는 것이다. **실용적 가치**는 이 연구를 함으로써 현실적인 문제를 해결하는 데 얼마나 도움이 되느냐 하는 것으로, 그 연구가 사회복지실천 현장에서 당면하고 있는 문제들 중에 구체적으로 어떤 문제에 어떤 해결책을 제시할 수 있을지를 따져 봄으로써 연구의 실용적 가치를 확인할 수 있다. 마지막으로, **방법론적 의의**는 이제까지 사용하지 않았던 새로운 연구방법을 처음으로 적용하여 그 방법의 효용성을 입증하는 것으로, 어떤 분야에서 새로 개발한 연구 방법은 후속연구자들에게 큰 도움을 줄 수 있다. 이러한 세 가지 의의, 즉 이론적·실용적·방법론적 가치 중 어느 하나에도 해당되지 않는 연구를 한다는 것은 별 의미가 없다고 볼 수 있다.

넷째는 **연구의 가능성**이다. 이는 연구자가 가지고 있는 연구문제에 대한 해결책을 찾을 수 있는 정도, 연구를 수행할 수 있는 연구자의 능력 정도, 연구를 수행하는 데 필요한 충분한 행정적·재정적 지원 등을 의미한다. 또한 연구자는 자신의 연구 주제에 대해 적당한 수준의 전문적 지식이 있어야 한다.

마지막으로 **연구의 윤리성**이다. 이는 연구의 결과는 인류에 직접적으로 또는 간접적으로 공헌하여야 한다는 것이다. 연구가 개인의 사생활을 침해한다든가 연구대상자나 사회가 신체적·정신적으로 피해를 볼 수 있다는 것을 염두에 두고 연구문제를 선정하는 것은 간과하기 쉬우나 가장 기본적이며 중요한 기준이다.

일반적으로 연구문제는 둘 또는 그 이상의 변수 간의 관계에 대해 묻는 형식이어야 하며, 간단명료하고 분명하게 진술해야 한다. 또한 연구문제는 질문의 형태로 표현되며, 경험적 검증의 가능성을 함축하고 있어야 한다. 이것은 관련된 변수들이 측정될 수 있음을 의미하는데, 측정될 수 없다면 아무리 좋은 주제라 할지라도 연구가 이루어질 수 없기 때문이다.

**연구문제의 원천**

- 그 방면의 전문가와 이야기를 나눠 본다.
- 최신의 논문을 읽고 최근 연구 동향을 파악한다.
  - 사회복지분야에서 최근 소개되고 있는 새로운 이론들을 접할 수 있는 학회지 등을 읽어 본다.
  - 인터넷을 검색하여 국내외 새로운 정보들을 접한다.
  - 사회복지 관련 학회 홈페이지를 접속하여 최근의 정보를 접하고 새로운 연구를 찾아본다.
- 비판적 독서를 한다.
  - 문제해결의 방법이나 실마리를 찾는 데만 그치지 말고 미해결의 문제를 발견하면서 읽는다.
- 주의 깊은 관찰을 한다(사회복지 기관이나 시설 방문 등을 통하여).

(전경원, 김누리, 2015: 67-68)

## 3. 가설의 설정

가설은 연구문제를 보다 구체적으로 해결하기 위한 단계이다. 연구문제가 명확하게 선정되면 이를 구체적으로 검증하기 위한 가설을 설정하게 된다. 연구가 단순히 어떤 현상을 기술하고 사실적 내용을 분석한 것이라면 가설을 설정하지 않을 수도 있지만, 설명이나 예측을 위한 연구에서는 가설이 필요하다. 가설의 결과에 따라 연구결과가 달라지고, 그 결과에 따라 연구자가 선택했던 연구문제의 타당성을 객관적으로 검증할 수 있다. 따라서 가설은 연구계획에 있어 매우 중요하며 기초적인 것이다. 대부분의 연구에서 가설은 이전 연구나 자신 또는 다른 사람의 관찰에 근거한다.

**가설**(hypothesis)은 현상, 관계, 상황, 모르는 것의 실재 또는 진실에 대한 예감(hunch), 가정(assumption), 의심(suspicion), 주장(assertion), 생각(idea)으로 정의할

가설의 중요성

- 가설은 이론에서 도출되며, 가설에 대한 검증들이 이론을 변화 · 발전시켜 나간다.
- 가설은 검증될 수 있으며 통계학적으로 옳은지 그른지를 증명할 수 있다.
- 가설은 연구주제의 객관적인 검증을 위한 수단이 되며, 따라서 가설 검증은 과학적 조사연구에서 핵심적인 요소가 된다.

(황성동, 2015)

수 있다. 가설이란 연구에서 제기된 연구문제에 대한 연구자 나름대로의 해답이라고 볼 수 있다. Kerlinger와 Howard(2008)는 가설을 두 가지 이상의 변인의 관계에 대해 추측한 진술이라고 정의했으며, Grinnell(2018)은 가설이란 타당하고 신뢰할 수 있는 자료에 의해 증명되거나 반증될 수 있는 방법으로 쓰인 것으로 보았다.

종합해 보면, 가설은 변수들 간의 관계에 대해서 잠정적으로 내린 결론 또는 추측이며, 어떤 문제에 대한 예상된 해답이라고도 할 수 있다. 즉, 가설은 변수와 변수 간의 관계를 알아보기 위해서 실증단계 이전에 행해진 잠정적인 진술인 것이다. 가설은 연구의 과정에서 연구의 초점이 무엇인지를 명시하여 줌으로써 연구자의 생각과 행동에 방향감을 제시한다. 또한 이러한 가설의 설정과정을 통해 연구자는 연구문제를 보다 명확하게 규정할 수도 있고, 주제에 대한 재검토를 할 수 있는 기회도 가지게 된다.

가설은 두 개 혹은 그 이상의 변수들 간의 관계로 진술해야 한다. **변수**란 연령, 성별, 교육 수준, 학업성적, 지능 등과 같이 서로 구별되는 다양한 수준이나 가치를 지니고 있는 개념을 의미한다. 일반적으로 변수들 간의 관계는 상관관계나 인과관계로 구별한다. 따라서 가설의 설정은 이 관계가 명확하게 드러나도록 진술되어야 한다. 가설은 검증 가능하도록 진술되어야 한다. 이것은 가설 속에 포함된 변수의 의미가 분명해야 한다는 것과 그러한 변수를 어떠한 방식으로든지 비교적 객관적으로 측정하거나 평가할 수 있어야 한다는 사실을 의미한다. 가설은 간단명료하게 진술되어야 하며, 논리적 근거를 명시해야 한다. **가설 설정의 근거**는 기존의 이론이나 선행연구의 탐구, 경험의 분석, 직관의 세 가지로 들 수 있다. 경험에 의지하는 경우는 상식적인 수준에서 머물 가능성이 있으므로 가설 설정의 논리적 근거를 명시하도록 해야 한다. 가설을 진술할 때는 가능한 한 가설 도출의 근거나 과정을 명시하는 것이 바람직하다. 가설은 선언적인 형태와 가정적인 형태로 진술할 수 있다. 즉, '~는 ~이다' 또는 '만약 ~이면 ~일 것이다'라는 식으로 서술한다. 대개 기술적인 연구에서는 선언적 문장형태가 많고, 실험적인 연구에서는 가정법적 문장형태가 많다. 예를 들면, 남자 청소년은 여자 청소년보다도 더 충동적이다 혹은 학교급식제도의 도입은 학교생활 만족도에 영향을 미칠 것이다 등이다.

**가설의 유형**은 영가설과 연구가설로 나누어 볼 수 있다. **영가설**(null hypothesis, 귀무가설, Ho)은 두 변수 간에 관계가 없거나 실험처치에 따른 차이가 없을 것이라는 가설이다(예: 경제, 사회적 수준에 따라 도덕 수준은 의미 있는 차이가 없을 것이다, 직장주부와 전업주부 간의 결혼만족도는 차이가 없다). 이는 통계량의 차이나 관계는 단지 우연의 법칙에서 나온 표본추출의 오차로 인한 차이와 관계가 있다는 진술이다. 차이가 없다든지 관련이 없다 등으로 표시되며 기각하기 위해 세우는 가설이다.

**연구가설**(alternative hypothesis: H1, 상대가설, 대립가설)은 연구자가 검증하고자 하는 가설로, 변수 간의 관계나 차이를 긍정적으로 진술하는 가설이며 통계량의 차이는 우연 발생적인 것이 아니라 표본을 대표하는 모집단의 모수 간에 유의한 차이가 있다는 진술이다. 연구가설은 영가설을 부정하고 논리적인 대안을 받아들이기 위한 진술이므로 대립가설 또는 대체가설이라고 한다(예: 노인과 그 자녀 간의 가족 내 결속이 강할수록 노인의 생활만족도는 높아질 것이다). 영가설과 연구가설은 서로 반대된다. 즉, 연구가설은 독립변수(처치)가 모집단의 종속변수에 영향을 미친다고 예측하는 것이며, 영가설은 독립변수(처치)가 모집단의 종속변수에 어떤 영향도 미치지 않는다고 예측하는 것이다.

영가설과 연구가설에 관해 정리해 보면 〈표 3-1〉과 같다.

**표 3-1** 영가설과 연구가설

| 영가설 | 연구가설 |
|---|---|
| • 연구가설과 논리적으로 반대의 입장을 취하는 입장을 취하는 진술을 말한다.<br>• 독립변수가 종속변수에 영향을 미치지 않는다고 가정하는 내용을 담고 있다.<br>• 연구가설의 검증과정에서 기각되기 위해 만들어진 것이다. | • 사회현상에 관한 이론으로부터 도출된 가설을 말한다.<br>• 독립변수의 변화에 따른 종속변수의 차이나 변화를 예측한 내용을 담고 있다. |

종합하면, 가설이란 사실로서 증명은 안 됐지만 추구해 볼 만한 가치가 있는 조건을 가진 추측이다. 검증의 대상이 되는 가설은 기존의 이론이나 선행연구 등 근거를 가지고 설정한 것이지만 반드시 확신에 근거를 두고 있는 것이 아니며 연구결과 기각될 수 있고 또한 수정될 수 있다. 모든 연구에서 항상 가설이 다 인정될 수는 없으며, 가설이 인정되지 않을 때에도 그 원인을 의미 있게 고찰하면 충분히 가치 있는 논문으로 인정받을 수 있다.

## 4. 이론적 배경

**이론**(theory)이라는 말은 원래 본다는 뜻에서 나온 것으로 사물을 정확히 본다는 의미이다. 즉, 사물을 정확히 보아 그것에 대한 설명을 붙이고, 그로부터 연유되는 유사한 상황에 대한 설명이나 시간이 흐른 연후의 설명까지도 가능하게 해 보자는 의도가 포함된 것이다. 이론은 어떤 현상을 질서 있게 또는 체계 있게 설명해 주는데 이러한 설명이 시간적 차원의 확대를 거쳐 일반성을 가지게 되고 미래에 대한 예측력을 갖게 된다. 따라서 이론은 **현상에 대한 예측과 이해**를 주요 목적으로 한다. 사회과학에서 이론은 사회적 사실들 간의 관계를 논리적으로 구성하고, 사회적 개념을 분석하고 일반화함으로써 조사의 안내자가 되며, 조사의 자료를 개념화하여 한층 더 다루기 용이하게 해 준다. 사회복지조사에서는 정신역동이론, 인지행동이론, 인본주의이론, 행동주의이론, 생태학적 이론 등이 활용되고 있다. 어떤 사회복지조사연구에서는 이론을 전혀 사용하지 않는 경우도 있으며 이렇게 이론과의 어떤 연결관계 없이도 가치가 있을 수 있으나 그 가치는 이론과의 관계로 인하여 더욱 높아질 수 있다(Rubin & Babbie, 2016).

이론과 관련지어 **모델**(model)이 활용되기도 하는데, 모델은 이론의 하위개념이라고 인정되나 큰 차이는 없으며 이론과 유사한 기능을 수행한다고 볼 수 있다(황성동, 2015). 모델은 사회복지실천 관점들을 조직화시켜 주며 이는 종종 이론의 합성으로 이루어진다(Rubin & Babbie, 2016). 추상적인 용어로 구성된 이론이 실제 실천상황에서 사회복지사에게 구체적인 실천방법을 알려 주는 데 한계가 있는 반면, 모델은 문제와 상황을 분석하고 개입방법을 계획하고 실천과정을 진행시키는 데 직접적으로 필요한 기술적 적용방법을 제시하여 실천활동의 원칙과 방식을 구조화하는 데 도움을 준다. 이와 마찬가지로 사회복지조사에 있어서도 모델은 실제 조사 상황에서 연구자에게 보다 구체적인 길잡이가 될 수 있다(홍선미, 2004; Hepworth, Rooney, & Larsen 2016). 심리사회 모델, 기능주의 모델, 문제해결 모델, 과제중심 모델, 인지행동 모델 등은 오늘날 사회복지실천을 이끄는 주요 모델이라고 할 수 있다.

조사를 계획하고 수행하는 데 필요한 **이론적 배경**은 문헌고찰을 통하여 이루어진다. 먼저, 문헌이란 사회복지와 관련된 교과서를 비롯한 다양한 서적은 물론 사회복지와 인접한 학문분야인 사회학, 교육학, 교육심리학, 심리학, 행정학 등의 분야에서 출판된 다양한 저서를 포함한다. 또한 이런 분야와 관련된 전문 학술지나 잡지 및 각종 통계자료 등이 포함된다. **문헌고찰**은 연구문제와 관련된 다양한 문헌들을 수집하여 분석, 종합, 평가하는 일련의 과정으로 연구문제를 규명하고 가설을 정립하기 위한 연구방법으로 볼 수 있다. 어떤 연구문제이든지 그 문제와 관련된 연구결과가 축적되어 있기 마련이므로 연구자가 선정한 문제해결을 위해 선행연구물들을 탐색해야 한다. 문헌고찰은 실험, 조사, 상관연구와 같은 양적연구는 물론 사례연구와 같은 질적연구에서도 반드시 활용되어야 한다.

**문헌고찰 또는 선행연구 개관의 세 가지 기능**은 다음과 같다. 첫째, 문헌고찰은 연구자가 가지고 있는 연구주제 및 연구문제와 같은 연구 아이디어에 대한 전반적인 가치를 판단해 연구의 현황과 추리를 파악하게 한다. 즉, 선행연구자들은 어떤 연구문제에 관심을 두고 연구를 했는지, 어떤 조작적 정의를 사용하고 어떤 연구방법을 사용하며 어떤 연구 결과를 얻었는지를 알게 된다. 선행연구에 대한 지식을 얻게 되어 연구자가 연구하려는 연구문제가 연구할 만한 가치가 있는 새로운 것인지, 이미 누군가 연구한 낡은 연구인지 판단케 한다. 문헌고찰의 가장 중요한 역할은 가설의 설정인데 연구의 가설을 설정할 때는 자신의 직관에만 의존하지 말고 기존의

이론의 기능

- 경험적인 조사연구에 대한 기본적인 토대를 제공해 준다.
- 설명하고 예측하는 것을 그 근본적인 목적으로 삼는다.
- 과학적 지식을 간단명료하게 표시해 줄 뿐만 아니라 과학적 지식의 근원으로서 불확실한 명제, 가설 등에 대해 판단하는 기준이 되기도 한다.

연구결과물들을 잘 분석하여 가설이 설정되는 조건과 이론적 근거를 탄탄하게 마련해야 한다.

둘째, 문헌고찰은 연구방법적인 면을 분석하여 연구자에게 연구방법에 대한 통찰력을 갖게 해 준다. 즉, 선행연구에서 누구를 대상으로 연구하였는지, 어떤 검사도구를 사용하였는지, 어떤 연구절차를 사용하였는지 분석하여 각각의 장단점을 알게 되어 연구자의 새로운 연구에 도움을 준다. 문헌고찰을 통해 자신이 연구하고자 하는 개념에 대한 보다 더 분명하고 명확한 **조작적 정의**(operational definition)를 내릴 수 있고 실험설계나 연구절차에 관한 통찰을 얻을 수 있다.

셋째, 문헌고찰은 연구주제에 대한 선행연구를 통해 미래의 연구방향을 제시해 준다. 즉, 연구자는 문헌고찰을 통해 자신이 연구할 수 있는 주제를 명확하게 알게 되고, 연구결과를 예측하게 된다. 많은 연구자가 문헌고찰을 실시한 후에 자신의 최초의 아이디어를 폐기하고 새로운 연구문제와 가설을 설정하게 된다. 선행 문헌조사를 통하여 자신의 아이디어만 검증하는 것이 아니라, 다른 사람들이 제시한 기존의 연구결과를 참고하여 아이디어를 수정 · 확장해 나가야 하는 것이 문헌고찰의 중요한 목적이다.

## 5. 개념의 조작화

**개념**(concept)이란 연구 논리를 이루는 첫 출발점으로 과학적 언어의 기본단위이다. 연구자는 객관적이고 원활한 의사소통을 위해 개념에 대한 명확한 인식을 해야 한다. Kerlinger와 Howard(2008)는 개념이란 구체적인 것으로부터 일반화에 의해서 형성된 추상적 개념을 뜻한다고 하였다. 즉, 개념이란 일반적으로 자연과 사회 속에 있는 여러 가지 사물, 사건, 현상들이 각기 가지는 의미나 공통적인 속성이라고 볼 수 있다. 예를 들면, 대부분의 사람은 일상적인 대화 속에서 '행복한 결혼'이라는 개념을 이해하여 사용한다. 하지만 사람들의 대화 속에서 어떤 이웃의 결혼생활이 행복한지 그렇지 못한지를 논할 때 그것이 같은 것을 의미할 수도 있으나 그렇지 못할 수도 있다. 그 이유는 먼저 '행복한 결혼'이란 다양한 측면을 가지고 있기 때문이다. 또한 사람들은 행복한 관계를 만드는 데 중요한 것이 무엇인지에 대하여 각기 다른 관점을 가지고 있다. 즉, 어떤 사람들은 부부가 얼마나 많은 시간을 함께 보내는지를 중요시하는 반면, 어떤 사람들은 관심사를 나누는 것을, 어떤 사람들은 성생활을, 어떤 사람들은 자녀의 유무를, 또 어떤 사람들은 의사소통의 질을 강조한다. 따라서 개념은 여러 사람에게 여러 가지 의미를 줄 수 있는 요약된 아이디어라고 할 수 있다(Alston & Bowles, 2003). 사람들이 연구자가 사용하는 개념의 정의에 모두 동의하지 않더라도 개념을 분명하게 제시하여야 하며, 이를 통해 연구자들이 연구에서 사용하는 개념이 의미하는 바가 무엇인지 이해할 수 있어야 한다.

눈으로 관찰할 수 없는 개념들의 속성을 관찰하려면 그것이 나타날 수 있도록 어떤 조건이나 조작이 가해져야 한다. 즉, 개념을 정의할 때 그 개념이 포함된 진술문의 진위를 판별할 수 있는 조건이나 조작을 정의의 일부로 포함시키는 것을 **조작적 정의**(operational definition)라고 한다. 조작적 정의는 특정한 변수에 관해 관찰하는 양적 범주 또는 질적 범주를 결정하기 위해 사용하게 될 조작 또는 지수를 말한다(Rubin & Babbie, 2010). 조작적 정의를 함으로써 그 개념이 지니고 있는 속성의 측정이 가능해진다. 예를 들면, 결혼만족도라는 개념을 조작적으로 정의하려면, 만족스러운 결혼생활의 특성들뿐만 아니라 그 특성이 나타날 수 있는 어떤 특정한 조건이나 조작까지도 정의의 일부로 포함시켜야 한다. 즉, '결혼만족도란 결혼만족도를 측정하는 검사를 이러한 조건에서 실시하여, 이러한 반응을 관찰해서, 이렇게 계산한 것이다.'라고 정의하는 것이 조작적 정의이다. 연구에서 혼란과 애매함을 피하기 위해 용어를 분명하게 정의할 필요가 있다.

## 6. 변수

**변수**(변인, variable)란 연구하려고 하는 어떤 속성을 의미한다. 즉, 연구대상이 되고 있는 일련의 개체(분석되는 단위)가 어떤 속성에 있어 서로 구별될 수 있을 때 이 속성을 변수라고 한다. 이러한 분석단위는 사회현상, 개인, 집단이 될 수 있다. 만약 개인이라면 성별, 연령, 학력, 종교, 생활 수준 등과 같은 조건들은 개인을 구별해주는 속성이 되며, 이 속성 하나하나가 바로 변수가 된다. 따라서 변수는 설문지의 개별 문항이나 유사 항목들이라고 볼 수 있다. 변수는 변이(vary)의 성질을 가진 개념으로 둘 이상의 변수 값(value)들을 가진다. 변수는 개념의 경험적 상대역으로 볼 수 있으며, 통계분석의 가장 기본 단위이자 통계방법을 결정하는 중요 요소이다. 따라서 각 변수의 특성을 정확히 이해해야 그에 적절한 통계분석을 할 수 있다.

변수는 인과관계, 속성, 연속성 등에 따라 몇 가지로 분류될 수 있다. 먼저, **인과관계에 의해 분류**하면 독립변수와 종속변수로 나누어 볼 수 있다. **독립변수**(independent variable, 설명변수-실험이 아닌 연구에서)는 어떤 변수에 영향을 주는 변수로서 연구자는 연구에서 독립변수를 조작함으로써 종속변수에 어떤 영향을 미치는지 분석하고자 한다. 독립변수는 연구자가 연구목적에 따라 의도적으로 조작할 수 있는 변수로서 흔히 **인간행동에 영향을 미치는 환경적 조건들**이다. 독립변수는 보통 X로 표시하며 연구자들은 독립변수가 종속변수의 변화를 어느 정도 설명해 준다고 믿는다(Yegidis, Weinbach, & Morrison-Rodriguez, 2017). **종속변수**(dependent variable, 반응변수-실험이 아닌 연구에서)는 다른 변수의 영향을 받는 변수로서 독립변수의 변화에 따라 발생하는 **변화의 결과**를 말한다. 즉, 독립변수의 조작에 따라 변화되어 영향을 받게 되는 변수로서 대체로 피험자의 반응, 또는 연구자가 관심을 가진 현상과 직접 관련된 준거행동들이다. 종속변수는 보통 Y로 표시하며 연구자들은 이것이 왜 다르게 변하는지를 이해하거나 설명하는 데 관심을 갖는다. 예를 들어, 날씨와 교통사고 발생률, 경제적 수준과 장애발생률 등의 관계를 분석할 때 날씨와 경제적 수준은 독립변수이며, 교통사고 발생률과 장애발생률은 종속변수이다.

표 3-2 독립변수와 종속변수의 관계

| 독립변수(X) | 종속변수(Y) |
|---|---|
| • 선행조건<br>• 어떤 변수에 영향을 미치는 변수<br>• 종속변수의 원인<br>• 연구자에 의하여 조작<br>• 인간행동에 영향을 미치는 환경적 조건 | • 후속결과<br>• 다른 변수의 영향을 받는 변수<br>• 독립변수의 결과<br>• 다른 변수의 예측대상<br>• 연구자가 관심을 가진 현상 |

[그림 3-2] 독립변수와 종속변수의 관계

이 외에도 독립변수와 종속변수의 관계에 영향을 미치는 **매개변수**(mediating variable)가 있다. 매개변수는 독립변수와 종속변수 사이에서 이들을 연결한다고 해서 intervening variable이라고도 한다. 매개변수는 인과관계를 연결하는 변수로서 독립변수처럼 종속변수에 직접적인 영향을 주지는 않지만 독립변수의 영향을 받아 종속변수에 간접적인 영향을 주는 변수이다. 예를 들어, 성폭력 상습범에 대한 개입이 재범에 영향을 미치는지 알아보고자 할 때, 독립변수(가해자에 대한 개입 여부)가 매개변수(피해자에 대한 감정이입 수준)에 영향을 미치고 매개변수는 다시 종속변수(재범 여부)에 영향을 미치는 인과관계를 살펴볼 수 있다(Rubin & Babbie, 2015).

한편, **조절변수**(moderating variable)는 독립변수에 의해 영향을 받지 않으나 독립변수와 종속변수 간의 관계의 정도와 방향에 영향을 미치는 변수를 의미한다. 예를 들어, 만일 개입이 여성 수감자에게만 효과적이고 남성 수감자에게는 효과적이지 못하다면 '성별'은 여기서 조절변수가 된다. 유사하게 개입이 비폭력적인 범죄를 저지른 수감자에게만 효과적이라면 '범죄유형'이 조절변수가 된다(Rubin & Babbie, 2015). 조절변수는 때때로 독립변수와 종속변수의 관계에 대한 또 다른 설명을 제시해 주기도 하며, 독립변수와 종속변수 간의 관계의 방향을 뒤집기도 한다. 조절변수의 영향을 연구한 학자들은 조절변수를 **통제변수**(control variable)라고 부르기도 한다. 그 이유는 이 변수들이 연구설계에서 통제되기 때문이다. 여기서 통제된다는 의미는 연구자가 통제변수의 각 범주(category)에 따라 다른 가설적 관계를 살펴본다는 것이다. 연구자는 독립변수, 종속변수, 때로는 매개변수나 조절변수가 무엇이며 그 변수들이 어떤 속성을 지니는지 명확히 파악해야 올바른 연구방법을 선택하여 타당한 연구를 실시할 수 있다.

**변수를 속성에 따라 분류**하면 양적변수와 질적변수로 나누어 볼 수 있다. **양적변수**는 연구자의 관심대상이 되는 속성을 수치로 나타낼 수 있는 변수, 즉 그 속성을 수량화할 수 있는 변수(예: 클라이언트의 나이, 지능점수, 키, 몸무게, 성적, 부모의 월수입 등)이다. 반면, **질적변수**는 양적인 수치로 표현하기보다는 종류에 차이가 있어 범주로 분류할 수 있는 변수, 즉 몇 개의 유목으로 분류할 수 있지만 서열화하거나 값을 매길 수 없는 변수(예: 출신지, 부모의 직업이나 종교, 성별, 기관, 거주지역 등)를 의미한다. 질적변수는 숫자로 나타내기도 하지만 평균값이나 표준편차는 어떤 의미도 없으며, 빈도나 백분비로써 변수의 결과를 해석한다.

마지막으로 변수를 **연속성에 의해 분류**하면 연속변수와 비연속변수로 나누어 볼 수 있다. **연속변수**(continuous variable)는 두 관찰 값 사이에 무한한 수의 값이 존재하는 변수로서 관찰 값을 재어서 얻을 수 있다(예: 키, 몸무게 등). 시험성적의 경우 0점에서 100점까지 연속적이라고 할 수 있으며, 양적변수가 여기에 속한다. 반면, **비연속변수**(discrete variable)는 두 관찰 값 사이가 분리되어 중간값이 없는 변수를 의미한다. 비연속변수는 관찰 값을 세어서 얻을 수 있으며(예: 사람 수, 자동차 수, 성별, 종교 등), 연속적으로 값을 매길 수 없는 값이 하나하나 떨어지는 변수이다.

## 7. 사회복지조사의 과정

어떤 조사방법을 사용하든지 연구자는 유사한 절차에 의해 연구활동을 하게 된다. 사회복지조사의 과정은 연구문제의 성격과 유형에 따라 각기 달라서 공통적으로 적용할 수 있는 모형을 제시하는 일은 불가능하지만, 일반적인 사회복지조사의 과정은 [그림 3-3]과 같다.

이제 사회복지조사의 상세 과정들에 대해 살펴보자.

**[그림 3-3]** 사회복지조사의 과정

### 1) 연구문제 발견 및 선정

연구문제는 조사에서 가장 핵심적인 부분으로서, 연구자가 사회복지실천 현장에서 일어나는 다양한 문제를 접하고 새로운 이론이나 학문적 경험을 쌓아 가고 관심을 갖게 되면서 발견하게 된다. 연구자는 늘 연구하는 자세로 클라이언트와 관련된 연구문제를 찾고 해결하도록 노력해야 한다. 사회복지는 응용분야이므로 문제제기 부분에서 연구의 실용적 함의도 언급되는 것이 좋다.

### 2) 문헌고찰

조사를 하기위한 연구문제가 어느 정도 구체화되면 그 문제와 관련된 이론이나 선행연구를 고찰한다. 다양한 문헌고찰을 통하여 연구문제와 가설을 설정하는 근거를 마련하게 되고, 연구문제와 관련된 다른 연구결과들을 접하게 된다.

### 3) 조사설계

조사설계란 연구문제를 해결하기 위한 방안책과 가설을 검증할 수 있는 계획 및 절차를 의미한다. 연구자는 연구대상의 표집, 자료의 수집과 분석 방법, 연구설계의 실행 방안, 연구의 제한점 등을 고려해야 한다. 조사설계를 하는 과정에서 이를 실행에 옮기기 어렵거나 조사설계방법이 부적당하면 연구문제나 가설을 수정해야 한다. 또한 **측정도구를 선택**하거나 제작하기도 한다. 연구도구가 부적절하면 연구결과가 연구의 목적과 다를 수도 있으므로 연구계획 단계에서 연구도구를 선택하거나 제작할 때 검사도구의 내용, 타당도, 신뢰도 등을 신중하게 고려해야 한다. **연구대상과 표집을 결정**해야 하는데 연구자가 관심을 갖고 있는 클라이언트, 프로그램, 사회복지사, 반응, 사물 등이 연구의 대상이 될 수 있다. 연구자가 연구의 결과를 일반화하려는 집단대상을 모집단이라고 하는데, 사회과학 연구에서는 모집단 전체를 연구하기 어려우므로 전체 집단을 대표할 수 있는 표본을 선정(표집)한다. 연구유형에 따라 표본의 크기가 달라지므로 신중하게 고려해야 한다.

### 4) 자료수집 및 분석

조사설계의 방법에 따라 다양한 방법으로 자료를 수집하게 된다. 이때 연구결과에 영향을 미칠 수 있는 변수들을 잘 관리해야 한다. 타당하고 객관적인 연구자료를 수집하기 위해 검사도구를 사용할 때는 검사 실시 요강에 충실히 따라야 하고, 관찰이나 면접을 하기 위해서는 사전에 훈련을 받은 사람이 이를 담당해야 한다. 수집된 자료들은 질서가 없으므로 연구문제의 답을 구하기 위해서는 수집된 자료들을 잘 유목화하고, 서열을 정하고, 조작 및 요약하는 일이 필요하다. 그다음에 자료의 특성에 적합한 통계방법을 선택하여 분석한다.

### 5) 조사보고서 작성

분석된 자료를 근거로 연구결과에 대한 논의 및 연구의 결론을 도출해 내고, 지금까지의 연구수행과정을 다른 사람들에게 알려 주기 위해서 조사보고서를 작성한다. 이때 독자들이 연구 내용 및 결과를 이해하기 쉽도록 연구보고서를 작성해야 한다.

## 8. 연구계획서

**연구계획서**란 연구를 위하여 연구의 목적, 연구의 필요성, 연구방법 등을 서술하여 실제 연구를 수행하기 전에 어떻게 연구를 할 것인지 계획해 보는 것이다. 사실 연구계획서를 쓰지 않는다고 해서 연구가 이루어지지 않는 것은 아니지만 연구계획서를 작성하면 그만큼 연구의 질이 높아질 수 있다. 연구계획서를 통해 다른 사람들로부터 연구의 가치를 평가받을 수 있고 연구의 향상을 위한 조언을 들을 수 있기 때문이다. 또한 연구계획서를 작성함으로써 주의 깊고 체계적인 계획을 세우게 되는데, 이는 의도하지 않았거나 미처 깨닫지 못한 문제들을 피하기 위해서 무엇을 해야 할지 분명하게 해 준다. 이처럼 연구계획서는 연구를 더 효과적으로 이끌어 내는 데 중요한 하나의 과정이다. 연구계획서에 대한 충분한 검토 없이 연구를 진행할 경우 부적절한 변수를 선정했거나, 실험결과에 영향을 미칠 수 있는 외생변수를 발견하지 못하는 등의 치명적인 실수나 오류를 유발할 수 있으므로 연구계획서 작성은 의미 있는 연구가 되기 위한 필수단계라고 할 수 있다.

Locke와 Spriduso(2013)는 이러한 **연구계획서의 기능**을 몇 가지로 나누어 설명하였다. 첫째는 **의사소통**(communication)**의 기능**이다. 연구계획서는 지도교수나 다른 논문 검토자들로부터 구체적인 자문을 얻는 데 필요한 자료가 된다. 구체적이고 명백한 연구계획서 없이 다른 사람들로부터 연구에 대한 구체적인 조언을 얻기는 어렵다. 둘째는 **연구활동을 위한 계획**(plan)**의 기능**이다. 연구계획서를 통한 체계적인 점검은 연구의 과정에서 야기될 수 있는 문제들을 미리 검토해 볼 수 있는 기회를 제공한다. 주의 깊고 체계적인 사전 계획 없이 이루어지는 연구는 극히 드물며 좋은 연구가 될 수 없다. 연구계획서의 작성은 연구활동을 구체화하는 작업의 일환이다.

셋째는 **연구의 사전 승인(contract)의 기능**이다. 연구계획서는 연구를 사전에 승인받기 위한 하나의 문서가 된다. 논문 지도교수나 논문 검토자들이 연구계획서를 승인한다는 것은 연구자의 연구를 승인한다는 것이다. 연구계획서가 없으면 무슨 내용을 어떤 연구방법에 의해서 하는 것인지, 무엇을 승인해야 할지 확실히 알 수 없다. 연구자의 입장에서 보면 연구를 승인하게 된다는 것은 연구의 내용을 확정하는 것이 되고 연구의 객관성을 높여 주는 것이 된다.

연구자는 계획서를 작성할 때 다음과 같은 기준을 만족시켜야 한다.

- **논리성**: 연구계획서는 논리성을 지녀야 한다. 즉, 연구자의 사고과정을 논리적이고 체계적인 순서로 처음부터 끝까지 아주 상세하게 전달해야 한다.
- **정확성**: 연구계획서는 정확성을 요한다. 즉, 자료수집의 방법이나 자료처리 및 분석과정을 정확하게 표현해야 한다. 또한 계획서 작성 시 오자나, 오타, 문법에 틀리는 표현 등도 정확성을 저해하는 요소이다.
- **명확성**: 연구계획서는 명확성을 확보해야 한다. 즉, 계획서의 표현이 이해하기 쉽고 뜻이 모호한 단어나 어구가 없어야 한다. 또한 그 분야에 대해 전문적인 지식이 없는 사람도 쉽게 이해할 수 있도록 연구내용을 명확히 하여야 한다.
- **효과성**: 연구계획서는 그 내용을 효과적으로 전달해야 한다. 즉, 계획서를 읽는 사람들의 주의를 집중시킬 수 있어야 하며, 어떠한 오해나 논리적 비약이 없어야 한다. 장황하고 난해한 표현은 지양해야 하고, 다른 사람이 쉽게 이해할 수 있도록 간단명료하게 표현해야 한다.
- **간결성**: 연구계획서에는 반드시 필요한 것들만이 요약되어 있어야 한다. 즉, 필요한 정보를 최소한의 문장이나 단어로 완벽하게 표현해야 한다.

연구계획서를 작성함에 있어 획일적인 연구계획서에 대한 의견이 분분하나, 아직까지는 일반적인 틀 안에서 연구를 진행하는 과정을 표현하는 것을 원칙으로 하고 있다. 연구계획서는 일정한 형식이 없지만, 대체로 다음과 같이 여섯 가지 내용으로 이루어진다.

첫째, **연구제목**으로는 연구문제를 총괄적으로 잘 표현하는 제목을 정해야 한다. 연구제목의 예를 들면 '노인 빈곤에 영향을 미치는 요인에 관한 연구' '장애아동복지시설에서의 통합교육 프로그램 효과성에 관한 연구' '지역사회복지계획의 기반

조성을 위한 지역사회응집력과 지역사회참여의 관계에 관한 연구' 등이 있다. 연구제목 선정은 매우 중요한데 이때 유의할 사항을 몇 가지 제시하면 다음과 같다. ① 한 줄이나 두 줄 이내에서 간결하게 표현한다. 제목만으로도 연구내용, 연구방법 등을 시사할 수 있도록 간결한 것이 좋다. ② 광범위하지 않은 범위 내에서 제목을 정한다. 포괄적인 영역의 내용을 붙이는 것보다 연구 범위에 맞게 구체화한 제목이 좋다. ③ 관찰 가능한 구체적인 언어를 사용한다. 추상적이지 않고 구체적으로 표현될 수 있는 제목이 좋다. ④ 불필요한 수식어를 피한다. 감정적 · 충고적 · 비과학적 어투나 수식어를 피하도록 한다.

둘째, **서론**에는 연구의 필요성 및 목적, 연구문제나 가설의 진술, 용어의 정리 등이 포함된다. 먼저 연구의 필요성 및 목적은 연구계획서의 서론 부분의 첫머리에 해당하는 것으로 연구자가 정한 **연구주제의 필요성**과 **연구의 목적**을 분명하게 밝혀야 한다. 연구의 필요성을 먼저 제시하고 뒷부분에 연구의 목적을 논리적으로 제시하는 것이 좋다. 연구자는 관련된 연구문헌을 철저히 조사하여 연구하려는 문제의 가치를 피력하며, 이 연구가 시대적 상황, 사회 · 문화적 배경에 비추어 왜 필요한지에 대해 구체적으로 진술한다. 다음으로, 연구문제나 가설의 진술 부분에서는 필요에 따라서 연구문제와 연구가설을 둘 다 제시할 수 있고 어느 하나만을 제시할 수도 있다. **연구문제**에 대한 서술은 의문문 형식으로 명확하고 분명하게 진술되어야 하며 설정된 연구가설과 논리적으로 연관되어야 한다. 연구의 초점을 분명하게 하는 **연구가설**은 긍정문 형식으로 분명하고 정확하며 이해될 수 있는 말로 서술되어야 한다. **용어의 정리**는 연구와 관련된 용어 중에서 그 뜻이 애매하거나, 그 개념이 다양하게 사용되고 있는 경우 그 뜻을 분명히 해야 할 필요가 있기 때문에 제시된다. 분명한 용어의 정리는 연구자와 다른 사람들 사이에 일어날 수 있는 견해 차이를 사전에 예방할 수 있다. 예를 들어, '대학수학능력시험'과 같이 그 의미가 분명한 단어는 이 과정이 필요치 않으나, '지능'이라는 단어는 일반적으로 사용되지만 그 뜻이 포괄적이고 학자마다 그 정의가 조금씩 다르고 여전히 그 의미를 두고 논의가 계속되고 있다. 따라서 연구자는 자신의 연구에서 말하는 지능의 의미를 명확히 밝혀 두어야 한다.

셋째, **이론적 배경**은 연구자의 연구주제와 관련된 변수, 연구방법, 최근의 연구경향 등에 대한 현황을 바탕으로 자신의 연구의 이론적 토대를 논리적으로 작성하여야 한다. 이때 유의할 사항으로는 연구주제와 관련되지 않는 참고문헌을 지양하고,

연구에서 독립변수나 종속변수로 삼고자 하는 주요 변수들에 대한 이론적 고찰을 하여야 한다. 또한 독립변수와 종속변수의 관계를 보여 주는 연구들에 대한 이론적 고찰이 필요하며, 연구주제와 관련된 선행연구 동향이 포함된다.

넷째, **연구방법**에는 연구대상, 연구설계, 측정도구, 연구절차, 자료분석 등이 포함된다. **연구대상** 부분에서는 연구자가 표본을 어떻게 구할 것인가를 자세히 나타내야 한다. 가능하다면 무작위 표본이 사용되어야 하고, 그렇지 못할 경우 표본의 인구통계학적 특성, 예를 들어 성, 직업, 민족 등이 기술되어야 한다. 그리고 일반화될 수 있는 모집단의 범위를 규정해야 한다.

**연구설계**에서는 연구문제에 가장 적절한 연구설계방법이 무엇인지 자세히 진술해야 한다. 특히 연구에서 사용된 특별한 연구설계방법이나 연구자가 주의를 기울인 점, 연구자의 새로운 착안이나 고안은 자세히 기술하여 그것이 어떻게 적용되는지 확인해야 한다. 이 부분은 다른 연구자가 같은 연구를 해도 같은 결과를 얻을 수 있도록 정확하게 써야 한다. 연구에 사용되는 **측정도구**는 현재 사용되고 잘 알려진 측정도구를 쓰는 경우와 직접 제작하여 쓰는 경우가 있다. 시간제약 때문에 편리하고 잘 알려진 측정도구를 쓰는 경우가 많은데, 이때에는 제작연도와 개정여부를 따져 보아야 한다. 특히 외국검사를 번안하여 쓸 때는 새로운 도구와 마찬가지로 타당도와 신뢰도를 살펴봐야 한다. 한편, 잘 알려진 검사는 장황하게 설명할 필요가 없고 관련 문헌과 제작자 및 제작연도를 표시하는 것으로 충분하다. 연구자의 목적에 맞는 측정도구가 개발되어 있지 않을 경우에는 연구자가 측정도구를 제작해야 하는데 이 또한 연구의 일부분이라고 할 수 있다.

**연구절차** 부분에는 언제, 어디서, 어떻게, 무엇이 진행될 것인가가 상세히 기술되어야 한다. 연구가 수행되는 과정에서 어떤 변화가 있을 수도 있지만 연구계획서에서는 일련의 목표로 명확하게 제시되어야 한다. **자료분석** 부분에는 자료가 수집된 뒤 연구자가 어떻게 자료를 조직하고 어떤 통계방법으로 분석할 것인가를 기술해야 한다. 컴퓨터로 자료를 분석하는 경우에 어떤 프로그램을 사용할 것인지 기술한다.

다섯째, **연구일정**은 연구를 시작하여 보고서를 작성하기까지의 일정을 계획해 보는 활동으로 일반적으로 월단위로 계획한다. 예산 부분에서는 연구에 소요되는 비용들을 산출해 보는 것이다. 예산은 주로 참고문헌비, 재료비, 인쇄비, 여비, 연구원 수당 등으로 구성된다.

여섯째, **참고문헌**도 반드시 포함되어야 하며 연구계획서의 본문에서 인용된 선행 연구를 빠짐없이 정리하여 기록한다.

연구계획서

연구제목
I. 서론: ① 연구의 필요성 및 목적, ② 연구문제나 가설의 진술, ③ 용어의 정의
II. 이론적 배경
III. 연구방법: ① 연구대상, ② 연구설계, ③ 측정도구, ④ 연구절차, ⑤ 자료분석
IV. 연구일정 및 예산
V. 참고문헌
VI. 부록: 설문지 등

## 참고문헌


고수현, 박성복(2013). 사회복지조사론. 경기: 정민사.
김석우, 최태진, 박상우(2015). 교육연구방법론. 서울: 학지사.
박옥희(2020). 사회복지조사론. 서울: 학지사.
송진영(2020). 사회복지조사방법론. 경기: 공동체.
전경원, 김누리(2015). 아동연구방법론. 서울: 창지사.
황성동(2015). 알기 쉬운 사회복지조사방법론. 서울: 학지사.
홍선미(2004). 사회복지 실천의 지식기반과 학문적 특성에 관한 연구. 한국사회복지학, 56(4), 195-214.

Alston, M., & Bowles, W. (2003). *Research for Social Workers: An Introduction for Methods* (2nd ed.). London: Routledge.
Grinnell, R., Jr. (2018). *Social Work Research and Evaluation* (11th ed.). IL: F.E. Peacock Publishers.
Hepworth, D. H., Rooney, R. H., & Larsen, J. A. (2016). *Direct Social Work Practice: Theory and Skills* (10th ed.). CA: Wadsworth Publishing.

Kerlinger, E. N. (2000). *Foundations of Behavioral Research* (4th ed.). San Diego: Harcourt College Publishers.

Kerlinger, E. N., & Howard, B. L. (2008). *Foundations of Behavioral Research*. CA: Wadsworth Publishing.

Locke, L. F., & Spriduso, W. (2013). *Proposal That Work* (6th ed.). NY: Teachers College Press, Columbia University.

Powers, G. T., Meenaghan, T. M., & Twoomey, B. G. (1985). *Practice Focused Research: Integrating Human Practice and Research*. NJ: Prentice Hall.

Rubin, A., & Babbie, E. (2016). *Research Methods for Social Work* (9th ed.). CA: Wadsworth Publishing.

Rubin, A., & Babbie, E. (2015). *Essential Research Methods for Social Work*. CA: Thomson Brooks/Cole.

Yegidis, B. L., Weinbach, W. W., & Morrison-Rodriguez, B. (2017). *Research Methods for Social Workers* (8th ed.). Boston: Allyn & Bacon.

제4장

# 측정

개념화 및 조작화의 과정에서 정의된 개념이나 변수는 현실세계에서 관찰 가능한 자료와 연결되어야 한다. 이러한 연결수단이 바로 측정이며, 앞에서 설명한 조작화도 넓은 의미에서 보면 측정과정의 일부라고 할 수 있다. 이처럼 측정이란 추상적 · 이론적 세계와 경험적 세계를 연결시켜 주는 수단으로서, 어떤 현상을 묘사하거나 기술하는 방법이다. 여기서 추상적 · 이론적 세계는 이론 및 개념이라고 할 수 있으며, 경험적 세계는 숫자를 통하여 객관적으로 표현된 것을 의미한다.

## 1. 측정의 의의

측정(measurement)이란 어떤 현상을 묘사하거나 기술하는 방법으로 정의되나, 흔히 일정한 규칙에 따라 대상 또는 사건에 수치를 부여하는 과정으로 보고 있다(Rubin, 2020). 그러나 실제 측정은 측정대상자나 대상물 자체를 측정하는 것이 아니라 측정대상이 지니고 있는 속성에 수치를 부여하게 된다. 즉, 우리가 신체치수를 재기 위해서는 줄자를 사용하고 물건의 무게를 측정하기 위해서는 저울을 사용하는데, 줄자는 인치(inch)나 센티미터(cm)를 기준단위로 해서 만들어지고 저울은 그램(g)을 기준단위로 하여 만들어진 것과 같은 논리이다. 따라서 **측정**이란 대상, 사건, 사람들의 속성에 일정한 규칙에 근거하여 수치를 부여하는 과정인 것이다.

## 2. 측정도구 개발

사회과학에서는 대부분의 경우 대상이 갖는 속성 자체보다는 속성의 지표들(indicators)을 측정하기 때문에 관찰한 것에 대해 수치를 부여하는 일이 자연과학에서보다 훨씬 어렵고 또한 논란의 여지가 많다. 종교나 학력 또는 성별 등과 같이 객관적으로 파악될 수 있는 변수들은 비교적 손쉽게 처리될 수 있겠으나, 사회복지사의 임파워먼트, 청소년의 학교 적응 등과 같은 개인의 태도나 관점, 주관적 인식을 묻는 항목에 있어 측정의 문제는 그리 단순한 것이 아니다. 특히 태도의 측정 같은 경우는 구체적 행동과는 달리 직접 관찰이 불가능하므로 어떠한 속성을 반영하는 지표의 관측을 통해서 추론해야만 하는 것이다.

## 3. 측정의 수준과 척도

앞서 예로 든 측정단위, 즉 그램이나 인치, 센티미터 등이 일정한 기준에 의해 만들어진 것과 같이 측정대상의 속성에 수치를 부여하는 작업은 반드시 일정한 규칙(rule)에 따라 행해져야 하며, 이러한 방법에 따른 측정치만이 신뢰할 만하고 타당하다고 할 수 있다. 여기에 측정대상의 속성에 수치를 부여하는 규칙이 바로 그 측정의 수준(level of measurement)과 측정에서 사용되는 척도의 성격을 규정해 준다고 할 수 있다. 따라서 **척도**(scale)란 측정하고자 하는 대상에 부여하는 숫자들의 체계를 의미하며, 이는 연구자가 필요에 따라 자의적으로 만들기도 하고 다른 사람들이 만든 것을 연구자의 목적에 따라 활용할 수도 있기 때문에 그 형태도 매우 다양하다.

사회현상을 측정하는 척도는 몸무게나 키 등의 자연현상을 측정하는 척도보다 그 구성절차가 까다롭다. 사회현상은 여러 상황이 복잡하게 얽혀 있기 때문에 이를 측정하는 척도들도 다양하게 발달되어 있다. 척도를 구성할 때 고려하여야 할 사항은, 첫째, 척도에서 분류된 범주는 다른 범주와의 관계 속에서 **상호 배타적**(mutually exclusive)이어야 하며, 같은 범주 안에서는 **포괄적**(inclusive)이어야 하고, 둘째, 응답 범주들이 응답 가능한 상황들을 모두 포함하고 있어야 하며, 셋째, 척도의 문항들 간에는 서로 **내적 일관성**(internal constancy)이 있어야 한다(최선희, 2018).

## 4. 척도구성의 개념

측정척도를 만들거나 사용할 때 고려해야 할 몇 가지 중요한 사항이 있다. 첫째, 안면타당도이다. 이것은 특정 개념을 측정하기 위한 척도에서 각 지표 항목(문항)들이 나름대로 측정의 타당성을 지녀야 함을 의미한다. 즉, 척도에 포함된 항목들은 안면 값에서 연구 개념에 대한 몇 가지 측정량을 제공해야 한다. 예를 들면, 노인의 삶의 질 연구에서 노인의 생활만족도를 밝히는 기본 척도를 개발한다면, 생활만족의 정도를 나타내는 4개 요인을 확인하고 각 요인에 1점씩 할당하는 것이다. 그 4개의 요인을 '자녀관계에서 만족스러운가' '다른 사람들이 자신을 긍정적으로 받아들인다고 생각하는가' '필요한 생활비가 부족하지 않은가' 및 '몸을 이동하는 데에 불편하지 않은가'로 정하였다고 하면, 이 척도에 포함된 항목들은 액면타당도를 갖고 있다고 볼 수 있다. 왜냐하면 그 요인들이 보통 노인들의 생활만족을 표시하는 '상식적인' 질문들이기 때문이다. 이런 경우 연구자는 전체 점수뿐만 아니라 개별 항목에 관한 척도 값에 따라서 그 사례를 분석할 수 있을 것이다.

둘째, 만들고자 하는 척도를 이루고 있는 항목들은 개념적인 일관성이 있어야 한다. 그 항목들은 한 개념의 다양한 요인을 측정하여야 한다. 이것을 단일차원성이라고 하는데, 이는 연구자가 개념의 전체 값을 얻기 위하여 각 항목의 값을 종합하려고 할 때 중요하다. 즉, 항목들의 단일차원성이 없으면 전체 값을 분석할 수 없을 것이다.

셋째, 내적타당도의 문제이다. 인과관계 연구에서 타당도를 확보하는 것은 매우 중요한 과제이다. 내적타당도는 인과관계를 밝히는 연구에서 종속변수가 독립변수에 의한 것인지 아닌지를 확신할 수 있는 정도를 의미한다. 이에 반해 외적타당도는 독립변수와 종속변수의 관계가 다른 조건에서도 적용(일반화)될 수 있는지에 대한 확신의 정도를 나타낸다.

## 1) 척도유형

척도는 의사결정을 위한 안내자 역할을 한다. 조사연구는 서로 다른 기관들의 작용에 영향을 준다. 즉, 노인의 생활만족 척도는 보건복지부의 의사결정, 노인재가복지센터의 노인 사례관리, 또는 노인복지관의 프로그램 결정 등에 도움이 된다. 기본적으로 척도들은 피험자집단(예: 노인)의 특성(예: 생활만족도) 분석을 기초로 하는 예측척도이다. 그래서 그 척도들은 대상자의 행동과 연관된 위험요인들을 나타낸다.

### (1) 리커트 척도(총화 척도)

Rensis Likert라는 개발자의 이름이 붙여진 리커트 척도는 보통 태도측정의 질문을 할 때 주로 사용된다. 리커트 척도(Likert, 1932)의 형식은 그런 연구에 응답해 온 사람들에게 익숙하다. 이 척도는 기본적으로 피험자는 일련의 진술에 응답하도록 요청받고, 질문지의 진술에 대해서 강하게 동의하면 '동의함', 확실치 않거나 강하게 반대하면 '동의하지 않음'이라는 표시를 하는 것이다. 이런 방식으로 리커트 척도는 일반적으로 연구대상자가 표시하는 감정의 강도(세기)를 측정한다. 척도의 각 항목들은 모호해서는 안 된다. 그것들은 측정하고자 하는 태도에 관한 명백한 의견을 반영하여야 한다. 그리고 전체 점수가 문항의 태도(예: 사형제도에 대한 지지 여부)의 높은 수준부터 낮은 수준까지 순차적으로 나타내는 방식으로 작성되어야 한다. 리커트 척도의 예는 〈표 4-1〉에 제시되어 있다. 이것은 빈곤자에 대한 일반 시민

**표 4-1 리커트 척도의 예**

다음은 노숙자에 관한 진술문입니다. 각 진술문에 대해서 귀하가 동의하는 정도에 해당하는 응답범주에 표시하여 주시기 바랍니다.

| 1. 사람이 노숙자가 된 이유는 그가 게으르기 때문이다. | | 2. 노숙자는 다른 사람들의 부담이 된다. | |
|---|---|---|---|
| 정말 그렇다. | ① | 정말 그렇다. | ① |
| 그렇다. | ② | 그렇다. | ② |
| 그저 그렇다. | ③ | 그저 그렇다. | ③ |
| 그렇지 않다. | ④ | 그렇지 않다. | ④ |
| 정말 그렇지 않다. | ⑤ | 정말 그렇지 않다. | ⑤ |

의 보수적인 태도의 범위를 두 문항으로 측정하는 것이다. 이 표에서 척도 값의 범위는 2~10이다. 리커트 척도는 어떤 현상에 대한 태도의 강도를 측정하는 정확한 방법이 될 수 있다.

### (2) 서스톤 척도(동일간격 척도)

이 척도는 L. L. Thurstone에 의해 1929년에 개발되었다. 이 척도는 각 문항들에 가중치를 부여함으로써 문항의 비중을 달리하여 척도의 문항들이 동일한 비중의 간격을 갖도록 하기 때문에 동일간격 척도, 유사등간법이라고도 한다. 즉, 서스톤 척도는 각 문항의 서열성과 등간성을 전제로 한다.

### (3) 거트만 척도(누적 척도)

Guttman의 방법은 측정하고자 하는 태도(또는 행동)가 어떤 질서정연한 반응 패턴에 알맞은지를 결정할 수 있다. 이 거트만 척도에 동원된 개별 문항들은 서열적으로 구성되므로, 조사자로 하여금 일련의 문항 간에 순서가 존재하는지를 검사할 수 있도록 해 주며, 명목척도를 서열척도로 작성할 수 있는지를 보여 준다. 〈표 4-2〉는 거트만 척도의 예를 보여 준다. 이 표는 약물중독의 자기보고연구를 조사하기 위한 것이다. 각 응답자는 3개의 질문에 대답하였다. 척도의 항목들은 누적적이고, 또한 하나의 질문에 대한 긍정적 대답은 척도상의 다른 질문에 대한 긍정적인 대답으로 나타난다. 예를 들면, 어떤 사람이 마리화나를 경험한 것으로 판단되면, 이처럼 '3개 항목 간' 반응 패턴이 명백한 것이다.

**표 4-2** 거트만 척도의 예

| 〈자기보고식 약물중독 조사 질문〉 | | |
|---|---|---|
| 귀하는 예전에 다음을 경험한 적이 있습니까? | | |
| 흡연 | 예( ) | 아니요( ) |
| 본드 | 예( ) | 아니요( ) |
| 알코올 | 예( ) | 아니요( ) |

| 〈예상되는 반응 패턴〉 | | | |
|---|---|---|---|
| 척도점수 | 흡연 | 본드 | 알코올 |
| 3 | 예 | 예 | 예 |
| 2 | 예 | 예 | 아니요 |
| 1 | 예 | 아니요 | 아니요 |
| 0 | 아니요 | 아니요 | 아니요 |

### (4) 의의차별 척도

의의차별 척도란 응답자에게 한 가지 상황에 대한 양극단을 제공한 후 그 가운데 한 지점을 선택하도록 하는 것이다. 연구자가 측정하고자 하는 관심영역, 즉 차원을 결정한 후 이에 대한 두 가지 양극단적인 단어를 찾는다.

**표 4-3** 의의차별 척도

귀하는 본 집단 프로그램의 유용성이 어느 정도라고 생각하십니까?

| | 아주 | 약간 | 둘 다 아님 | 약간 | 아주 | |
|---|---|---|---|---|---|---|
| 유익하다 | | | | | | 쓸모없다 |

## 2) 측정 수준에 따른 분류

척도는 이론적으로 여러 가지 기준에 따라 구분되는데, 일반적으로 측정 수준에 상응하는 **척도의 기본 형태는 측정가능 정도에 따라 명목척도, 서열척도, 등간척도, 비율척도의 네 가지로 구분**된다. 뒤의 〈표 4-4〉에서 보듯 측정대상의 속성에 따라 적용 가능한 척도가 제한되어 있기 때문에 각 척도의 특징을 고려하여 자료의 측정 수준에 적합한 분석방법을 활용하여야 한다. 명목, 서열, 등간 및 비율 척도의 순으로 얻어진 자료가 담고 있는 정보의 양이 많아지며, 보다 고급의 분석방법이 적용될 수 있다.

### (1) 명목척도

**명목측정**(nominal measurement)은 측정대상을 단순히 분류하거나 확인할 목적으로 측정대상의 속성에 부호나 수치를 부여하는 것이다. 즉, 측정대상을 분류(classification)하거나 범주화(categorization)하는 것이다. 이는 가장 낮은 수준의 측정으로서 이러한 수준을 측정하는 측정도구를 명목척도(nominal scale), 그리고 명목척도에 의해 측정되는 변수를 명목변수(nominal variable)라고 한다. 이것은 양적이라기보다는 질적인 것이어서 범주에 부여된 숫자는 수치적 의미가 없는 숫자(numeral)이다. 명목측정의 예로는 대상집단을 종교에 따라 기독교와 불교, 기타로 분류할 때 각각 1과 2, 3으로 표기하여 분류하거나, 운동선수에게 각각 등번호를 부여하는 것을 들 수 있다. 이때 응답범주 1, 2, 3은 단지 그 수치가 분류(구분)를 의미하는 것이지, 3보다 2가, 2보다 1이 더 크다는 것을 의미하지 않는다. 따라서 응답범주들의 순서가 바뀌어도 아무런 의미 변화가 일어나지 않는다. 명목척도의 실제 사례는 이 외에도 성별, 직업, 인종, 지역 등의 분류에 무수히 많이 사용되고 있다.

이러한 명목척도에 의해 수집된 자료는 빈도(frequency), 최빈값(mode), 비모수 통계검증(non-parametric statistical test) 등의 통계방법에 의해 분석될 수 있다.

### (2) 서열척도

**서열측정**(ordinal measurement)은 측정대상에게 그 속성에 따라 서열이나 순위를 매길 수 있도록 수치를 부여하는 것이다. 서열측정에서는 명목척도가 갖는 특징인 확인과 분류 이외에 고저(高低), 대소(大小), 전후(前後), 상하(上下) 등에 따라 여러 개의 범주로 이들을 서열화할 수 있다. 그리고 이러한 서열척도(ordinal scale)에 의해 측정되는 변수를 서열변수(ordinal variable)라고 한다. 서열척도로 측정되는 변수의 예로는 장애등급(1~6급), 소득 수준(상 · 중 · 하), 교육 수준(초 · 중 · 고 · 대), 직장만족도, 석차 등이 있다. 이들 서열척도는 범주 속에 있는 대상의 특성을 정도에 따라 표현하고 대상 간의 순위를 정할 수 있지만, 응답범주 간의 동일한 거리를 가정하지 않고 절대량의 크기를 나타내지 않아 수량적 측정 가운데 낮은 단계의 척도에 속한다. 그러나 분류된 변수 간의 서열과 이들의 상대적 위치를 규정할 수 있도록 해 준다.

서열척도로부터 얻어진 자료는 중앙값(median), 순위상관관계(rank correlation), Kendall의 타우(tau), 비모수 통계검증(non-parametric statistical test) 등의 통계방법에 의해 분석될 수 있다.

### (3) 등간척도

**등간측정**(interval measurement)은 측정대상을 특징이나 속성에 따라 서열화하는 것은 물론, 서열 간의 간격이 동일하도록 수치를 부여하는 것이다. 따라서 앞의 명목측정과 서열측정이 갖는 특징을 모두 갖고 있으며, 그 밖에도 숫자 간의 간격이 같으므로(등간격이므로) 어느 하나가 다른 것보다 크거나 작다는 것뿐만 아니라 그 둘 사이가 어느 정도의 단위로 차이가 나는지를 알게 해 준다. 그러므로 덧셈, 뺄셈과 같은 산술적 계산에 사용될 수 있으며, 최빈값, 중앙값은 물론 산술평균까지 계산하는 데 활용될 수 있다. 이러한 순위 사이의 간격이 동일한 척도를 등간척도

(interval scale), 그리고 이 척도에 의해 측정되는 변수를 등간변수(interval variable)라고 한다. 등간척도의 대표적인 예로는 화씨나 섭씨의 온도를 들 수 있다. 각 온도의 간격은 기본적으로 1°C의 차이를 일정하게 나타내고 있지만, 섭씨 20°가 10°보다 2배 더 더운 것이 아니라 단지 수은주의 눈금을 일정한 간격으로 나누어 구분한 정도의 차이일 뿐이다. 이 외에 물가지수, 생산성지수, IQ, EQ 등 임의로 만들어진 각종 지수나 지표도 등간척도의 예이다. 그러나 등간척도에는 측정대상의 속성이 전혀 존재하지 않는 절대영점(absolute zero)이나 자연영점(natural zero)이 존재하지 않는다. 따라서 대상의 속성이 존재하지 않는 영점의 위치를 알지 못하기 때문에 어느 하나의 측정치가 다른 측정치보다 몇 배 많다 또는 몇 배 적다고 말할 수 없다. 즉, 측정치 간의 비율은 계산할 수가 없다.

등간척도에 의해 수집된 자료는 범위(range), 평균값(mean), 표준편차, 적률상관관계 등을 구할 수 있으며, 비모수적인 것뿐만 아니라 모수적 통계기법에 의한 분석이 가능하다.

### (4) 비율척도

**비율측정**(ratio measurement)은 측정대상의 특징이나 속성에 현실과 일치하는 절대영점을 가진 척도를 가지고 수치를 부여하는 것이다. 이러한 측정에 사용되는 비율척도(ratio scale)는 등간척도의 성격을 모두 가지면서 절대영점 또는 자연영점이 존재하기 때문에 덧셈, 뺄셈뿐만 아니라 곱셈과 나눗셈을 포함한 모든 사칙연산이 가능하다. 예를 들어, 100m는 50m보다 두 배 더 멀고, 10만 원은 20만 원 보다 금액이 1/2배 더 적다. 이 같은 절대영점의 존재는 비율척도와 등간척도 간의 유일한 차이점이다. 많은 경우 비율척도는 마이너스 값[부(負)의 값]을 갖지 않는다. 몸무게가 0이라는 것은 사람이 존재하지 않는다는 것이며, 부정적인 무게를 측정할 수 없다. 화씨 온도와 섭씨 온도의 경우 두 척도는 다 양의 값과 음의 값을 모두 가지고 있다. 그러나 이 척도상의 영점은 임의적 영점이다. 따라서 이들은 비율측정이 아니라 등간측정이다. 비율척도의 숫자는 측정된 속성의 실제 양을 측정하며, 비율척도의 측정치를 사용하면 한 대상의 속성이 다른 대상의 속성보다 얼마나 더 많은 단위의 속성을 가졌다고 말할 수 있고, 또한 한 대상의 속성이 다른 대상의 속성보다 몇 배 크거나 작다고 말할 수 있다. 비율척도로 측정된 변수의 예로는 고용률, 국민연금가입률, 학교중퇴율, 서비스 수혜기간, 독거노인 수, 무게, 키, 가구당 소득, 출생률, 재정자립도, 가족 수 등이다(김기원, 2016). 비율척도는 자료를 정리하는 방법이나 활용되는 분석기법에 있어서 등간척도와 구별되지 않고 동일하게 취급되는 것이 보통이므로, 등간척도와 비율척도를 구분할 실익은 사실상 찾기 어렵다.

한편, 비율척도는 기하평균(geometric mean), 변동계수(coefficient of variation) 등 다른 척도로는 구할 수 없는 통계치를 구할 수 있으며, 그 어느 형태의 고급통계기법이라도 모두 분석 가능하다.

**표 4-4** 척도의 유형

| 유형 | 의미 | 특성 | 예 | 통계분석 |
|---|---|---|---|---|
| 명목 척도 | • 측정대상을 단순히 분류하거나 범주화함<br>• 응답범주에서 제시된 숫자는 아무런 의미 없음 | • 포괄성<br>• 상호배타성<br>• 평균치, 중앙치 제시불가 | • 종교, 성별, 색깔, 인종, 소속정당, 거주지 등 | • 빈도, 최빈값, 비모수 통계검증 |
| 서열 척도 | • 측정대상 간 서열이나 순위를 매김<br>• 응답범주에서 제시된 숫자는 대략적인 양적 의미를 지님 | • 응답범주 간의 동일한 거리를 가정하지 않음<br>• 명목척도의 요건 모두 충족 | • 교육수준, 리커트 척도, 사회계층(상 · 중 · 하), 장애등급(1~6급) | • 중앙값, 순위상관관계, Kendall의 타우(tau), 비모수 통계검증 |
| 등간 척도 | • 측정대상 간 서열이나 순위의 간격이 같음 | • 임의적 영점 존재<br>• +, - 가능하나 비율계산 불가<br>• 서열척도의 요건 모두 충족 | • 온도, IQ지수, 물가지수 | • 범위, 산술평균, 표준편차, 적률상관관계, 비모수 · 모수적 통계검증 |
| 비율 척도 | • 등간척도가 갖는 속성 이외에 추가로 비율계산을 할 수 있음 | • 절대영점 존재<br>• 사칙연산(+, -, ×, ÷) 가능<br>• 등간척도의 요건 모두 충족 | • 인구증가율, 거주기간, 키, 몸무게, 시청률, 나이 | • 기하평균, 표준편차, 모든 통계검증 |

## 5. 측정오차

우리가 어떤 현상을 측정하고자 할 때 측정된 값은 반드시 어느 정도의 측정오차(measurement error)를 가지게 된다. 만약에 측정오차가 없다면 측정값은 물론 참값과 같아질 것이다. 측정의 문제를 다룰 때 가장 중요한 것은 오차를 얼마나 최소화시킬 수 있느냐의 문제인데, 이는 이러한 오차가 확률적으로 발생하느냐 또는 체계적으로 발생하느냐와 가장 깊은 관련이 있고, 이것이 최종적으로 측정도구의 타당도와 신뢰도의 문제인 것이다(Rubin, 2020).

### 1) 측정오차의 개념

앞에서 설명한 바와 같이 측정이란 측정대상의 속성에 측정도구를 적용하여 수치를 부여하는 일이다. 따라서 측정할 때에는 항상 대상의 특징이나 속성에 대한 있는 그대로의 실상을 파악하는 것이 가장 중요한 과제이다. 그러나 실제로 측정을 할 때에는 측정대상의 실제값(reality)을 항상 정확하게 측정할 수 있는 것은 아니다. 특히 추상적인 개념을 주 연구대상으로 삼는 사회과학의 경우 측정하고자 하는 대상의 속성을 규명하는 일이 쉽지 않을뿐더러 측정도구도 완벽하게 개발하기가 어렵기 때문에 측정에 있어서 본래의 참값과 측정도구에 의해 측정한 값인 측정치 사이에 나타날 수 있는 불일치 정도 또는 그 차이를 **측정오차**라고 한다.

### 2) 측정오차의 유형

측정에 있어 오차의 종류에는 여러 가지가 있으나, 크게 나누어 체계적 오차와 무작위 오차가 있다.

#### (1) 체계적 오차

**체계적 오차**(systematic error)란 측정대상 또는 측정과정에서 규칙적으로 나타나는 오차이다. 체계적 오차는 측정대상에 대하여 어떠한 영향이 체계적으로 일관성 있게 미침으로써 그 오차가 항상 **일정한 방향성**을 가지며(biased), 측정결과로서의 자료 분포가 한쪽으로 치우친 경향을 나타내거나 변수 간의 상호관계 역시 한쪽으로 높거나 낮게 나타나는 경향을 보인다. 체계적 오차가 발생하는 데 영향을 미치는 요인들로는 다음과 같은 것이 있다.

- **문장 표현(wording)의 문제**: 연구자의 편견이나 의도, 가설 등이 질문에 개입된 경우
- **사회적으로 바람직한 방향(social reliability)으로 응답을 하게 되는 경우**: 주로 면접조사 수행 시 사회적 비난의 대상이 되는 것을 측정할 때(동성애, 에이즈 등)
- **문화적 편견(cultural bias)의 문제**: 문화적으로 편견이 개입된 문장, 표현 등(예: 깜둥이 등)을 사용할 경우, 번역된 문장을 사용할 경우(예: invite를 일반적으로 '초대'로 번역하여 사용하나 본래 통용되는 의미는 '교류, 방문' 등의 뜻임)

이러한 문제가 결과적으로 실제값을 제대로 측정하지 못하는 결과를 가져오게 되어 체계적 오차가 커질 경우 척도의 타당도에 부정적인 영향을 미치게 된다. 또한 근본적으로 윤리적 문제마저 야기될 수도 있다.

### (2) 무작위 오차

**무작위 오차**(random error)는 비체계적 오차라고 불리기도 하는데, 응답자마다 이해를 달리함으로써 나타나는 경우로 우연적이며 일시적인 사정에 의해 불규칙적으로, 일관성이 없이 나타나는 오차를 말한다. 이 오차는 측정대상, 측정과정, 측정수단, 측정자 등에 의해 우연히 또는 일시적으로 영향을 미침으로써 발생하기 때문에 그 근거를 알지 못하는 경우가 대부분이고 사전에 알 수 없는 경우가 많아서 통제하기도 어렵다. 다만 일반적으로 알려져 있는 무작위 오차에 영향을 미치는 요인들은 다음과 같은 경우에도 기본적으로 발생할 수 있으므로 주의를 요한다.

- 응답자가 알지 못하거나 이해하기 어려울 정도의 질문으로서 사고력이 요구되는 경우
- 너무 세부적이고 자세한 사항을 알고자 할 경우
- 질문 문항이 길어 지겨운 경우
- 개념적 정의(definition)가 부정확한 경우(예: '귀하는 상대방에게 긍정적 표현을 얼

마나 자주 합니까?'라는 질문에서 '상대방'이 구체적으로 누구인지, '긍정적 표현'은 어떤 것들이 해당되는지 사람마다 그 이해가 다를 수 있다)

- 주제에 대해서 잘 알지 못하거나 아예 모르는 것에 대해 질문할 경우

**체계적 오차**가 일정한 방향으로 편향되어 있다면, **무작위 오차**는 그 방향이 일정하지 않고(그리하여 무작위 오차라고 불림) 다양하게 분산되어 있거나 때로는 서로 상쇄(self-compensation)되어 크게 영향을 미치지 않는 경우도 나타날 수 있다. 무작위 오차가 커질 경우에는 응답의 일관성에 부정적 영향을 미치게 되어 척도의 신뢰도가 낮아지는 결과를 가져오게 된다.

### 3) 오류의 방지

조사결과를 신뢰할 수 있는지의 여부는 오류를 어느 정도 최소화할 수 있는가에 달려 있다. 조사는 오류와의 싸움이다. 그만큼 오류를 인식하고 이를 줄이기 위해 노력해야 한다. 오류를 줄이기 위해서는 다음과 같은 점에 유의하여 타당도와 신뢰도를 확보한 측정도구를 개발해야 한다.

- 의도적으로 편견이 개입된 문장을 사용하지 않는다.
- 응답자나 조사자가 서로 동일하게 이해하는 단어를 사용한다.
- 문장을 간단하고 명확하게 구성한다.
- 문장에 포함된 용어의 개념이나 정의를 명확히 한다.
- 설문조사에 투입될 조사원들에 대한 교육을 철저히 한다.
- 다각도 검증(triangulation)을 수행한다. 다각도 검증이란 여러 가지 측정도구를 가지고 알고 싶은 변수에 대해서 반복적으로 측정한 후 신뢰도와 타당도를 파악하여 보는 방법이다.

## 6. 신뢰도와 타당도

측정도구를 구성하였을 때의 쟁점은 다음 두 가지이다. 첫째는 신뢰도를 제대로

확보하였는가 하는 것으로서, 신뢰도란 측정하고자 하는 것을 일관성 있게 측정했는가이다. 둘째는 타당도의 문제인데, 이는 연구자가 측정하고자 하는 바의 것을 측정하였는가이다. 신뢰도와 타당도의 문제는 앞에서 논의한 측정오차와 관련지어 살펴볼 수 있는데, 우선 측정치는 다음과 같이 간단한 식으로 표현될 수 있다.

$$O(\text{측정값}) = T(\text{실제값}) + Es(\text{체계적 오차}) + Er(\text{무작위 오차})$$

여기서 어떤 측정도구를 사용하여 측정한 값이 측정대상의 속성을 완벽히 반영하고 있으면, 체계적 오차가 거의 0에 가까워 그 측정도구는 타당도가 높게 된다. 한편, 동일한 측정도구를 가지고 어떤 측정대상의 동일한 속성을 반복 측정했을 때 그 측정치들이 동일하다면, 무작위 오차가 거의 0에 가까워지며, 그 측정도구는 신뢰도가 높다고 평가된다.

## 1) 신뢰도

### (1) 신뢰도의 개념

**신뢰도**(reliability)란 측정도구가 측정하고자 하는 현상을 일관되게 측정하는 능력(예측가능성, 안정성)을 일컫는 것이다. 즉, 동일한 응답자들에게 충분한 시간 간격을 두고 같은 측정도구로 반복해서 검사했을 때 일관된 결과가 나오는 정도를 그 측정도구의 신뢰도라고 한다(Rubin 역, 2019). 만약 어떤 측정도구를 동일한 현상에 반복 적용하였을 때 항상 같은 결과를 얻게 된다면, 이 측정도구는 신뢰도가 높다고 볼 수 있다. 그러나 측정도구를 반복하여 사용할 때마다 동일한 결과가 나온다고 해서 그 측정도구가 반드시 정확하다는 것을 의미하지는 않는다. 예를 들어, 물건을 올리지 않아도 항상 저울 눈금이 1kg을 가리키는 저울에 3kg의 물건을 올려놓으면 항상 4kg을 나타낸다. 이 경우 저울은 신뢰도는 있으나 정확한 결과를 제시하는 것은 아니다.

### (2) 신뢰도를 높이는 방법

신뢰도는 **무작위 오차와 관련된 것이므로 최대한 비체계적 오차가 발생할 가능성을 줄이는 것이 신뢰도를 제고하는 방안**이 된다. 다시 말해서, 측정오차의 발생가능성을 최대한 통제하여 오차분산을 극소화시킴으로써 신뢰도를 제고할 수 있다. 측정의 신뢰도를 높이는 방안을 정리하면 다음과 같다(생각의 마을, 2020).

- 응답자들이 알고 있는 것만 질문한다.
- 응답자들이 관심을 가지고 있는 것을 질문한다.
- 선행연구를 통해 신뢰도가 입증된 척도를 사용한다.
- 연구감독자는 조사자들의 조사내용을 응답자들과의 직접 접촉을 통하여 확인한다.
- 문항을 보다 구체적이고 명료하게 구성한다.
- 조사자들은 여러 차례 훈련과 연습을 한 후 조사에 임한다.
- 측정도구 자체의 신뢰도가 낮다고 판단될 경우 측정 항목 수를 늘린다.
- 유사한 문항을 포함시킨다.

### (3) 신뢰도 측정방법

신뢰도를 측정하는 방법으로는 검사-재검사 신뢰도, 유사양식 신뢰도, 반분신뢰도, 내적일관성 신뢰도 등이 있다.

#### ① 검사-재검사 신뢰도

**검사-재검사 신뢰도**(test-retest reliability)는 동일한 방법, 동일한 상황에서, 동일한 대상에게 단지 시기만 다르게 조사하여 결과를 비교하는 것이다. 다시 말해서, 어떤 시점에서 측정한 후 일정 기간(보통 2주 정도)이 경과하고 난 뒤 동일한 측정도구를 사용하여 그 응답자에게 다시 한번 측정하여 그 결과의 상관관계를 계산하는 방법이다. 즉, 상관관계[1]가 높은 경우 신뢰도가 높다고 할 수 있다.

---

**1)** 상관계수의 크기는 $-1 < r < 1$이며, $r$의 절댓값이 클수록 높은 상관관계를 가졌다는 것을 의미한다. $r$이 1일 때는 정의 방향으로 완전한 상관관계를 가졌다는 것을 의미하며, $r$이 −1일 때는 부의 방향으로 완전한 상관관계를 가졌다는 것을 의미한다. $r$의 크기에 따른 상관관계의 정도는 다음과 같다.
- −1.00: 완전한 부의 상관관계
- −0.60: 강한 부의 상관관계
- −0.30: 약한 부의 상관관계
- 0: 상관관계 없음
- +1.00: 완전한 정의 상관관계
- +0.60: 강한 정의 상관관계

이 신뢰도는 검사와 재검사의 기간 동안에 측정의 타당도를 저해하는 요인, 즉 검사요인의 효과(test effect: 처음의 측정을 기억함으로써 재검사 점수에 영향을 미치는 효과), 역사요인의 효과(history effect: 측정기간 중 조사대상에게 예기치 않은 또는 사회적 변화가 생김으로 인한 효과), 또는 성숙의 효과(maturation effect: 측정기간 중 발생한 조사대상의 특성 변화에 따른 효과) 등이 작용할 수 있다. 이와 같은 한계에도 불구하고 측정도구 자체를 직접 비교할 수 있고 적용이 간편하며 평가가 용이하다는 장점이 있다.

**② 유사양식 신뢰도**

**유사양식 신뢰도**(pararell-forms reliability)는 동일한 측정방법을 형식만 달리하여 동일한 대상에게 적용한 후 그 결과를 비교하는 방법이다. 즉, 겉으로는 다르나 실제 내용은 동등한 것으로 여겨지는 척도를 개발하여 그 두 개를 동시에 또는 일정한 시간을 두고 동일한 대상에게 차례로 적용하여 두 결과 사이의 상관계수를 계산하여 신뢰도를 측정하는 것이다.

이러한 유사양식 신뢰도의 가장 큰 문제점은 동일한 현상을 측정하는 데 사용되는 두 개의 동등한 측정도구를 개발하는 것이 쉽지 않다는 것이다. 만약 추정된 신뢰도가 낮게 나타나는 경우 본래부터 신뢰도가 낮아서 그러한지, 아니면 두 개의 양식을 동등하게 하는 데 실패한 때문인지 판단하기가 어렵다. 이러한 단점에도 불구하고 유사양식 신뢰도는 검사-재검사 신뢰도의 한계로 지적된 성숙요인 또는 역사요인의 효과를 어느 정도 극복하게 해 준다는 점에서 검사-재검사 신뢰도보다 우세하다고 할 수 있다.

**③ 반분신뢰도**

**반분신뢰도**(split-half reliability)는 측정도구의 전체 문항을 임의로 두 개의 조로 나누어 각각 독립된 두 개의 척도로 측정한 후 두 결과를 비교하여 신뢰도를 추정하는 방법이다. 좀 더 자세히 설명하면, 측정문항의 반을 측정대상에 적용하여 얻은 측정결과와 나머지 반을 동일한 대상에게 적용하여 얻은 결과 사이의 상관계수를 산출하여 신뢰도를 추정하는 방법이다. 이 방법은 유사양식법을 논리적으로 보

- +0.30: 약한 정의 상관관계

다 발전시킨 것으로서 하나의 개념을 측정하기 위하여 여러 문항이 있고 반분이 가능한 척도에만 적용할 수 있다. 그러나 반분법은 문항들을 구분하는 방식에 따라서 신뢰도 계수의 추정치가 달라지는 문제점이 있다.

#### ④ 내적일관성 신뢰도

**내적일관성 신뢰도**(internal consistency reliability)는 하나의 개념을 측정하는 여러 개의 문항 간의 일관성을 측정하는 것으로서 가장 널리 이용되는 방법이다. 반분법에 의하는 경우 항목의 구분방식에 따라 신뢰도 계수가 달라지는 문제점에 착안하여 가능한 모든 반분신뢰도 계수를 구한 다음 그 평균값으로 신뢰도를 계산하는 방법이다. 이 분석은 최초 Kuder와 Richardson에 의해 개발되었으나 그 후 Cronbach가 이에 대한 수학적인 설명을 시도하여 오늘날에는 가장 널리 이용되고 있다. 흔히 논문에서 'Cronbach α'라는 말을 접하게 되는데, 이는 신뢰도를 나타내는 수치이며, '크론바흐 알파'라고 읽는다. 대개 이 수치가 .60 이상인 척도는 사용에 문제가 없는 것으로 본다. 이 방법은 측정도구의 신뢰성을 저해하는 항목을 찾아내어 측정도구에서 제외함으로써 측정도구의 신뢰도를 높일 수 있어 측정도구를 개발할 때 매우 유용하다.

## 2) 타당도

### (1) 타당도의 개념

과학적 연구에 있어서 만일 그 현상을 성공적으로 측정하였다면 주어진 현상에 대한 측정은 타당한 것으로 간주된다(Phillips, 1971). 특히 사회현상을 측정할 때에는 조사자가 확실히 자기가 측정하고자 하는 바를 측정하였다는 확신을 가질 수 없는 경우가 많다. 연구대상을 측정할 때 조사자가 당초 **측정하고자 하는 것을 얼마나 실제에 가깝게 측정하고 있는가 하는 정도**가 바로 타당도의 문제이다. 다시 말해서, **타당도**(validity)는 측정도구 자체가 측정하고자 하는 개념이나 속성을 정확히 반영할 수 있어야 한다. 그런데 이는 측정하고자 하는 개념을 어떻게 정의하였는지, 이 개념적 정의를 어떻게 조작화하였는지에 상당한 영향을 받게 된다. 이러한 점에서 측정의 타당도는 측정도구의 타당도이며, 또한 측정개념에 대한 개념적 정의와 조작적 정의의 타당도를 의미한다고 할 수 있다. 앞서 제시한 저울의 예에서 실제 3kg인 물건을 저울에 올려놓았을 때 정확하게 3kg을 나타내는 경우 타당도가 있는 것이다.

따라서 타당도는 측정도구를 평가함에 있어 가장 중요한 기준이라 할 수 있다. 왜냐하면 측정도구가 측정하고자 의도한 것을 실제로 잘 측정해 내지 못한다면 측정도구로서 별 가치가 없기 때문이다.

### (2) 타당도의 유형과 평가방법

타당도는 그 평가방법에 따라 내용타당도, 기준관련 타당도, 구성타당도의 세 가지로 나눌 수 있다.[2)]

#### ① 내용타당도

**내용타당도**(content validity)란 척도가 일반화하려고 하는 개념을 어느 정도로 잘 반영해 주고 있는가를 가리킨다. 측정도구가 측정대상이 가지고 있는 속성이나 개념을 대표성 있게 포함하고 있는가의 여부이다. 예를 들어, 부부폭력을 조사하고자 할 경우 언어적 폭력, 신체적 폭력, 정서적 폭력, 성폭력을 조사할 수 있는 적절한 내용들이 포함되지 못하고 일부 한정된 내용들만 포함되었다면 내용타당도가 높다고 할 수 없을 것이다.

내용타당도를 측정하는 방법을 단계별로 간단히 제시하면 다음과 같다.

- 측정하고자 하는 개념을 주요 영역별로 층화시킨다. 주요 하위영역들은 가급적이면 모든 의미를 포함시킬 수 있도록 한다.
- 각 층이 뜻하는 의미를 포착할 수 있도록 여러 개(7~10개 이상)의 문항을 만든다.
- 자료를 수집한 후 각 하위영역별로 구성한 문항들이 함께 동일한 영역(요인)에 속하는지 살펴보기 위해 문항들을 가지고 요인분석을 해 본다. 또한 같은 요인에 속한 문항들 간의 상관관계가 다른 요인에 속한 문항들과의 그것보다 더 높은지 살펴본다.

---

**2)** 이는 미국심리학회(American Psychological Association), 미국교육연구학회(American Educational Research Association), 국립교육측정협의회(National Council on Measurements Used in Education)에서 합의한 분류이다.

### ② 기준관련 타당도

**기준관련 타당도**(criterion-related validity)는 어떤 측정도구를 사용하여 측정한 결과를 다른 기준 또는 외부 변수에 의한 측정결과와 비교하여 이들 간의 관련성 정도를 통하여 타당도를 파악하는 것이다(김기덕, 김용석, 이정희, 전종설, 정익중, 2017). 즉, 이 타당도는 사용하고 있는 측정도구의 측정값과 기준이 되는 측정도구의 측정값 간의 상관관계로 나타난다. 예를 들어, 수능시험의 타당도를 평가할 경우 수능성적과 대학입학 후 학과성적 간의 상관관계가 높다면 그 수능성적은 대학의 학과성적이라는 기준에 비추어 볼 때 타당도가 높다고 할 수 있다.

기준관련 타당도를 평가하기 위해서는 그 측정도구를 적용하여 얻은 측정치와 기준을 적용하여 얻은 측정치에 대한 상관분석을 실시하여야 한다. 두 측정치 간의 상관계수, 즉 타당도 계수(validity coefficient)를 구하여 그것이 높으면 기준관련 타당도가 높다고 판단할 수 있다. 대체로 기준관련 타당도는 사용되는 측정도구가 어떤 기준의 값을 얼마나 정확하게 예측할 수 있는가, 즉 특정한 기준에 대한 측정도구의 예측에서의 정확성을 평가하게 된다. 예측의 시점에 따라 미래에 발생할 기준을 예측하는 **예측타당도**(predictive validity),[3] 현재 상태를 올바르게 나타내는 정도를 파악하는 **동시타당도**(concurrent validity)[4]로 구분되기도 한다.

### ③ 구성타당도

타당도들 중 가장 복잡한 것으로 볼 수 있는 **구성타당도**(construct validity)는 측정하고자 하는 개념을 정확히 측정할 수 있도록 측정도구가 작성되었는지와 관련되는 다른 개념 또는 이론적 틀 속에서 평가하는 방법이다. 앞의 내용타당도와 기준관련 타당도에 비교하면 이것은 보다 이론적이고 논리적 접근법이며, 때로는 가능한 경험적 자료의 축적을 통하여 타당성을 검증하는 과정이다. 만약 결혼만족도에 관한 측정도구를 개발하고자 한다면, 연구자는 결혼만족도가 다른 변수들과 어떠한 유형의 관계를 맺고 있는가에 관한 어떤 이론적 가설을 개발할 것이다. 예를 들어, 결혼만족도와 가정폭력이 부적 상관관계를 갖게 될 것이라고 결론을 내리고, 결혼만족도에 대한 측정이 예상된 방향으로 가정폭력과의 관련성을 보여 준다면,

---

**3)** 예를 들어, 직장의 적성검사가 향후 성공적인 직무능력을 예측해 내는 정도

**4)** 예를 들어, 스트레스 정도를 측정하는 척도를 일반인과 스트레스로 인해 질환을 앓고 있는 환자들을 대상으로 적용하였을 때 환자들의 스트레스 수준이 더 높게 나타날 경우

이 측정도구는 구성타당도가 높다는 것을 증명하는 것이다(최선희, 2018).

④ **이해타당도**

**이해타당도**(nomological validity)란 특정 개념을 어떻게 이해하고 있는가에 관한 것이다. 즉, 이를 높이기 위해서는 연구자가 관심이 있는 특정 개념과 관련이 있는 개념들을 체계적으로 연결시키는 이론적 구성도를 작성하여 그 모델에 측정방법을 연결시키는 노력을 하여야 한다. 예를 들어, '지능'이라는 것도 여러 가지로 정의할 수 있다. 문제를 푸는 능력 또는 창조력, 판단력, 순간 대처능력 등이 있다. 이와 같은 여러 가지 개념을 체계적으로 이용한 이론이나 측정방법이 이해타당도가 높은 경우가 많다.

⑤ **수렴타당도**

**수렴타당도**(convergent validity)는 동일한 개념을 측정하는 두 측정도구가 타당한 것이 되려면 이 둘이 다른 도구이지만 서로 높은 상관관계를 지녀야 한다는 것이다. 이는 동일한 구성개념을 측정하는 서로 다른 도구의 결과가 서로 일치할 때 확인할 수 있는 것으로 집중타당도라고 부르기도 한다. 그래서 만약 사회복지사의 상담을 통해서 결혼생활 만족도가 낮다고 확인된 클라이언트가 만족도가 높은 것으로 확인된 클라이언트보다 결혼생활 만족도를 재는 측정도구에서 낮은 점수를 나타낸다고 한다면, 그러한 측정도구는 수렴타당도가 있다고 말할 수 있다.

⑥ **판별타당도**

**두 측정도구가 비록 유사하더라도 만약 각각 다른 개념을 측정하고 있다면, 두 측정 사이에 높은 상관관계를 나타내서는 안 된다.** 이것이 **판별타당도**(discriminant validity)인데, 상이한 구성개념을 측정하였을 때 얻어진 측정치 사이에는 상관관계가 낮을수록 판별타당도가 높다고 할 수 있다. 다시 말하면, 유사한 측정도구가 사용되더라도 상이한 속성을 측정하는 것이면 두 측정치 간에 서로 높은 상관관계가 있어서는 안 된다는 것이다. 예를 들어, '문제 푸는 능력'과 '창조력'이라는 상이한 개념을 같은 측정방법을 활용하여 측정하였을 때 두 개념을 측정한 측정치 간의 상관계수가 낮게 나왔다면, 그 측정방법은 판별타당도가 높다고 할 수 있다.

### 3) 신뢰도와 타당도의 관계

사회복지조사연구에서 측정은 신뢰도와 타당도의 확보가 전부라고 해도 과언이 아니다. 신뢰도와 타당도의 관계를 구체적으로 살펴보면 다음과 같다.

① **타당도가 높은 측정은 항상 신뢰도가 높다.**

② **타당도가 낮은 측정은 신뢰도가 높을 수도 있고 낮을 수도 있다.** 다시 말해서, 타당도가 낮다고 해서 반드시 신뢰도가 낮은 것은 아니다. 앞의 항상 눈금이 1kg을 가리키고 있는 저울의 예가 그것이다.

③ **신뢰도가 높은 측정은 타당도가 높을 수도 있고 낮을 수도 있다.** 이 또한 신뢰도가 높다고 해서 반드시 타당도가 높은 것은 아니라는 것이다.

이와 같은 신뢰도와 타당도의 관계에서 나타나듯이 신뢰도는 타당도 확보를 위한 기본적 전제조건이 되고 있다. 측정의 주요 관심이 측정하고자 하는 것을 얼마나 제대로 측정하였는가에서 시작된다고 볼 때, 중요성의 초점이 신뢰도보다는 타당도 쪽으로 기울어지는 감이 있다. 이는 타당도 문제가 바로 과학적 연구의 핵심이 되며 철학적·이론적 근거를 필요로 하기 때문이다. 따라서 사회과학에서 사용되는 측정도구가 충분히 타당도가 높으면 신뢰도는 방법론에서 큰 의미가 없다고 할 수 있다. 그러나 실제 사회현상의 측정에 있어서 많은 경우 타당도가 결여되어 있으므로 신뢰도의 가치가 있는 것이다.

## 참고문헌

김기덕, 김용석, 이정희, 전종설, 정익중(2017). 사회복지조사론. 서울: 박영스토리.
김기원(2016). 사회복지조사론. 경기: 교육과학사.
사회복지사1급시험연구회(2020). 1급사회복지사 사회복지조사론. 서울: 나눔의 집.
생각의 마을(2019). 에벱 사회복지 조사론(사회복지사 1급). 경기: 공동체.
생각의 마을(2020). 에벱 사회복지 조사론(사회복지사 1급). 경기: 공동체.
최선희(2018). 사회복지조사방법론. 경기: 공동체.

황성동(2015). 알기 쉬운 사회복지조사방법론. 서울: 학지사.

황창순, 김형수, 노병일, 도종수, 유지영(2014). 사회복지조사론. 경기: 양서원.

Alter, C., & Evens, W. (1990). *Evaluating your practice: A guide to self-assessment.* New York: Springer.

Babbie, E. (2013). 사회조사방법론(*The Practice of Social Research*). (유홍준 역). 서울: 센게이지 러닝.

Bloom, J., Fischer, M., & Orme, J. G. (1995). *Evaluation practice: guidelines for the accountable professional* (2nd ed.). Boston: Allyn and Bacon.

Bloom, M., Butch, P., & Walker, D. (1979). Evaluation of single interventions. *Journal of Social Service Research, 2*, 301-310.

Heiman, G. W. (2003). *Basic Statistics: for the behavioral science.* Boston: Houghton Mifflin Company.

Likert, R. (1932). A Technique for the Measurement of Attitudes. New York: The Science Press.

Otto, R. L. Rexroat, C., Larson, R. & Mendenhall, W. (1992). *Statistics: A Tool For The Social Science.* Boston: PWS-Kent Publishing Company.

Phillips, J. P. N. (1971). A note on the Representation of Ordered Metric Scaling. *British Journal of Mathematical and Statistical Psychology, 24*(2), 239-250.

Rubin, A. (2019). 에센스 사회복지조사방법론. (유태균 역). 서울: 센게이지 러닝.

Rubin, A., & Babbie, E. (2001). *Research methods for social work* (4th ed.). Belmont, CA: Wadworth.

Rubin, A., & Babbie, E. R. (2016). 사회복지조사방법론(*Research Methods for Social Work*). (김기덕, 김용석, 유태균, 이기영, 이선우, 정슬기 공역). 서울: 센게이지 러닝. (원저는 1997/2010년에 출판).

Weinbach, R. W., Grinnell, R. W. (2004). 사회복지사를 위한 통계(*Statistics for Social Workers*). (박봉길, 최종백 공역). 경기: 양서원.

Williams, M., Unrau, Y. A., & Grinnell, R. M. (1998). *Introduction to Social Work Research.* Itasca, IL: F.E. Peacock.

제5장

# 표본추출

표본추출은 사회조사의 핵심과정 가운데 하나이다. 질문지를 만들고 조사대상자를 선정하여 조사를 수행(자료수집)하는 것이다. 이 가운데 표본추출은 조사대상자를 선정하는 것이다. 표본은 모집단에서 선정한다. 그러므로 모집단을 대표할 수 있는 표본을 선정해서 조사를 하고, 그 조사결과를 전체 모집단의 결과인 것처럼 이해하고 받아들이려는 것이다.

## 1. 표본추출

### 1) 표본추출의 의의

일반적으로 대부분의 조사연구는 모집단 전체에 대하여 조사를 실시하는 것이 아니라 모집단 중 일부를 뽑아내어 그 성격을 파악함으로써 모집단의 속성을 추리하게 된다. 모집단의 일부, 즉 **표본을 추출하는 과정을 표본추출 또는 표집**(sampling)**이라 부른다**. 우리나라에서 5년마다 실시하는 인구센서스조사와 같은 전수조사를 실시하게 될 경우, 대체로 엄청난 시간과 경비가 소요되고 또한 많은 노력이 필요하게 된다. 그리고 조사연구를 수행하는 과정에서 다양하고 많은 오류가 개입될 수 있기 때문에 전수조사가 표본조사보다 그 결과에 있어 반드시 더 정확하다고 볼 수 있는 것만도 아니다. 때에 따라서는 표본조사가 더 효율적이고 신뢰도가 높을 수도 있다. 만약 전수조사에 많은 기간이 소요되어야 한다면 조사기간 초기에 얻어지는 자료와 마지막 시기에 얻어지는 자료는 시간의 변화에 따른 차이 때문에 크게 다를 수 있다. 예를 들어, 전수조사에 필요한 기간이 약 3년 정도이며 조사내용이 사회 변화에 따르는 청소년의 정서적 측면에 대한 것이라고 한다면 우리나라와 같이 급격히 변화하는 사회 분위기와 신체적 · 정서적 상태가 매우 불안정하고 변화무쌍한 청소년의 특성들이 상호작용하여 매우 다른 반응들이 기간별로 나타날 수 있다. 따라서 이런 조사인 경우는 단기간에 끝날 수 있는 표본조사가 훨씬 안전하다.

사회조사는 대부분의 경우 표본조사(sample survey)를 지칭한다. 표본조사에서 표본이 모집단을 잘 대표하도록 추출해 내는 작업은 매우 중요하다. 우리나라 국민의 생활만족도를 연구하고자 하면서 농어촌 지역을 배제하고 도시지역에서만 표본을 추출한다면 그 결과는 전 국민의 생활만족도라기보다는 도시인의 생활만족도로 이해하는 것이 보다 타당하며, 그 이상으로 확대 해석하는 것은 위험하다.

### 2) 표본의 우수성

어떤 **표본의 우수성**을 결정하는 일은 두 가지 차원에서 설명될 수 있다. **표본의 대표성과 표본의 크기**이다.

어떤 표본이 정말 모집단을 대표하는가를 확인하는 유일한 방법은 모집단의 특성을 아는 것이다. 만일 선택된 귤의 맛이 정말 수레 위의 전체 귤의 맛과 동일한가를 알기 위한 유일한 방법은 그 수레 위의 모든 귤을 먹어 보는 것이다. 그러나 이것은 사실 가능하지 않기 때문에 조사자는 딜레마에 빠지게 된다. 그러므로 사실 조사자가 그 표본의 대표성을 알고자 하더라도 그것을 결정할 의미 있는 방법은 없다. 예를 들면, 구청의 사회복지과가 관할 지역 내의 모든 복지기관의 '모든' 서비스 대상자의 영양상태를 확인하고 싶다고 하자. 그러나 시간적 · 비용적 제약 때문에 '일부 대상자를 표집'하여 정보를 수집한다. 이런 경우에는 조사자는 그 표본이 정말 대표적인가를 알기를 원한다. 그래서 이제는 역으로 조사자는 전체 모집단의 영양상태를 알 필요가 있는데, 불행하게도 바로 그 정보는 비용이 많이 들거나 시간이 소요되므로 처음부터 수집하기 어려운 정보이다. 이제 반대로 생각하여 구청의 사회복지과가 전체 서비스대상자의 영양상태를 알고 있다고 가정해 보자. 그렇다면 앞의 표본의 대표성 여부를 확인할 수는 있지만, 이 경우에는 연구자가 표본에 의한 조사를 할 필요가 없는 것이다. 즉, 이미 클라이언트의 영양상태를 알고 있으므로 표본을 통해 영양상태를 확인하는 것은 우스운 일이다. 결론적으로 좋은 표본이란 모집단을 대표하는 표본이지만, 그 표본이 '실제로' 모집단을 대표하는지를 확인하는 의미 있는 방법은 없다.

좋은 표본을 판단하는 두 번째 기준은 '표본의 크기'이다. 조사자가 연구를 수행하기에 충분히 큰 표본을 '적정표본'이라고 한다. 어떤 표본의 크기가 적정한지를 결정하는 것은 통계학 지식과 관련된 복잡한 과정이지만, 다음과 같은 요인들로 결정할 수 있다(Atherton & Klemmack, 1982).

첫째, **모집단의 균질성**이다. 앞의 '귤의 맛' 예에서 여러 종류의 귤 등이 수레 위에 잘 섞여 있다면, 어느 귤을 선택하더라도 전체 귤을 대표할 가능성은 높아진다. 만약 잘 섞여 있지 않다면 선택하는 귤의 수가 보다 많을 필요가 있다. '서비스대상자의 영양상태조사'의 예에서 보면, 연구자는 조사대상자가 가족지원기관들의 클라이언트에만 한정되기보다는 더 다양한 종류의 사회복지기관들의 클라이언트가 대상이 되기를 원할 것이다. 다시 말하면, 모집단의 균질성이 확보되었을 때 어떤 경우에도 대표적인 표집이 가능하지만, 그렇지 않을 때는 조사자는 가능하면 표집 수를 크게 하여야 대표적 표본을 얻을 수 있다.

둘째, **연구설계**이다. 가족지원기관의 서비스에 대해서 클라이언트들이 어떻게 평가했는지를 파악하고자 하는 연구에서 클라이언트의 '성별, 결혼상태, 거주지 또는 가족'이 평가에 어떤 영향을 주는지를 동시에 고려하는 연구설계를 했다면 단순히 클라이언트의 '결혼상태'가 서비스 평가에 초래하는 영향을 조사하는 설계에서보다는 표본이 커야 할 것이다. 그러므로 연구하려는 변인이 많을수록 표본의 크기는 충분히 커야 한다.

셋째, **연구자가 도출하려는 결론의 유형**이다. 일반적으로 연구자가 모집단에 대해서 내린 진술이 보다 정교할수록 그 표본은 보다 클 것이다. 예를 들면, 성병 감염자들이 성별에 따라 치료방법을 선택함에 있어 차이'가 있는지에 관한 조사연구에서는 표본이 클 필요가 없다. 그러나 치료방법 선택에 대한 성별 간의 '정확한 차이'를 추정하고자 한다면 표본은 충분히 커야 한다.

넷째, **모집단의 크기**이다. 20명의 모집단에서 10명의 표본은 큰 것이다. 그러나 5,000명의 모집단에서 10명의 표본은 작은 것이다. 일반적으로 모집단이 클수록 표본은 보다 커야 한다. 표본의 크기를 결정하는 데 필요한 요인들을 열거하는 일은 쉽지만, 실제 구체적 사례에서 '그 표본이 얼마나 커야 하느냐?'에 대한 대답을 하기는 어렵다. 일반적으로는 다음 세 가지 대답이 유용할 것이다.

① 표본은 그 크기가 적당하다고 다른 사람을 설득시킬 수 있을 만큼 충분히 커야 한다.
② 표본은 가능한 한 커야 한다.
③ 그 표본을 통해 통계적 추론이 가능할 정도의 크기여야 한다.

### 3) 표본추출과 관련된 용어

표본추출은 다양한 방법으로 이루어진다. 표본추출방법을 이해하기 위해서는 기본적으로 표본추출과 관련된 다양한 용어에 대한 이해가 필요하다.

#### (1) 모집단

**모집단**(population)이란 우리가 파악해 내고자 하는 집단의 총체이다. 그러나 때로는 모집단이 관념적인 수준의 집단이라서 그 실체를 정확히 명시하기 어려울 때가 있다. 이때는 조사 목적을 위해 조작적으로 연구 모집단(survey population)을 규정짓게 된다. 연구 모집단이란 표본이 실제로 추출되는 모집단을 의미한다. 예를 들어, 우리나라 대학생들을 상대로 직업에 관한 가치관을 조사하고자 했을 때, 모집단은 현재 대학에 학적을 두고 있는 모든 학생(군입대, 휴학생 모두 포함)이 되며, 여기에는 2년제 과정으로 전문학사학위를 수여하는 대학, 방송통신대학교, 인터넷 교육을 실시하는 온라인 대학 등 교육부에서 학사 학위를 인정하는 모든 대학에 재학 중인 학생들도 포함될 것이다. 그러나 조사를 위해 현재 실제로 대학에 다니고 있는 학생들을 모집단으로 규정하고 여기에서 표본을 추출하고자 한다면 이때의 모집단은 입대 중이거나 휴학 중인 학생들은 제외되므로 보다 제한적인 연구 모집단이 된다.

#### (2) 표본추출 요소

**표본추출**(표집) **요소**(sampling element)는 조사연구를 통하여 정보를 수집하는 기본 단위이자 분석의 기초가 된다. 즉, 측정하고자 하는 집단을 구성하고 있는 가장 작은 단위를 의미하며 대부분의 사회조사에서 요소는 개인이 된다. 그러나 연구에 따라 다양한 요소가 있을 수 있어서 가족, 부부, 조직, 국가 등도 요소가 될 수 있다. 예를 들어, UN과 같은 국제기구에서 세계의 빈부 정도를 조사하고자 한다면 이때 요소는 각 국가가 된다.

### (3) 표본추출 단위

모집단이 설정되면 표본추출(표집) 단위(sampling unit)를 정해야 한다. **표본추출 단위**란 표본추출과정의 각 단계에서의 표본추출 대상을 지칭한다. 표본추출 단위는 개인일 수도 있다. 광주광역시에 거주하는 시민들의 태도를 조사하기 위해 처음에 구를 선정하고, 그다음에 동을 선정하고, 각 동에서 가구를 선정한 다음 최종적으로 각 가구 내에서 세대주를 추출한다고 했을 때, 여기에서 표본추출 단위는 구, 동, 가구, 개인이 된다.

### (4) 관찰단위와 분석단위

**관찰단위**(observation unit)는 직접적인 조사대상을 뜻한다. 관찰단위는 연구수행 시 실제로 관찰된 단위이며, 분석단위(analysis unit)는 연구결과를 분석할 때 활용된 단위이다. 이 둘은 대개 동일한 경우가 많지만, 반드시 일치해야 할 필요는 없다. 만약 조사자가 가구구성원들에 대한 자료를 수집하기 위해서 가구주를 면접한다면, 이때 분석단위는 개별 가구구성원들이지만 관찰단위는 가구주가 된다. 분석단위와 관찰단위가 일치할 경우, 조사자의 역할이 좀 더 쉬울 수 있으나 그렇지 않을 때에는 실제로 분석단위를 관찰하지 않고서도 그에 대한 적절한 자료를 얻을 수 있도록 유의해야 한다.

### (5) 표본틀

표본추출은 일반적으로 어떤 목록으로부터 표본들을 선택함으로써 이루어진다. 예를 들어, 특정 대학교의 학생들을 대상으로 표본조사를 하고자 할 때, 아마도 학생들의 이름이나 학번이 적힌 학생명부를 기초로 하여 표본을 추출하게 될 것이다. 이때 학생명부가 **표본틀**(sampling frame)이 된다. 표본틀은 바로 **연구대상 모집단 전체의 목록을 의미**한다. 그 외에도 전화번호부, 선거인단 명부, 국민기초생활수급대상 명부 등이 대표적인 표본틀이 될 수 있다. 표본틀을 선정할 때는 다음과 같은 사항을 고려해서 선정하여야 한다.

① 모집단을 대표할 수 있는 대표성이 확보되어야 한다. 즉, 조사를 실시하고자 하는 특정 집단을 대표하는 표본틀이어야 한다.
② 특정 요소가 탈락될 가능성이 어쩔 수 없이 존재하므로 조사자는 이 점에 유의하고 미리 대비할 필요가 있다.
③ 요소가 표본틀에서 중복되지 않게 나타나야 한다.
④ 표본틀에서 쉽게 드러나지 않는 규칙성(periodicity)이 있으면 표본추출에 문제가 될 수 있다. 특히 체계적 표본추출방법을 활용할 때 주의를 해야 한다.

#### (6) 모수

**모수**(parameter)란 모집단에서 어떤 변수가 가지고 있는 특성을 요약한 수치를 말한다. 즉, 전수조사를 수행했을 경우의 측정치가 모수가 된다. 그러므로 조사연구의 가장 중요한 목적 중의 하나는 표본을 관찰함으로써 이러한 모수들을 추정해 내는 데 있다.

#### (7) 통계치

**통계치**(또는 통계량, statistics)는 표본에서 어떤 변수가 가지고 있는 특성을 요약한 것이다. 대부분의 경우 모수는 정확히 알아내기가 어렵기 때문에 표본조사를 통해 얻은 통계량을 바탕으로 모수를 추정하며 여러 가지 통계적 계산에서도 모수 대신 사용된다.

## 2. 표본추출방법

표본추출방법은 확률표본추출방법과 비확률표본추출방법으로 구분할 수 있는데, 각 방법에는 어떠한 것들이 있는지 구체적으로 살펴보기로 한다.

## 1) 확률표본추출방법

**확률표본추출방법**(probability sampling)은 모집단의 각 요소들이 표본으로 선택될 확률을 미리 알 수 있는 방법을 말하는데, 이 방법을 이용하면 선택될 확률뿐만 아니라 표본추출 시 발생하는 오차까지도 객관적으로 추정할 수 있으므로 궁극적으로는 모수치의 정확도와 신뢰도까지 평가할 수 있다. 또한 표본추출과정에서 조사자의 편견이 배제될 수 있어 모집단에 대한 **표본의 대표성**을 높일 수 있다는 주요한 이점도 있다.

### (1) 단순무작위추출

이 방법은 **특정 모집단에서 발생 가능한 모든 표본의 발생확률이 동일하도록**(equal chance) **표본을 추출하는 방법을 말한다.** 예를 들어, 100명의 사회복지학과 학생들 중에서 5명을 무작위로 선정하여 자원봉사를 할 경우 모든 학생의 학번 혹은 이름을 종이에 써서 모두 한 곳에 넣고 골고루 섞은 다음 5개를 뽑으면 이것이 단순무작위추출이 된다. 이때 각 개인이 자원봉사자로 선택될 확률은 1/20(5/100)로서 100명 모두 동일하다.

단순무작위표집의 주요한 장점은 통계적 확률의 사용이 가능하다는 점이다. 표집 이전에 모집단의 각 사례들이 추출될 기회의 확률이 동일하다는 가정을 충족시킨다. 그러나 이 방법은 모집단의 사례목록을 항상 완벽하게 만들 수는 없다. 목록작성은 모집단이 크면 클수록 더욱 어렵다. 예를 들어, 어떤 사람이 전체 학대아동 모집단에서 무작위로 표본을 추출하려 한다면 전체 모집단의 정확한 목록을 만드는 것이 정말 어려울 것이다. 또한 이 방법은 모든 요소에 일련번호를 부여해야 하기 때문에 모집단의 수가 적을 때 효과적이다.

### (2) 계통적 추출

**계통적 추출법**(systematic sampling)은 일정한 체계를 기준으로 표본을 추출하는 방법이기 때문에 체계적 추출법이라고도 불린다. 예를 들어, 가구를 대상으로 표본조사를 할 경우 일정한 행정단위—구, 동, 통, 반 등—내에서 주민등록표에 의해 첫 번째 가구, 열한 번째 가구, 스물한 번째 가구……들을 표본으로 추출하는 것이 계통적 추출방법에 해당한다. 이러한 방법은 전국적인 가구별 조사에서 흔히 이용되고 있다. 그러나 이 방법은 반드시 모집단이 모두 등재되어 있는 명부(전화번호부, 주민등록대장 등)가 확보되어야 하며, 표본틀 내에 혹시 존재할지도 모르는 순환성에 유의하여야 한다. 이 방법은 비용은 절약되지만, 비대표적인 표본이 추출될 가능성이 높아질 수 있다. 예를 들어, 어떤 회사에서 직원들의 공격성을 측정하기 위해 표본을 추출할 때, 직원들을 사번 1번, 21번, 41번, 61번 등으로 계통 추출하였다. 그런데 만일 우연히 이 회사에서 남자 직원은 홀수 번호, 여자 직원은 짝수 번호를 사번으로 부여하였다면, 결과적으로 모두 남자를 선정하게 된다. 이런 경우 표본을 1번, 2번, 21번, 22번, 41번, 42번 등으로 추출한다면 모집단의 특성을 더 잘 반영하는 표본이 될 수 있다.

### (3) 층화추출

**층화추출법**(stratified sampling)은 조사하고자 하는 사항에 영향을 미칠 수 있는 특성(변수)을 여러 개의 하위 집단이나 층(strata)으로 분류한 다음, 분류된 각 하위집단이나 층으로부터 일정 크기의 표본을 무작위로 추출하는 방법이다. 특히 각 층별 표본크기를 모집단의 구성비율과 동일하게 추출하는 방법을 층화비례추출법이라고 한다.

사회복지직공무원을 대상으로 표본을 추출하여 의식조사를 할 경우, 공무원의 의식에 영향을 미칠 수 있는 중요한 요인은 계급(9급, 7급, 5급 등의 직급)이 될 수 있으므로, 전체 사회복지직공무원을 대표할 수 있는 표본이 되기 위해서는 각 계급에서 고루 추출해야 할 것이다. 이때 각 계급을 '층'이라고 할 수 있다. 또한 국민연금제도에 대한 국민들의 반응이나 평가를 알아보기 위하여 전체 국민을 대상으로 표본추출을 할 때, 성별, 연령별, 학력별, 소득별, 거주지별 등으로 고른 분포가 되도록 표본을 뽑아야 할 것이다. 층화추출은 각 층에서 고루 표본을 추출하므로 단순무작위추출보다 대표성이 높고 표본오차도 적다.

### (4) 집락추출

모집단에서 무작위로 몇 개의 집락(cluster)을 추출하고 추출된 각 집락에서 무작위로 개별 요소들을 추출하는 방법을 **집락추출법**(cluster sampling)이라고 한다. 이 방법은 시간과 비용을 절약할 수 있는 능률적인 것으로서, 모집단의 요소들이 지리적으로 널리 분산되어 있는 상황에서 능률적이다. 특히 선택될 집락들은 서로 동질적인 성격을 가지지만 각 집락들의 개별 요소들은 이질성이 강할 때 집락추출법은 바람직한 방법이 될 수 있다. 그러나 반대로 집락들끼리는 서로 이질적이면서 각 집락들의 개별 요소들 간에는 동질적인 성격을 띤 상황에서는 편파성을 면하기 어렵다. 이런 경우에는 오히려 이질적인 각 집락들을 개별적인 층으로 간주하여 층화추출을 하는 것이 적절한 방법이 될 것이다. 보통 집락추출은 여러 단계를 거쳐서 집락을 추출하는 다단계추출법을 사용하고 있으며, 층화추출과 무작위 추출과 같은 다른 방법과 병행하여 이용되기도 한다. 예를 들어, 서울시민 1,500명을 추출하기 위하여 서울시에서 5개씩 구(區)를 먼저 선정하고(1단계), 선정된 각 구에서 다시 5개씩의 동(洞)을 추출하고(2단계), 각 동에서 5개씩의 통을 추출한 다음(3단계), 추출된 125개의 각 통에서 12명씩의 주민을 연령, 성, 학력별로 고른 분포가 되게 추출한다면, 이 방법은 다단계층화집락추출법(multiple stratified cluster sampling)이라고 할 수 있다.

## 2) 비확률표본추출방법

표본추출 시 조사자의 가치판단이 개입되고, 표본오차도 미리 파악할 수 없는 방법을 **비확률표본추출방법**(nonprobability sampling)이라고 한다. 비확률표본추출방법은 조사대상이 전문화된 사회나 조직일 경우에 활용가치가 높다. 우선 연구자는 무작위 표집기법을 사용하는 것이 불가능하거나 바람직하지 않을 때가 있다. 예를 들면, 에이즈 환자 영역에서는 정보와 자료의 상태, 비용, 인간피험자 등의 제한 때문에 무작위표본을 얻기 어렵다. 또는 확률표본은 최소한 이론적으로나마 조사자가 모집단의 구성원 전체의 목록을 구할 수 있을 때 가능하다. 그러나 목록을 만들 수 없는 상황, 예를 들면, 청소년비행집단을 연구할 때 전체 청소년비행집단의 명부를 얻는 것이 어려울 뿐만 아니라 만들기도 어렵다. 이때 연구자는 어쩔 수 없이 비확률표본을 사용해야 한다. 그러나 이 방법은 가치판단이 자의적으로 개입될 수 있는 여지가 있으므로, 단독으로 쓰이기보다는 확률표본추출방법과 병행하여 쓰이고 있다. 비확률표본추출방법에는 편의추출, 판단추출, 할당추출, 눈덩이 추출 등이 있다.

### (1) 편의추출

**편의추출법**(convenience sampling)은 접근이 가장 용이하고 쉽게 응답을 얻어 낼 수 있는 대상들을 위주로 표본을 추출하는 방법으로서, **임의추출법**이라고도 한다. 길거리를 지나가는 사람들 중에서 응답을 쉽게 해 줄 수 있는 사람들을 상대로 필요한 만큼 면접조사를 하거나, 역대합실이나 공원 등 한꺼번에 많은 사람을 쉽게 접할 수 있는 장소에서 설문조사를 하는 경우들은 모두 편의추출법에 속한다.

보건복지부에서 한국인의 복지의식을 조사하기 위한 표본조사에서 각 시 · 도와 읍 · 면에 소재하고 있는 가족, 친지, 직장들을 방문하여 표본크기에 따라 성, 연령을 고려하면서 면접조사를 하였다면, 이 조사에서는 성 · 연령을 고려했으므로 층화추출도 병행하였다고 볼 수 있지만, 가족, 친지, 직장을 방문하여 조사한 것은 편의추출이다. 이 방법은 객관성, 정확성, 신뢰성을 담보할 수 없으므로, 본조사에서는 단독으로 사용하지 않는 것이 좋다.

### (2) 판단추출

**판단추출법**(judgement sampling)은 관련 전문지식이나 풍부한 경험을 가진 사람의 주관적 판단에 의하여 모집단의 특성을 잘 반영해 줄 수 있다—즉, **대표성**이 높다—고 생각되는 표본을 추출하는 방법이다. 예를 들어, 새롭게 개발된 신기술의 효능을 실험하기 위하여 실험대상자를 선정하는 행위는 이 분야의 전문가만이 판단할 수 있는 방법이다. 또한 기획재정부에서 물가조사를 위하여 물가와 상관성이 높다고 판단되는 500개의 품목—버스요금, 자장면, 콩나물 등—을 선정하는 것도 경제전문가의 판단에 의한 판단추출에 속한다.

### (3) 할당추출

**할당추출법**(quota sampling)은 모집단을 몇 개의 범주로 구분하고 각 범주에 대해 모집단과 같은 비율로 표본 수를 할당한 다음, 각 범주별로 조사자가 할당된 표본 수를 임의적으로 추출하는 방법이다. 전 국민을 대상으로 하는 여론조사의 경우, 시나 도와 같은 지역이 각 범주가 될 수 있으며, 각 범주 내에서 표본 수를 추출할 판단기준은 성, 연령, 학력 등이 될 수 있다. 만약 공무원을 대상으로 하는 조사라면, 지역이나 근무부처가 범주로 될 수 있고, 연령, 직급 등이 판단의 기준이 될 수 있다. 여기서 범주는 층화추출의 층과 같은 개념이지만, 층화추출이 각 층에서 무작위로 표본을 추출하는 반면 할당추출은 조사자의 주관적 판단에 의해 표집한다는 점이 차이점이다. 할당추출은 객관성을 유지하려는 엄격성보다는 주관적 판단에 의한 융통성과 편리성이 강조되므로 시간과 경비를 절약할 수 있다.

### (4) 눈덩이 추출

**눈덩이 추출법**(snow-ball sampling)은 최초의 표본에서 시작하여 조사대상자를 점진적으로 확대해 나가는 방법이다. 연구자는 우선 최초의 표본에서 얻은 정보를 바탕으로 다음 표본으로 연결범위를 확대해 나간다. 이 방법은 모집단에 대한 사전정보가 거의 없어 탐색적으로 조사할 때(황성동, 2015), 표본을 구하기가 매우 어려운 경우에, 한 요소가 다른 요소를 연결해 줄 수 있는 상황에서 주로 활용되는 방법이다. 예를 들어, 자폐아동 부모에 대한 조사, 불법이민자, 동성연애자 등에 대한 조사를 수행할 경우 이용될 수 있다.

## 참고문헌


김기덕, 김용석, 이정희, 전종설, 정익중(2017). 사회복지조사론. 서울: 박영스토리.

김기원(2016). 사회복지조사론. 경기: 교육과학사.

사회복지사1급시험연구회(2020). 1급사회복지사 사회복지조사론. 서울: 나눔의 집.

생각의 마을(2019). 에셉 사회복지 조사론(사회복지사 1급). 경기: 공동체.

생각의 마을(2020). 에셉 사회복지 조사론(사회복지사 1급). 경기: 공동체.

최선희(2018). 사회복지조사방법론. 경기: 공동체.

황성동(2015). 알기 쉬운 사회복지조사방법론(2판). 서울: 학지사.

황창순, 김형수, 노병일, 도종수, 유지영(2014). 사회복지조사론. 경기: 양서원.

Ary, D., Jacobs, L. C., & Razavieh, A. (1990). *Introduction to research in education* (4th ed.). Orlando, FL: Harcourt Brace Jovanovich.

Atherton, C. & Klemmack, D. (1982). Research Methods in Social Work: An Introduction, Lexington. MA: D.C. Heath & Co.

Babbie, E. (2013). 사회조사방법론(*The Practice of Social Research*). (유홍준 역). 서울: 센게이지 러닝.

Fraenkel, J. R., & Wallen, N. E. (1993). *How to design and evaluate research in education* (2nd ed.). New York: McGraw-Hill.

Heiman, G. W. (2003). *Basic Statistics: for the behavioral science*. Houghton Mifflin

Company.

Otto, R. L., Rexroat, C., Larson, R., & Mendenhall, W. (1992). *Statistics: A Tool For The Social Science*. Boston: PWS-Kent Publishing Company.

Rubin, A., & Babbie, E. (2001). *Research methods for social work* (4th ed.). Belmont, CA: Wadworth.

Rubin, A. (2019). 에센스 사회복지조사방법론. (유태균 역). 서울: 센게이지 러닝.

Rubin A., & Babbie, E. R. (2016). 사회복지조사방법론(*Research Methods for Social Work*). (김기덕, 김용석, 유태균, 이기영, 이선우, 정슬기 공역). 서울: 센게이지 러닝. (원저는 1997/2010년에 출판).

Weinbach, R. W., & Grinnell, R. M. (2007). *Statistics for Social Workers*. Boston: Addison-Wesley.

제6장

# 인과관계 추론과 실험설계

이 장에서는 인과관계 추론과 실험설계에 대해서 학습한다. 실험설계는 사회복지실천현상에서 서비스 및 프로그램을 평가하는 데에 널리 활용되는 유용한 조사설계로, 인과관계 추론의 세 가지 기본 조건을 알아보고, 인과관계 추론이 타당한 수준과 관련하여 내적 타당도와 외적 타당도의 개념 및 영향 요인에 대해 파악할 것이다. 또한 (순수)실험설계를 구성하는 기본 조건을 제시하고, 다양한 실험설계의 유형을 살펴보면서 각 유형별 장단점과 유의사항을 소개한다.

## 1. 인과관계 추론

사회복지실천에서 실천에 대한 효과성 평가는 대단히 중요하다. 효과성 평가는 사회복지사가 수행한 사업이 클라이언트에게 얼마나 도움이 되었는가 혹은 새로 도입된 사회복지정책이 대상자들이나 사회 전반에 어떤 영향을 미치고 있는가 등을 경험적으로 평가하는 것을 말한다. 이러한 과정은 사회복지실천의 책무성과 밀접히 관련되고, 사회복지의 전문성 향상에 크게 기여하는 일이다. 그런데 이러한 효과성 평가과정은 일종의 인과성(因果性)을 밝히는 연구의 과정이다. 즉, 특정한 사회복지 사업이나 정책이 원인이 되어 어떠한 결과가 초래되는지 검증하는 연구과정인 것이다. 변수들 사이의 인과관계를 입증하기 위해서 변수를 강력하게 조작하고 통제하는 연구설계를 **실험설계**(experimental design)라고 한다. 이 장에서는 인과관계 추론의 기본 조건을 살펴보고, 인과관계 검증 연구가 실제로 인과관계를 추론할 수 있는 수준을 나타내는 내적 타당도(internal validity)와 외적 타당도(external validity)에 대해 설명한 후, 다양한 실험설계의 유형과 특징에 관하여 소개한다.

## 1) 인과관계 추론의 조건

사회과학에서 두 변수 간에 인과관계를 경험적으로 입증하는 것은 어렵다. 인과관계가 명백한 것처럼 보이는 사회현상에 대해서도 객관적으로 인과관계를 밝히는 것은 쉽지 않은 과정이다. 인과관계를 증명하는 방법에 대해서는 여전히 논쟁이 존재하지만 인과관계 추론을 위한 기본 조건은 다음 세 가지로 볼 수 있다(강종수, 2019: 96).

### (1) 공변성: 원인과 결과가 함께 변화해야 한다

독립변수가 변함에 따라서 종속변수도 변해야 한다. 즉, 공변성(covariation)이 있어야 하는데, 이는 두 변수 사이에 경험적 상관관계가 있어야 함을 뜻한다. 인과관계는 두 변수가 함께 변화하는 경우 중에서도 특별히 둘 중 한 변수는 원인이 되고, 다른 한 변수는 결과가 되는 경우, 즉 한 변수가 다른 변수의 변화를 초래하는 경우를 일컫는다. 따라서 **두 변수 간의 상관관계는 인과관계 추론의 일차적 조건이 된다.** 두 변수 사이에 인과관계가 성립하기 위해서는 우선 두 변수가 어떤 연관성을 가져야 한다는 것은 당연한 것처럼 보인다. 그러나 동일한 자극에 대해 다양한 반응을 보일 수 있는 사람과 사회를 대상으로 하는 사회과학에서는 자연과학과는 달리 한 변수가 변하는 것에 따라서 다른 변수가 늘 일정하게 변하는 것을 확인하기가 쉽지 않다. 사회과학에서는 완벽한 상관관계를 거의 찾을 수 없으므로, 인과관계 추론에 있어서 중요한 쟁점은 두 변수가 어느 정도의 상관관계를 가지는가, 즉 상관관계의 '수준'이라고 하겠다.

### (2) 시간적 선후관계: 원인이 결과보다 먼저 일어나야 한다

이 조건 역시 지극히 당연한 것 같지만, 사회과학에서는 두 변수가 발생하는 시간적 순서가 명확하지 않은 경우가 있다. 예를 들어, 칭찬을 많이 받은 아이가 자신감 있게 성장하는지, 반대로 자신감 있는 아이가 칭찬을 많이 받는지는 분명치 않다. 이 경우, **둘 중 무엇이 시간상 먼저 일어나는가를 경험적으로 밝히는 것이 중요하다.**

(3) 외부 설명의 배제: 제3의 변수가 통제되어야 한다.

원인과 결과 간에 상관관계가 있고 원인이 결과보다 먼저 일어나더라도 두 변수 사이에 인과관계가 존재한다고 확신할 수는 없다. 왜냐하면 두 변수 이외의 변수, 즉 제3의 변수가 영향을 미칠 수 있기 때문이다. 먼저 제3의 변수가 독립변수와 종속변수 모두에 영향을 미치는 경우를 생각해 보자. 예를 들어, 음주와 가정폭력 발생 간에 인과관계가 있다고 여기는 사람들이 많다. 술에 취해서 아내를 구타하는 경우가 많기 때문이다. 음주가 구타에 비해 시간적으로 선행하고 둘 사이에 상관관계가 있으므로 인과관계 추론의 두 가지 조건을 충족한다. 그러나 스트레스와 같은 제3의 요인이 음주와 폭력에 모두 영향을 미치는 것이라면 음주를 폭력의 직접적 원인으로 볼 수는 없다. 이 경우, 제3의 변수를 외생변수(extraneous variable)라고 한다. 제3의 변수가 종속변수에만 영향을 미치는 경우도 있다. 예를 들어, 사회복지관에서 청소년을 대상으로 자아존중감 향상을 위한 집단 프로그램을 실시하고, 프로그램 실시 후 참여자들의 자아존중감 수준이 향상된 것을 확인했다고 하자. 이 경우, 집단 프로그램이 자아존중감 향상의 원인이라고 볼 수 있을까? 만약 프로그램이 진행되는 동안 참여자 대다수가 다니는 학교에서 칭찬 캠페인이 벌어졌다면 이 결과를 어떻게 해석할 수 있을까? 자아존중감 향상의 원인이 집단 프로그램인지 혹은 칭찬 캠페인인지 단정하기가 어렵다. 따라서 **인과관계 추론에 있어서는 외생변수에 의한 영향이 최소화되어야 한다.**

## 2) 인과관계 추론의 타당성

인과관계 검증 연구에서는 그 연구가 실제로 어느 정도로 인과관계를 추론할 수 있는가, 다시 말해서 그 연구에서 독립변수가 종속변수에 원인으로 작용하는 수준이 매우 중요하다. 이처럼 인과관계를 밝히는 연구가 실제로 인과관계를 추론할 수 있는 수준을 '**타당도**(validity)'라고 한다. 인과관계 추론에서의 타당도는 내적 타당도(internal validity)와 외적 타당도(external validity)로 구분되는데, **내적 타당도**는 한 연구 안에서 종속변수의 변화가 독립변수에 의한 것인지 아닌지에 대해 확신할 수 있는 정도를 의미하고, **외적 타당도**는 한 연구에서 확인된 인과관계가 그 연구의 상황을 벗어나서 외부에 적용될 수 있는 정도를 의미한다. 내적 타당도와 외적 타당도에 대해 보다 구체적으로 살펴보면 다음과 같다.

### (1) 내적 타당도

**내적 타당도**는 연구가 인과성을 추론할 수 있는 정도를 말한다. 즉, 어떤 연구에서 종속변수의 변화가 독립변수에 의한 것인지 아닌지에 대해서 확신할 수 있는 수준을 의미하는 것이다. 따라서 어떤 연구의 내적 타당도가 높다는 것은 그 연구의 인과관계에 대한 검증력이 강하다는 것이다. 내적 타당도를 높이기 위해서는 앞에서 언급한 인과관계 추론의 조건을 최대한 충족시켜야 한다. 그런데 사회과학에서는 모든 연구에 외생변수가 존재하기 마련이므로 원인과 결과 사이에 경험적 상관관계가 있고 원인이 결과보다 시간적으로 먼저 일어나면 결국 외생변수에 대한 통제 수준이 연구의 내적 타당도를 좌우하게 된다. Campbell과 Stanley(1963: 5-6), Cook과 Campbell(1979: 51-55)이 제시한 내적 타당도 저해요인은 다음과 같다.

#### ① 우연한 사건

연구가 수행되는 과정에서 연구와 무관하게 외부에서 우연히 일어난 사건이 연구에 영향을 미치는 경우를 흔히 볼 수 있다. 앞에서 언급한 청소년 자아존중감 향상을 위한 집단 프로그램에서 학교에서 벌어진 칭찬 캠페인이 바로 그러한 예이며, 이를 우연한 사건(역사요인, 외부 사건, history)이라고 한다. 즉, **우연한 사건**이란 독립변수 외에 다른 우연한 외부적 사건이 사전검사와 사후검사 사이에 발생하여 종속변수에 영향을 미치는 것을 의미한다. 외부적 사건이나 역사요인이라고도 하는데, 역사요인이라고 해서 반드시 역사적으로 중요한 사건만을 뜻하는 것은 아니다. 연구가 진행되는 시기에 우연히 발생하여 연구결과에 영향을 미치는 모든 외부적 사건이 이에 해당될 수 있다.

자아존중감 향상 프로그램에 대한 연구에서 칭찬 캠페인을 비롯한 다양한 우연한 사건이 통제되지 않는다면, 프로그램 종결 시 자아존중감이 향상되더라도 그것이 프로그램의 효과인지 혹은 칭찬 캠페인의 효과인지 구분하기 어렵다. 우연한 사건이 내적 타당도에 미치는 영향을 완화하기 위해서는 적절한 통제집단을 구성하여 실험집단과 비교분석을 하는 것이 바람직하다.[1)]

---

1) 실험집단(experimental group)은 개입이 제공되는 집단을 말하고, 통제집단(control group)은 개입이 제공되지 않는 집단을 말한다.

#### ② 성장요인

**성장요인**(성숙요인, maturation)이란 독립변수가 조작되는 기간에 단순한 시간 경과나 연구 참여자의 성장 및 노화와 같은 자연적 변화가 종속변수에 영향을 미치는 것을 말한다. 사람은 누구나 시간이 지남에 따라서 성장하거나 변화한다. 또 아무리 심각한 사건이라도 시간이 지나면 그 영향력이 줄어들기 마련이다.

예를 들어, 병원에서 의료사회복지사가 최근에 가족을 잃은 사람들이 상실감을 극복하도록 돕고자 6개월간 집단 프로그램을 실시하고 프로그램의 효과성을 평가했다고 하자. 사전검사에 비해 사후검사에서 좋은 점수를 얻었다고 해서 이를 프로그램의 효과로 볼 수 있을까? 그렇게 단정하기는 어렵다. 왜냐하면 다른 위기 사건들과 마찬가지로 사별로 인한 상실감 역시 일정한 시간이 지나면 완화되는 경향이 있기 때문이다. 반면에, 노인생활시설에서 고령의 노인들을 대상으로 정신건강 향상 프로그램을 실시하고 평가한 결과 별다른 변화가 없었다. 이 경우 프로그램이 효과가 없는 것으로 판단하는 것이 옳을까? 고령의 노인은 단기간에도 심신의 건강이 악화될 수 있으므로 그렇게만 볼 수는 없다. 프로그램이 노화로 인한 자연스러운 정신건강의 악화를 막았다면 효과가 있는 것이기 때문이다.

성장이 빠르게 진행되는 아동이나 노화가 급속히 진행되는 노인의 경우, 참여자들이 위기 사건을 경험한 직후인 경우, 프로그램이 장기간 지속되는 경우 등에서는 성장요인에 특별히 유의할 필요가 있다. 우연한 사건과 마찬가지로, 성장요인에 대해서도 통제집단을 두는 것이 가장 좋은 해결책이다.

#### ③ 검사요인

**검사요인**(측정, testing)은 동일한 측정도구를 사용하여 두 번 이상 평가를 실시하는 모든 연구설계에서 발생할 수 있다. 검사요인이란 검사를 실시하는 것 자체가 종속변수에 영향을 미치는 것을 뜻한다. 동일한 측정도구를 사용하여 동일한 방법으로 사전검사와 사후검사를 실시한다면, 독립변수와 무관하게 사전검사에 비해 사후검사에서 더 좋은 점수를 얻게 될 가능성이 높다. 연구 참여자가 사전검사의 내용을 기억하여 사후검사에서 더 좋은 결과를 얻을 수 있고, 사후검사에서는 조사문항이나 조사환경에 익숙해지고 문항에 답하는 전략이 발전될 수도 있다. 인성이나 태도 등에 대한 평가인 경우, 연구 참여자가 사전검사를 통해서 그 문제에 특별한 관심을 가지게 되어 독립변수와는 무관하게 변화가 초래될 수도 있다.

④ **도구요인**

검사요인이 동일한 측정도구를 사용하여 두 번 이상의 평가가 반복될 경우 발생하는 문제라면, **도구요인**(측정도구, instrumentation)은 사전검사와 사후검사에서 서로 다른 측정도구를 사용하거나 평가자가 다른 경우 발생하는 내적 타당도 저해요인이다. 사전검사와 사후검사에서 사용된 측정도구의 난이도가 다르거나 측정자의 측정 기준이 다르다면 종속변수에 나타난 변화가 독립변수에 따른 것이 아니라 측정도구나 측정자의 차이 때문일 가능성이 있다.

도구요인은 면접이나 관찰평가 등 측정자의 주관이 반영되기 쉬운 방법으로 평가가 이루어질 때 특히 문제가 된다. 예를 들어, 면접평가에서 사전검사자는 중립적인 태도를 유지했으나, 사후검사자는 특정한 답을 유도하는 설명이나 질문을 했다면 이러한 차이가 종속변수의 변화에 영향을 미쳤을 가능성이 높다. 도구요인을 최소화하기 위해서는 가급적 동일한 측정자가 사전 · 사후검사를 실시하도록 하고, 측정과정을 최대한 객관화시키며, 측정자에 대한 교육 · 훈련을 철저히 할 필요가 있다.

⑤ **통계적 회귀**

사전검사에서 극단적인 점수, 즉 정상치에 크게 못 미치거나 정상치보다 훨씬 높은 점수를 받았다면 사후검사에서는 독립변수의 효과와 무관하게 정상치에 가까운 점수로 돌아갈 가능성이 있는데 이를 **통계적 회귀**(statistical regression)라고 한다. 모든 측정도구의 신뢰도가 완벽하지는 않기 때문에 측정할 때마다 다소 차이가 나게 마련이고, 처음 측정에서 극단적인 점수를 받았다면 다음 측정에서는 이보다는 평균점수에 가까워질 가능성이 높다.

사회복지현장에서는 사전검사를 통해서 점수가 특히 낮은 사람을 선별해서 프로그램을 제공하는 경우가 많은데, 이러한 상황에서는 통계적 회귀에 유의해야 한다. 예를 들어, 학교사회복지사가 전교생을 대상으로 사회성 수준을 측정한 후 점수가 가장 낮은 학생들로 집단을 구성하여 사회성 향상 프로그램을 실시했다고 하자. 그 결과, 사후검사 점수가 향상되었다면 이를 독립변수의 효과라고 단정할 수 있을까? 그렇지 않다. 왜냐하면 사후검사에 나타난 변화가 프로그램의 효과인지 혹은 단순히 통계적 회귀로 인한 현상인지 분명하지 않기 때문이다. 정상치에서 크게 벗어난 인구집단을 대상으로 하는 경우에는 통계적 회귀로 인한 영향을 배제할 수 있는 조사설계를 활용하는 것이 바람직하고, 결과를 해석하는 과정에서도 이에 유의할 필요가 있다.

### ⑥ 선정 편견

**선정 편견**(selection biases)은 통제집단을 활용하여 집단 간 비교를 실시하는 연구설계에서 흔히 발생하는 내적 타당도 저해요인이다. **실험집단과 통제집단의 구성원을 무작위로 선정하지 않았을 경우 두 집단이 처음부터 달라서 연구결과가 왜곡되는 것을 의미한다.** 다시 말해서, 두 집단에 속한 구성원들이 프로그램이 실시되기 전부터 이미 차이가 있어서 생기는 문제이다.

이러한 문제는 연구 참여자의 의사에 따라 프로그램 참여 여부를 결정하는 경우에 가장 심각하게 나타날 수 있다. 예컨대, 자발적으로 부모교육 프로그램에 참여하기로 결정한 부모와 그렇지 않은 부모는 자녀양육에 대한 관심 수준이 다를 것이다. 이 경우, 실험집단이 통제집단에 비해 사전·사후검사 간 점수 차이가 크더라도, 이것이 프로그램의 효과인지 또는 실험집단에 속한 부모들의 자녀양육에 대한 높은 관심으로 인해 생긴 현상인지 구분하기 어렵다.

### ⑦ 연구 참여자 탈락

**연구 참여자 탈락**(experimental mortality)**과 관련된 문제는 연구 진행 도중에 참여자가 참여를 중단하는 것에 기인한다.** 연구 도중에 참여자가 탈락하는 것은 흔한 일이다. 이사, 전학, 질병 등 상황 변화 때문일 수도 있고, 처음부터 참여 동기가 약했거나 프로그램이 진행되면서 흥미를 잃는 경우도 있다. 그런데 문제는 연구과정에 끝까지 참여하는 사람과 탈락하는 사람의 특성이 분명히 다른 경우가 있고, 이 경우에는 탈락이 연구결과에 중요한 영향을 미친다는 것이다.

일례로, 가정폭력 피해여성을 위한 쉼터에서 피해여성들을 대상으로 역량강화 프로그램을 진행하는 경우를 생각해 보자. 프로그램이 진행되는 도중 1/3가량의 피해여성들이 집으로 돌아가고 귀가하지 않은 나머지 여성만 프로그램에 계속 참여했다면, 프로그램에 끝까지 참여한 여성들을 대상으로 사후검사를 실시하고 사전검사와 사후검사를 비교하여 프로그램의 효과성을 평가할 수 있을까? 이 경우 사후검사 점수가 크게 향상되었더라도 이를 근거로 프로그램의 효과성을 주장하기는 어렵다. 왜냐하면 사전검사에는 귀가한 여성들도 다수 포함되어 있었는데, 이들은 귀가하지 않은 여성들과는 다른 특성을 가진 것으로 볼 수 있기 때문이다. 이들이 포함되지 않은 상태에서 사후검사 점수가 향상된 것을 독립변수의 효과로 보기는 어려운 것이다. 통제집단이 있는 설계의 경우에도 한 집단은 탈락자가 많은 반면 다른 집단은 그렇지 않다면 두 집단 간의 차이가 독립변수에 의한 것인지 혹은 탈락률 차이에 의한 것인지 구분하기 어렵다. 실험대상의 탈락으로 인한 내적 타당도의 저해를 막기 위한 최선의 대책은 중도 탈락을 최소화하는 것이다.

### (2) 외적 타당도

**외적 타당도**란 한 연구에서 서술된 인과관계가 그 연구의 조건을 넘어서서 일반화될 수 있는 정도를 뜻한다. 내적 타당도가 실제로 연구가 이루어진 표본에 한정하여 인과관계를 추론할 수 있는 정도를 뜻하는 것인 데 비해, 외적 타당도는 하나의 표본에서 확인된 인과관계가 그 표본과는 다른 집단, 상황, 절차 등에 있어서 어느 정도 적용될 수 있는가에 대한 것이다. 내적 타당도가 확보되어야 외적 타당도를 고려할 수 있지만, 내적 타당도가 높다고 외적 타당도가 보장되는 것은 아니므로, 내적 타당도는 외적 타당도의 필수조건이지만 충분조건은 아니다. 외적 타당도에 영향을 미치는 요인들은 다음과 같다(Campbell & Stanley, 1963: 5-6).

#### ① 연구의 대표성

어떤 연구도 그 결과를 적용하고자 하는 대상을 다 포함할 수는 없다. 시간이나 비용 등으로 인해 현실적으로 불가능하기 때문이다. 따라서 **전체 연구대상자(population) 중 일부로 이루어진 표본(sample)을 선정하여 연구가 이루어지게 마련인데, 이 표본이 전체 대상자들을 대표하는 정도가 외적 타당도에 영향을 미친다.** 표본뿐 아니라 연구가 진행되는 상황이나 연구과정 역시 연구를 적용하려는 실제 세계를 대표하는 것이어야 한다.

지역사회에 거주하는 장애인들에게 어떤 프로그램을 실시하여 긍정적인 결과를 얻었다면 그 프로그램을 생활시설에 거주하는 장애인들에게 적용했을 때도 동일한 효과를 얻을 것으로 기대할 수 있을까? 지역사회의 장애인과 시설의 장애인은 장애의 유형이나 수준, 가족관계 등 다양한 측면에서 특성이 다를 것이므로 동일한 프로그램을 실시하더라도 유사한 효과가 나타날 것으로 기대하기는 어렵다. 마찬가지로 지식과 경험이 풍부한 사회복지사가 어떤 프로그램을 수행하여 좋은 결과가 도출되었다고 해서 이를 바로 전체 사회복지현장으로 일반화하는 것은 적절하지 않다. 동일한 프로그램이라도 경력이나 교육 수준이 다른 사회복지사가 수행했을 경우에는 유사한 결과를 담보할 수 없기 때문이다.

**② 사전검사와 독립변수의 상호작용**

**사전검사가 실시되는 연구설계의 경우, 독립변수 자체의 영향뿐 아니라 사전검사와 독립변수 간의 상호작용이 결과에 영향을 미칠 수 있으며, 이 경우 이러한 결과를 사전검사가 이루어지지 않는 일상적 상황으로 일반화하기는 어렵다.** 사전검사와 독립변수 사이의 상호작용은 주로 사전검사를 실시하는 과정이 연구 참여자들의 독립변수에 대한 관심이나 태도 등에 영향을 미치는 양상으로 나타나고, 이는 결국 종속변수에까지 영향을 미치게 된다.

예를 들어, 사전검사를 통해 클라이언트의 불안 수준을 측정한 후 이완훈련을 실시하여 그 효과성을 평가하는 경우, 사후검사에서 불안 수준이 감소되었다 하더라도 그 결과는 이완훈련의 효과일 뿐 아니라 사전검사를 통해서 클라이언트들이 불안문제에 많은 관심을 가지게 되고, 따라서 이완훈련에 더욱 적극적으로 참여했기 때문일 수 있다. 다시 말해서, 연구 참여자들이 프로그램이 시작되기 직전에 불안 수준을 측정하는 과정을 거침으로써 불안이라는 문제에 대한 관심이 높아지고 정서적 안정을 꾀할 수 있는 방법인 이완기술을 습득하려는 동기가 강화되었을 수 있다. 이러한 과정은 사전검사를 통해서 클라이언트의 관심을 높이고 적극적인 참여를 유도하지 않는 일반적 상황과는 다른 것으로, 이 연구의 범위를 벗어난 상황에서 같은 효과를 기대하기는 어렵다.

**③ 연구참여에 대한 반응성**

연구가 수행되는 과정이나 그 상황이 일반적 현실과 동떨어지거나 인위적이어서 연구 참여자가 자신이 연구에 참여하고 있다는 사실을 알게 되고, 특히 자신이 무언가 특별한 대우를 받는다는 인식을 가지게 되면, 그러한 인식 때문에 연구상황을 벗어나서는 일반화할 수 없는 큰 변화가 나타날 수 있는데 이를 **반응성**(reactivity)이라고 한다. 연구 참여자가 자신이 연구에 참여하고 있다는 점을 의식하는 것이 종속변수에 영향을 미쳤다면, 이러한 연구과정이 없는 일반적인 상황에서는 동일한 결과를 기대할 수 없는 것이다. 반응성의 문제는 연구 참여자가 연구자의 의도에 부합하려고 노력하거나 측정자가 연구 참여자의 행동을 관찰하여 평가하는 경우에 더욱 두드러진다. 사람들은 대개 누군가가 자신을 지켜볼 때와 그렇지 않은 때에 다르게 행동하는 경향이 있으므로 측정자에 대한 반응은 외적 타당도에 심각한 영향을 미친다.

이와 같은 반응성의 일종으로, 연구대상자들이 연구과정으로 인해 '특별한 관심'을 받고 있다고 느낌으로써 나타나는 결과를 '호손 효과(Hawthorne effect)'라고 한다. 이는 1920년대에 호손 웍스(Hawthorne Works)라는 미국의 한 공장에서 수행된 실험에서 유래된 용어이다. 공장 근로자들을 대상으로 조명의 밝기와 생산성의 관계에 대한 연구가 수행되었는데, 반복적인 연구과정을 통해서 조명의 밝기가 아니라 특별한 관심을 받고 있다는 근로자들의 인식이 생산성에 긍정적 영향을 미친다는 것을 발견했다. '가실험효과(placebo effect)' 역시 반응성의 한 유형이다. 가실험효과는 약물실험에서 주로 나타나기 때문에 '위약효과'라고도 한다. 이 역시 독립변수의 실질적인 속성이 아니라 연구에 참여하는 사람들이 자신이 무언가 특별한 처치를 받고 있다고 생각함으로써 심리적 반응에 의해 변화가 나타나는 것이다. 가실험효과를 설명하기 위해 흔히 제시되는 예는 진통제를 투약한 환자와 똑같은 모양의 위약을 투약한 환자에게서 유사한 진통효과가 나타나는 경우이다. 가짜 약을 먹은 환자에게 나타난 효과는 약의 실질적인 속성에 의한 것이 아니라 약을 먹었다는 데에서 오는 심리적 효과인 것이다.

반응성을 최소화하기 위해 연구자는 은연중에라도 자신의 의도나 자신이 기대하는 연구결과가 연구 참여자들에게 전달되지 않도록 유의해야 한다. 또한 연구가 수행되는 상황이나 조건 등을 최대한 일반적인 상황과 비슷하게 유지해서 연구 참여자들이 특별한 대우를 받고 있다는 느낌을 가지지 않도록 해야 한다.

## 2. 실험설계

### 1) 실험설계의 조건

사회복지현장에서 클라이언트에게 제공된 서비스나 프로그램의 효과성을 평가하는 것은 대단히 중요하다. 실험설계는 이를 위해 활용할 수 있는 매우 유용한 연구방법이다. 실험설계는 그 설계모형이 실험과정과 내적 타당도 및 외적 타당도 저해요인을 얼마나 통제할 수 있느냐, 즉 실험적 속성을 얼마나 가지고 있느냐에 따라서 여러 유형으로 구분된다. 가장 기본적인 실험적 속성은 실험설계의 기본 조건을 형성한다. 실험설계의 유형에 대해서 살펴보기 전에 본격적인 실험설계의 기본 조건에 대해서 알아보면 다음과 같다(임병우, 주경희, 조성은, 2018).

### (1) 무작위 할당

**무작위 할당**(random assignment)은 무작위 선정과정을 통해서 연구 참여자들을 실험집단과 통제집단에 배정하는 방법이다. 무작위 할당은 확률표본추출 과정에서의 무작위 추출과는 다른 것이다. 실험설계에서의 무작위 할당은 연구에 참여하기로 결정된 사람들을 실험집단과 통제집단에 배정할 때 동전 던지기, 제비뽑기, 난수표 활용 등 다양한 무작위 선정방법 중 하나를 활용하는 것을 뜻한다. 무작위 할당을 통해 모든 연구 참여자가 집단 배정에 관해 동일한 확률을 가지게 되고, 이는 통계적으로 두 집단이 동등하게 구성될 가능성을 극대화시킨다. 이로써 다양한 외생변수가 통제되어 인과관계 추론에 대단히 효과적이므로 매우 중요한 실험설계의 조건이라고 하겠다. 그러나 무작위 할당이 이루어진다고 해서 두 집단의 동질성이 완벽하게 보장되는 것은 아니다. 특히 전체 연구 참여자의 수가 적은 경우에는 무작위 할당이 이루어졌어도 우연에 의해서 실험집단과 통제집단이 다르게 구성될 수 있다는 점에 유의해야 한다.

### (2) 독립변수에 대한 적극적 조작

연구자가 독립변수를 누가, 누구에게, 언제, 어디서, 어떻게 도입할 것인가를 의도적으로 결정한다는 뜻이다. 사회복지실천에서는 흔히 특정한 사회복지 서비스나 프로그램이 독립변수가 되므로, 연구자가 그러한 서비스나 프로그램을 얼마나 직접적으로 조작할 수 있는지가 실험설계의 조건이 되는 것이다. 예를 들어, 갈등을 경험하는 부부에게 의사소통훈련 프로그램을 제공하고 효과성을 평가하는 연구의 경우, 연구자가 프로그램의 구체적인 내용은 물론이고, 누가, 누구에게, 언제, 어디서, 어떻게 그 프로그램을 제공할 것인가를 결정할 수 있을 때 실험설계의 조건을 충족할 수 있다.

#### (3) 종속변수의 비교

두 집단을 구성하여 한 집단에는 독립변수를 도입하는 반면, 다른 한 집단에는 독립변수를 도입하지 않고 결과, 즉 종속변수를 비교하는 것이다. 독립변수를 도입하는 집단을 실험집단, 독립변수를 도입하지 않는 집단을 통제집단이라고 부른다. 예컨대, 앞서 언급한 의사소통훈련 프로그램에 대한 효과성 평가에 있어서 실험집단에는 프로그램을 제공하는 반면, 통제집단에는 프로그램을 제공하지 않고 두 집단 간의 차이를 비교한다.

### 2) 실험설계의 유형

앞에서 제시한 바와 같은 실험설계의 조건 중 극히 일부만 갖춘 유형을 **전실험설계**(pre-experimental design), 실험설계의 조건 중 하나인 무작위 할당이 이루어지지 않았지만 본격적인 실험설계에 근접하는 유형을 **유사실험설계**(quasi-experimental design), 실험설계의 기본 조건들을 모두 갖춘 유형을 **(순수)실험설계**(experimental design)라고 한다. 각 유형에 대해서 구체적으로 살펴보면 다음과 같다.[2)]

#### (1) 전실험설계(pre-experimental design)

무작위 할당이나 종속변수의 비교 등 실험설계의 조건을 거의 갖추지 못한 유형으로 **원시실험설계**라고도 부른다. 실험의 속성이 약해서 내적 타당도 저해요인 대부분을 통제하지 못한다. 그러나 어떤 설계가 내적 타당도가 낮다고 해서 그 설계를 활용하지 말아야 한다거나 그러한 설계를 활용한 연구는 쓸모없는 것이라는 뜻은 아니다. 사회복지현장에서는 탐색 혹은 서술을 목적으로 평가를 수행하는 경우도 있고, 현실적 제약으로 전실험설계를 활용할 수밖에 없는 경우도 많다.

---

**2)** 각 유형에 대한 명확한 이해를 돕기 위해 Stanley와 Campbell(1963)의 기호를 활용한다. 기호가 나타내는 바는 다음과 같다.
- X: 연구 참여자들에게 제공된 개입
- O: 측정 또는 관찰
- R: 무작위 할당

① **일회조사 사례연구**(one-shot case study)

**일회조사 사례연구**는 개입의 효과를 사후에 한 번만 측정하는 유형이다.

| | |
|---|---|
| X | O |

예를 들어, 학교사회복지사가 학부모들을 대상으로 부모교육 프로그램을 실시하고, 프로그램이 종결된 후 참가한 부모들을 대상으로 부모-자녀 관계를 측정하는 것이다. 이 경우, 사후검사 결과를 비교할 수 있는 대상이 없으므로 개입의 효과를 제시할 수 있는 객관적 근거를 확보하기 어렵다. 측정내용에 따라서 일반적으로 널리 알려진 기준과 비교할 수 있지만, 사회복지에서 관심을 갖는 변수들 중 일반적 기준이 제시된 경우는 드물기 때문에 사후검사 결과는 주로 연구자의 직관에 의해서 평가될 수밖에 없다.

인과관계 추론의 기본 조건에 있어서도 개입이 측정보다 먼저 일어났으므로 시간 순서는 명확하지만, 원인과 결과의 공변성이나 외생변수에 대한 통제는 결여되어 있다. 이러한 설계로는 상관관계를 평가할 수 없고, 내적 타당도 저해요인에 대한 통제도 미미한 수준이다.

② **단일집단 사전-사후검사설계**(one-group pretest-posttest design)

개입이 제공되기 전에 측정을 한 차례 실시하고, 개입이 제공된 후에 다시 한번 측정을 실시하는 유형이다.

| | | |
|---|---|---|
| $O_1$ | X | $O_2$ |

예를 들어, 장애인을 대상으로 취업능력 향상 교육을 실시하고 효과성을 평가할 때, 교육을 실시하기 전에 참여자들의 취업능력을 평가하고, 교육이 종결된 이후에 동일한 평가를 다시 실시하여 사전검사에 비해 사후검사에서 더 높은 점수를 얻었다면 교육의 효과성을 추론할 수 있는 최소한의 근거가 확보되는 것이다. 이 유형은 일회조사 사례연구에 사전검사를 첨가한 것으로, 사전검사를 통하여 사후검사에 대한 비교 근거를 갖추게 되어 일회조사 사례연구에 비해 발전된 유형이다. 시

간순서가 통제되고, 사전검사와 사후검사의 비교를 통해서 독립변수와 종속변수 간의 상관관계도 확인되므로 개입의 효과를 추론하기 위한 조건의 일부를 갖추었다. 그러나 우연한 사건, 성장요인, 검사요인, 통계적 회귀 등 대다수의 내적 타당도 저해요인은 통제하지 못한다.

**③ 비동일집단 사후검사설계**(posttest-only design with nonequivalent groups)

**사전검사 없이 개입을 제공한 후 실험집단과 통제집단에 측정을 실시하는 유형**으로 고정집단 비교설계(static-group comparison design)라고 부르기도 한다.

| | |
|---|---|
| X | $O_1$ |
| | $O_2$ |

통제집단을 구성하여 실험집단의 결과에 대한 비교 기준을 삼는다. 그러나 사전에 실험집단과 통제집단으로 나누는 실험적 조작을 수행하는 것이 아니라, 개입을 제공하고 난 후 특정한 시점에서 개입이 있었던 집단과 없었던 집단에 대해 측정을 실시하고 두 집단 간의 차이를 비교하는 것이다. 사전에 통제집단을 확보하지 않은 채 서비스를 제공하고 추후에 평가를 하게 되는 상황이 발생할 경우 활용할 수 있는 유형이다. 그러나 사전검사를 실시하지 않기 때문에 개입 이전부터 두 집단 사이에 차이가 있었는지 확인할 방법이 없다. 즉, 선정 편견을 통제하지 못하는 것이 이 유형의 주요 한계이다.

### (2) 유사실험설계(quasi-experimental design)

**실험집단과 통제집단의 구성에 있어서 무작위 할당이 이루어지지 않으므로 실험설계에 못 미치는 설계유형이다.** 그러나 사회복지현장에서 클라이언트들을 실험집단과 통제집단에 무작위로 배치할 수 있는 경우는 드물기 때문에, 실험설계에 비해 다소 떨어지더라도 상당한 수준의 인과관계 검증력을 가지고 있는 이 유형이 널리 활용되고 있다.

**① 비동일 통제집단설계**(non-equivalent control group design)

연구 참여자들을 실험집단과 통제집단에 무작위로 할당하지 못하는 경우, **연구자**

가 임의로 실험집단과 유사하다고 판단되는 집단을 통제집단으로 선정하고, 실험집단에만 개입을 제공한 후 두 집단에 대한 사전·사후검사 결과를 비교하는 연구설계이다.

| | | |
|---|---|---|
| $O_1$ | X | $O_2$ |
| $O_3$ | | $O_4$ |

이러한 유형에서는 무작위 할당이 이루어지지 않으므로 선정 편견을 배제할 수 없는 것이 가장 큰 한계이다. 또한 두 집단이 동일하다고 전제할 수 없기 때문에 집단 간 차이가 우연한 사건이나 성장요인 등의 외생변수들과 상호작용하여 내적 타당도를 저해시킬 수 있다. 그러나 완벽한 실험설계가 불가능하거나 부적절한 현실이라면 단일집단 사전-사후설계에 비해 월등한 대안이 될 수 있다.

예를 들어, 소규모 가정폭력 피해여성 쉼터에서 피해여성들과 함께 쉼터에 입소한 자녀들을 대상으로 적응력 향상을 위한 집단 프로그램을 실시하고 평가를 하는 경우를 생각해 보자. 만약 현실적 제약으로 인해 아이들을 실험집단과 통제집단으로 무작위 할당을 할 수 없다면, 비슷한 특성을 가진 인근의 다른 쉼터 아이들로 통제집단을 구성할 수 있을 것이다. 사전검사를 통해서 실험이 시작되는 단계에서 두 집단 아이들의 적응 수준이 유사하고, 또 개입이 진행되는 동안 두 집단에 영향을 미칠 수 있는 외생변수들에 큰 차이가 없다고 판단된다면 어느 정도의 인과적 추론은 가능한 것이다.

### ② 시계열설계(time-series design)

**시계열설계**란 종속변수에 대한 반복적인 측정이 통제집단과 유사한 역할을 하도록 하는 설계유형이다. 종속변수를 반복하여 측정하는 과정을 통해서 일관된 경향을 발견할 수 있으며, 개입에 의해서 이러한 일관된 경향에서 크게 벗어나는 변화가 발생한다면 이를 개입, 즉 독립변수에 따른 변화로 추정할 수 있다. 통제집단의 유무에 따라 단순시계열설계와 다중시계열설계가 있다.

• 단순시계열설계(simple time-series design)

$$O_1 \quad O_2 \quad O_3 \quad O_4 \quad O_5 \quad X \quad O_6 \quad O_7 \quad O_8 \quad O_9 \quad O_{10}$$

**개입이 제공되기 이전과 이후에 측정을 여러 차례 반복하는 설계유형이다.** 측정 횟수에 대해서 특별히 정해져 있지는 않지만 일관된 경향성을 파악할 수 있으면서 동시에 측정으로 인한 부작용이 최소화되는 범위에서 하는 것이 바람직하다. 반복적인 사전검사가 통제집단과 유사한 역할을 하고, 반복적인 사후검사가 실험집단과 유사한 역할을 한다. 개입 전후로 일정 기간 이상에 걸친 변화 양상을 파악할 수 있으므로 규칙적인 변동, 즉 일종의 변동 패턴에 의한 변화나 성장요인 등의 내적 타당도 저해요인을 통제할 수 있다. 반복 측정한 사전검사와 사후검사의 평균값을 활용하면 보다 안정된 검사 값을 얻을 수도 있다(최선희, 2018). 그러나 반복 측정이 온전한 통제집단의 역할을 하는 것은 아니므로 내적 타당도 저해요인을 완전히 통제하는 것은 아니다. 특히 $O_5$와 $O_6$ 사이에 발생한 우연한 사건이나 검사요인 등은 배제할 수 없다. 특히 반복되는 사전검사와 독립변수의 상호작용으로 인해서 외적 타당도가 낮아질 수 있고, 반복 측정으로 인한 여러 가지 현실적인 어려움이나 부작용도 있을 수 있다.

• 다중시계열설계(multiple time-series design)

| | | | | | | | | | | |
|---|---|---|---|---|---|---|---|---|---|---|
| $O_1$ | $O_2$ | $O_3$ | $O_4$ | $O_5$ | X | $O_6$ | $O_7$ | $O_8$ | $O_9$ | $O_{10}$ |
| $O_{11}$ | $O_{12}$ | $O_{13}$ | $O_{14}$ | $O_{15}$ | X | $O_{16}$ | $O_{17}$ | $O_{18}$ | $O_{19}$ | $O_{20}$ |

**단순시계열설계에 통제집단을 둔 연구설계이다.** 무작위 할당이 이루어진 실험설계에는 못 미치지만 통제집단과의 비교가 가능하므로 단순시계열설계보다 낫고, 반복측정을 통하여 일정한 경향성을 파악할 수 있으므로 비동일 통제집단설계보다 우월한 유형이다. 그러나 실험집단뿐 아니라 통제집단에도 여러 차례 반복 측정이 이루어져야 하므로 활용에는 현실적 제약이 따른다.

### (3) (순수)실험설계

**실험설계**(experimental design)**의 조건을 모두 갖춘 설계유형으로 대다수의 내적 타당도 저해요인들을 통제한다.** 순수실험설계(pure experimental design) 또는 진실험설계(true experimental design)라고 부르기도 한다.

① **통제집단 사전-사후검사설계**(pretest-posttest control group design)

| | | | |
|---|---|---|---|
| R | $O_1$ | X | $O_2$ |
| R | $O_3$ | | $O_4$ |

대표적인 실험설계유형이다. **무작위 할당을 통해서 실험집단과 통제집단을 구성하고, 실험집단에만 개입을 제공하면서 개입 전후에 두 집단에 대한 사전 · 사후검사를 실시하여 두 집단의 변화를 비교한다.** 연구 참여자들을 실험집단과 통제집단에 무작위로 배치하는 것을 제외하고는 앞에서 소개한 비동일 통제집단설계와 차이가 없다.

이 유형에서는 연구 참여자들을 실험집단과 통제집단에 무작위로 할당하므로 실험집단과 통제집단이 동일하다고 전제한다. 이러한 전제하에서 대다수의 내적 타당도 저해요인이 통제되는 것이다. 실험집단과 통제집단이 동일하다면 선정 편견이 문제되지 않으며, 특히 사전검사가 실시되므로 두 집단의 동질성을 재차 확인할 수 있다. 두 집단이 동일하다는 전제하에서는 둘 중 어느 한 집단에만 우연한 사건이나 성장요인이 작용하여 결과에 영향을 미친다는 가정에서도 자유롭고, 두 집단 중 한 집단에서만 통계적 회귀가 일어날 것이라고 가정할 이유도 없다. 검사요인도 실험집단과 통제집단 비교를 통하여 어느 정도 해결할 수 있다. 실험집단에서 동일한 검사가 반복된 것이 결과에 영향을 미친다면, 통제집단에서도 같은 현상이 나타날 것이기 때문이다. 그러나 이 설계유형에서 사전검사와 독립변수의 상호작용, 즉 사전검사가 개입의 효과에 영향을 줄 가능성을 통제할 방법은 없다. 이로 인하여 일반화에 한계가 있다는 것이 문제로 지적된다.

② **통제집단 사후검사설계**(post test-only control group design)

| | | |
|---|---|---|
| R | X | $O_1$ |
| R | | $O_2$ |

**통제집단 사전-사후검사설계에서 사전검사와 독립변수와의 상호작용으로 인한 외적 타당도 문제를 해결하고자 실험집단과 통제집단에 대해서 사전검사를 생략한 설계유형이다.** 사전검사가 실시되지 않으므로 검사요인이나 사전검사가 개입의 효과에 영향을 미

칠 가능성이 없다. 실험집단과 통제집단에 대한 할당이 무작위로 이루어졌기 때문에 사전검사가 실시되지 않더라도 두 집단이 동질적이라고 전제하고 사후검사만으로 개입의 효과를 평가하는 것이다. 실험의 시작단계에서 두 집단이 동일하다고 가정하기 때문에 사후검사에서 집단 간 차이가 나타나면 그 차이는 독립변수의 효과에 기인한 것으로 볼 수 있기 때문이다. 그러나 개입 이전 상태를 정확히 알 수 없으므로 결과를 단정하기는 어려운 것이 이 설계유형의 단점이다. 특히 연구의 주된 목적이 독립변수의 영향력 수준을 구체적으로 검증하려는 것이라면 적절하지 않은 모형이다. 실험집단과 통제집단의 사후검사 결과를 비교하여 독립변수의 효과 유무는 파악할 수 있지만 사전검사가 실시되지 않기 때문에 사전과 사후의 수준 차이를 정확히 알 수는 없기 때문이다.

③ **솔로몬 4집단설계**(Solomon four group design)

| | | | | |
|---|---|---|---|---|
| 〈집단 1〉 | R | $O_1$ | X | $O_2$ |
| 〈집단 2〉 | R | $O_3$ | | $O_4$ |
| 〈집단 3〉 | R | | X | $O_5$ |
| 〈집단 4〉 | R | | | $O_6$ |

**통제집단 사전-사후검사설계와 통제집단 사후검사설계를 합하여 두 유형의 장점을 최대화한 설계유형이다.** 특히 독립변수의 고유한 효과, 사전검사로 인한 효과, 사전검사와 독립변수의 상호작용으로 인한 효과를 분리할 수 있는 것이 장점이다.

연구 참여자들을 네 집단에 무작위로 배정하였다면, 이러한 과정이 선정 편견의 문제를 제거한다고 할 수 있다. 같은 논리로 사전검사와 독립변수의 상호작용으로 인한 효과를 제외한 다른 외생변수의 영향이 네 집단에 동일하게 작용한다고 할 수 있다. 사전검사를 실시하지 않은 〈집단 3〉과 〈집단 4〉에서는 〈집단 1〉과 〈집단 2〉의 사전검사 값의 평균인 1/2(O1 + O3)를 추정치로 활용할 수 있다. 이러한 전제하에 각 집단별로 결과에 포함된 내용을 살펴보면, 〈집단 1〉에서 얻어진 사전검사와 사후검사 측정값의 차이에는 독립변수효과 외에도 사전검사 실시로 인한 효과, 사전검사와 독립변수의 상호작용효과, 외생변수효과가 복합되어 있다. 〈집단 2〉에는 개입이 제공되지 않으므로 사전검사효과와 외생변수효과만이 포함된다. 〈집단 3〉

은 독립변수 효과와 외생변수효과가, 〈집단 4〉는 외생변수 효과만 작용하고 있다.

- $O_2 - O_1$ = 사전검사효과 + 독립변수효과 + 상호작용효과 + 외생변수효과
- $O_4 - O_3$ = 사전검사효과 + 외생변수효과
- $O_5 - 1/2(O_1 + O_3)$ = 독립변수효과 + 외생변수효과
- $O_6 - 1/2(O_1 + O_3)$ = 외생변수효과

이같이 솔로몬 4집단설계는 거의 모든 내적 타당도와 외적 타당도 저해요인을 통제할 수 있기 때문에 연구자들로부터 가장 높이 평가받는 이상적인 설계유형이다. 그러나 현장에 적용하기에는 여러 가지 현실적 제약이 많아서 적극적으로 활용되지는 못하고 있다.

## 참고문헌


강종수(2019). 사회복지조사방법론. 경기: 양서원.

임병우, 주경희, 조성은(2018). 사회복지조사론. 서울: 창지사.

최선희(2018). 사회복지조사방법론-기초 이해에서 실제 조사까지. 경기: 공동체.

Campbell, D., & Stanley, J. (1963). *Experimental and quasi-experimental designs for research*, Chicago: Rand McNally.

Cook, T. D., & Campbell, D. (1979). *Quasi-experimentation: Design and analysis issues for field settings*. Chicago: Rand McNally.

제7장

# 단일사례설계

이 장에서는 단일사례설계에 대해서 학습한다. 단일사례설계는 사회복지실천현장에서 실천과 조사연구(평가)를 병행할 수 있다는 점에서 유용한 것으로, 여기에서는 단일사례설계의 기본적 특성을 파악하고, 그 장점 및 한계점에 대해 알아보도록 하겠다. 또한 단일사례설계의 수행과정을 살펴보면서, 각 과정별로 관련 개념, 지식, 유의사항 등을 소개할 것이다. 마지막으로, 다양한 단일사례설계의 유형을 제시하고, 각 유형의 장단점을 설명할 것이다.

사회복지실천에서 유용하게 활용할 수 있는 연구설계로 단일사례설계(single subject design)를 들 수 있다. 실천현장에서는 한 개인이나 한 가족에게 개별적으로 개입하는 경우가 많은데, 단일사례설계는 이러한 경우에 실천과 평가를 동시에 수행할 수 있는 효율적인 연구방법이다. 단일사례설계는 단일케이스설계(single case design)나 단일체계설계(single system design)라고도 한다. 이 장에서는 단일사례설계의 기본 개념을 소개하고, 단일사례설계를 수행하는 과정 및 다양한 유형에 대해 설명한다.

## 1. 단일사례설계의 개념

**단일사례설계**는 한 사례에 대해 특정한 변수를 반복하여 측정함으로써 개입이 그 사례에 어떤 변화를 가져오는지를 검증하는 연구설계이다. 여기서 한 사례란 개인뿐 아니라 가족, 집단, 조직, 지역사회, 국가 등이 될 수 있다. 평가의 단위가 하나일 때 단일사례설계를 적용할 수 있는 것이다.

단일사례설계는 독립변수와 종속변수의 인과관계를 추론하는 실험설계의 일종이다. 클라이언트에게 제공되는 프로그램 등과 같은 개입을 독립변수로 하고, 개입의 대상이 되는 문제를 종속변수로 하여 인과관계를 추론하는 실험설계인 것이다. **집단설계**에서는 주로 통제집단을 구성하고 실험집단과 통제집단 간의 점수 차이를 비교하여 개입의 효과를 평가하는데, **단일사례설계**에서는 통제집단 대신 개입 이전과 이후에 측정을 반복하여 개입 전후의 변화 양상을 파악한다. 개입 전후로 측정을 반복하여, 개입 전의 측정값들이 개입 후의 측정값들과 다른 경향성을 보인다면 이를 개입에 따른 변화라고 볼 수 있다. 개입 이전에 반복 측정된 값들이 통제집단의 역할을 하고, 개입 이후에 반복 측정된 값들이 실험집단의 역할을 하는 것이다.

[그림 7-1]은 클라이언트의 문제행동을 개선하는 것을 목표로 하는 실천과정에 단일사례설계를 적용한 예로서 단일사례설계의 기본 논리를 잘 보여 준다. 클라이언트의 문제행동에 대해 개입 전과 후에 걸쳐 반복하여 측정하고, 그 결과 나타난 변화 양상을 그래프로 제시하였다. 이 사례의 경우, 개입이 제공되기 전에는 측정 회기마다 5회의 문제행동이 나타났으나 개입이 제공되기 시작한 직후부터는 문제

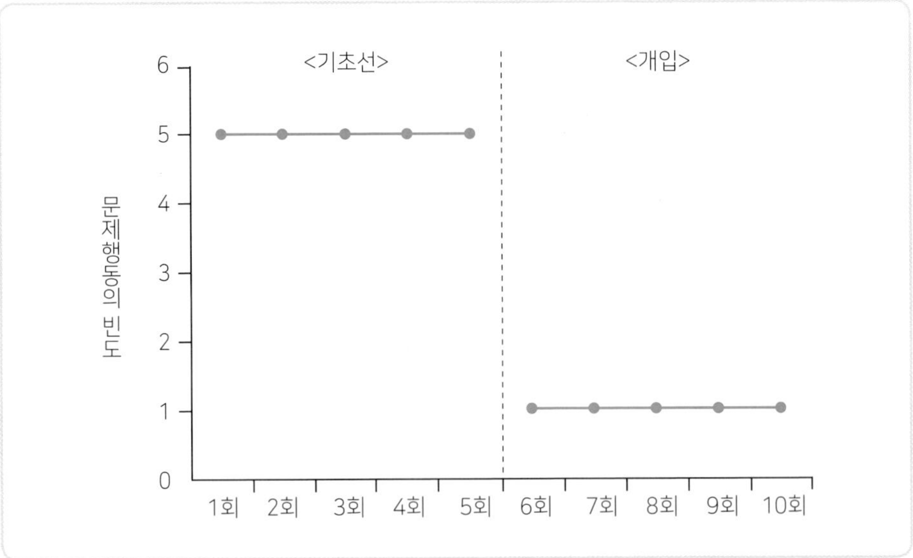


**[그림 7-1]** 단일사례설계의 기본 논리

행동이 1회로 감소하였다. 특히 개입 이전과 이후에 나타난 문제행동의 양상이 안정적이므로 개입으로 인해 문제행동이 개선되었다는 주장에 대한 강력한 근거를 제공한다.

이러한 논리에도 불구하고 개입을 시작하는 단계에 우연히 발생한 외부적 사건, 즉 역사요인의 영향을 배제할 수는 없다. 예를 들어, 5회기와 6회기 사이에 우연히 일어난 외부 사건이 클라이언트의 문제행동에 영향을 미쳤을 가능성을 완전히 배제할 수는 없는 것이다. 그러나 단일사례설계에서는 변화가 시작된 시점을 파악할 수 있으므로 그 시점에 어떤 외부적 사건이 발생했는지를 살펴보아 인과관계 추론의 보완적 근거로 삼을 수 있다.

## 2. 단일사례설계의 수행과정

단일사례설계의 일반적 수행과정을 제시하고, 각 과정과 관련된 기본 개념, 지식, 유의할 사항 등을 설명하면 다음과 같다.

### 1) 표적문제 선정

**표적문제**(target problem)란 개입을 통해서 변화시키고자 하는 문제이다. 그런데 실천과정에서 클라이언트가 보이는 변화에는 다양한 측면이 포함되는데 그 모든 측면을 다 측정하는 것은 불가능하다. 따라서 변화의 핵심이 되는 소수의 대상을 선정해서 측정하는데, 이를 표적문제라고 한다. 조사연구의 측면에서 표적문제는 종속변수가 된다.

**표적문제는 실천의 목표와 밀접히 관련되는 것이어야 한다.** 개입의 목표가 아동의 공격행동 완화인 사례에서 표적문제는 아동이 보이는 특정한 공격행동 양상이 된다. **표적문제는 명확하고 측정이 가능해야 한다.** 즉, 조작적 용어로 정의되어야 한다. 따라서 단일사례설계를 적용하고자 하는 사례에서는 먼저 개입의 목표를 구체적이고 측정 가능하도록 규정하고, 그러한 목표와 일치하는 표적문제를 선정하여 조작적 용어로 정의한다. 단일사례설계에서는 겉으로 명백하게 드러나서 관찰로 측정이 가능한 행동 양상의 변화가 표적문제로 선정되는 경우가 많지만, 행동적인 것에만 국한되는 것은 아니다. 사고, 감정, 태도 등 다양한 영역의 변화 양상이 표적문제로 선정될 수 있다.

### 2) 측정방법 선정

**단일사례설계에서는 직접적인 관찰이나 자기보고식 척도를 활용하여 측정이 이루어진다.** 표적문제가 외부로 드러나는 행동인 경우, 관찰로 표적문제를 측정할 수 있다. 행동에 대한 관찰은 빈도, 지속기간, 강도 등에 대한 것으로 다양하게 이루어질 수 있다. 빈도는 일정 기간 동안 표적문제가 발생한 횟수, 지속기간은 표적문제가 얼마나 오래 지속되는지, 강도는 표적문제의 정도나 세기 등을 관찰 측정하는 것을 뜻한다. 예를 들어, 빈도는 부모가 자녀를 칭찬하는 횟수, 지속기간은 산만한 아동이 학습에 집중하는 시간, 강도는 발표력이 부족한 청소년이 학급에서 발표하는 목소리의 크기를 측정하는 것이다. 관찰자는 클라이언트 자신, 주변 사람, 사회복지사 등 다양한 사람이 될 수 있다.

표적문제가 클라이언트의 생각, 태도, 감정 등 쉽게 겉으로 드러나지 않는 것이라면 직접적인 관찰을 통하여 측정하기는 어렵다. 따라서 관찰보다는 클라이언트 스스로가 보고하는 방식으로 측정이 이루어지고, 이 경우 다양한 척도가 활용된다. 표준화된 척도를 사용하기도 하고, 표적문제와 클라이언트의 상황에 적합한 척도를 새로 제작하여 사용하기도 한다.

**모든 측정방법에는 한계가 있으므로 단일사례설계에서는 다원측정(triangulation)을 시도하는 것이 바람직하다.** 다원측정이란 특정한 측정방법의 한계를 보완하기 위해 서로 다른 방법을 병행하여 측정하는 것이다. 이는 여러 표적문제를 측정하는 것이 아니라, 동일한 표적문제를 두 가지 이상의 방법으로 측정하는 것을 말한다. 예를 들어, 복수의 관찰자가 관찰을 하거나 빈도, 기간, 강도 등에 대한 측정을 동시에 수행할 수 있다.

### 3) 기초선단계: 개입 전 표적문제 반복 측정

**개입이 제공되기 전에 표적문제를 여러 차례 반복 측정하여 그 경향성을 파악하는데, 이 기간을 기초선이라고 하고 통상 A로 표시한다.** 이러한 기초선은 집단설계에서의 통제집단과 유사한 역할을 한다. [그림 7-2]와 [그림 7-3]은 개입과 행동 변화 간의 인과관계 추론에 있어서 기초선의 중요성을 잘 보여 준다.

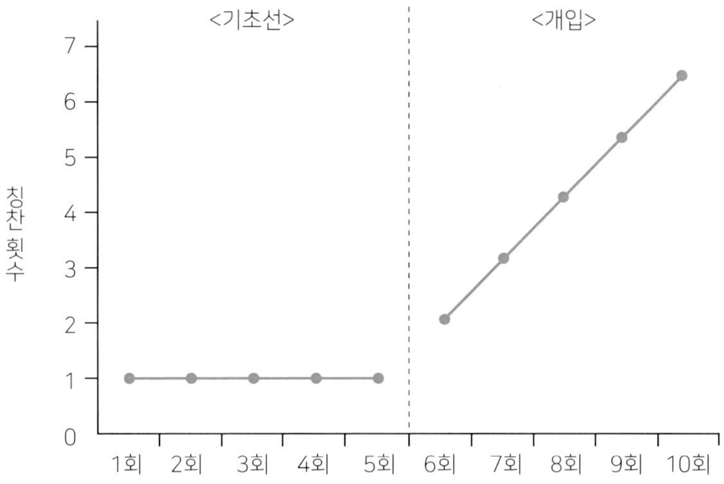


**[그림 7-2]** 인과관계가 입증되는 사례

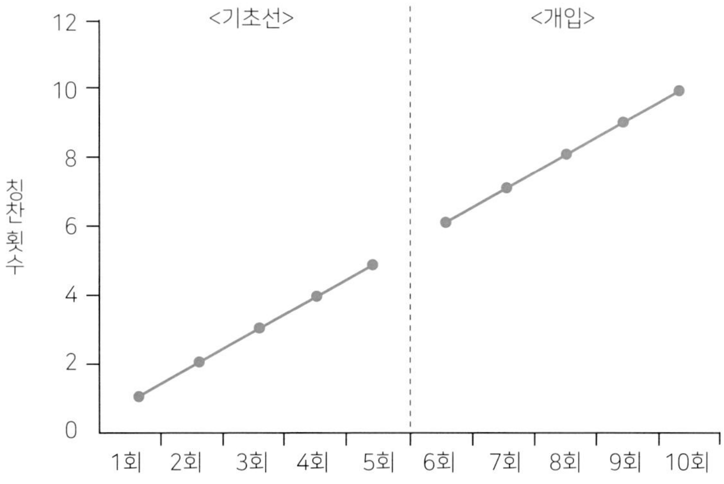


**[그림 7-3]** 인과관계 입증이 어려운 사례

[그림 7-2]와 [그림 7-3]은 부모가 자녀를 칭찬하는 횟수를 측정한 결과이다. [그림 7-2]의 경우, 기초선단계에서는 측정회기마다 1회에 머물던 칭찬 횟수가 개입 이후 꾸준히 증가한 것으로 나타나서 개입이 효과적인 것으로 볼 수 있다. [그림 7-3]의 경우에도 개입 이후 칭찬 횟수가 지속적으로 증가했다는 점에서는 [그림 7-2]와 차이가 없다. 그러나 [그림 7-3]은 개입이 효과적인 것으로 볼 수 없는데, 기초선단계에서도 이미 칭찬 횟수가 증가하는 추세를 보였기 때문이다.

**기초선단계에서 적절한 측정의 횟수는 표적문제가 얼마나 안정적인 경향을 보이는가에 따라서 달라진다.** 개입 이전에 표적문제가 어느 정도 안정적이어야 개입 이후의 변화가 개입으로 인한 것인지 혹은 다른 외부적 요인들에 따른 것인지 추론할 수 있기 때문이다. 측정 횟수가 많을수록 표적문제의 패턴을 잘 파악할 수 있지만 기초선단계에서 측정을 지나치게 많이 하는 것에는 현실적인 어려움이 따르고, 개입이 지연되면 윤리적 문제도 발생할 수 있다. 따라서 적정한 수준을 찾아야 하는데, 기본적인 경향성을 확인하기 위해서는 최소 3회 이상의 측정이 필수적이다.

### 4) 개입단계: 개입과 측정의 병행

**기초선단계에서 어느 정도 안정적인 경향성이 파악되면 기초선단계를 마무리하고, 개입을 제공하면서 표적문제에 대한 반복 측정을 지속한다.** 개입은 종류에 따라 B, C, D 등으로 표시한다. **개입은 연구설계 차원에서는 독립변수가 된다.** 따라서 개입이 명확하게 규정되는 것이 대단히 중요하다. 독립변수가 분명하지 않으면 결과에 대한 해석이 어렵고 연구과정을 재현하는 것도 불가능하기 때문이다.

### 5) 결과분석

개입을 진행하면서 개입단계와 기초선단계의 자료를 비교하여 개입의 효과성을 평가한다. 단일사례설계에서는 주로 시각적 분석, 통계적 분석, 실용적 분석 방법이 활용된다.

#### (1) 시각적 분석

**기초선단계와 개입단계의 경향성과 변화를 시각적으로 비교하고 분석하여 개입의 효과를**

**평가하는 것이다.** 기초선단계와 개입단계에서 표적문제가 변화하는 양상을 그래프로 나타낸 후, 이를 말 그대로 눈으로 보면서 검토한다. 시각적 분석은 단일사례설계에 대한 가장 기본적인 분석방법이다.

**시각적 분석에서는 두 가지 측면, 즉 수준과 경향성에 대해서 주로 살펴본다.** 수준에 대한 분석은 기초선단계와 개입단계에서 그래프의 높이에 어떤 차이가 있는지를 살펴보는 것이다. 경향성에 대한 분석은 그래프의 모양을 통해서 표적문제의 양상이 어떤 방향성을 나타내는지를 살펴보는 것이다. 예를 들어, 기초선단계에서는 증가하는 경향을 보였는데 개입단계에서 감소하는 경향을 보인다면 이를 개입의 영향으로 볼 수 있을 것이다.

#### (2) 통계적 분석

시각적 분석에서 수준이나 경향성의 변화가 뚜렷하지 않으면 통계적 분석방법을 활용하여 개입의 효과를 평가할 수 있는데, 평균 비교와 경향선 분석방법이 주로 활용된다.

##### ① 평균 비교

**기초선단계에 나타난 표적문제의 평균값과 개입단계에서의 평균값을 비교하여 두 평균값**

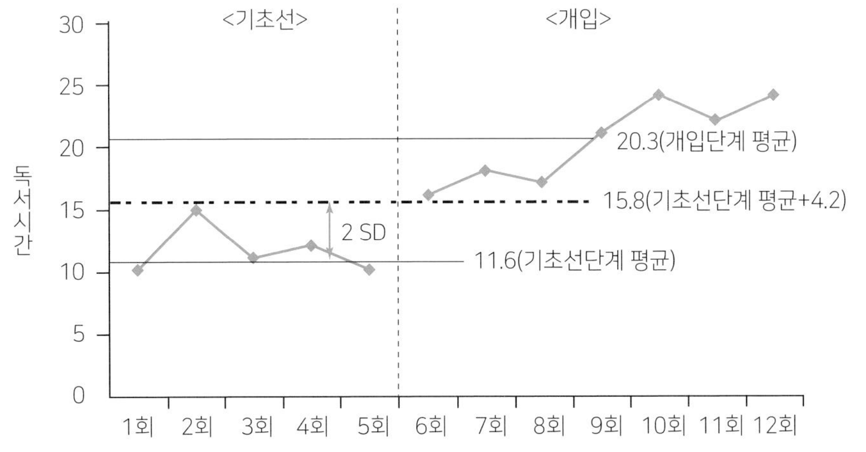


**[그림 7-4]** 평균 비교

**에 통계적으로 유의한 차이가 있는지 검증하는 방법이다.** 두 평균값이 어느 정도 차이를 보이면(일반적으로 표준편차 ±2 이상) 통계적으로 유의미한 것으로 본다.

[그림 7-4]는 아동이 독서에 집중하는 시간을 측정하고, 평균 비교를 활용하여 통계적 분석을 실시한 것이다. 기초선단계에서 아동의 평균 독서시간은 11.6분, 표준편차는 2.1분으로 나타났다. 따라서 기초선단계 평균에서 두 표준편차만큼 증가된 시간범위는 15.8분이다. 그런데 개입단계에서 이 아동의 평균 독서시간은 20.3분으로 나타나서 이보다 더 긴 시간 동안 독서에 집중했음을 알 수 있다. 이러한 결과는 개입으로 인해서 아동이 독서에 집중하는 시간이 증가되었음을 입증하는 근거를 제공한다.

② **경향선 분석**

**기초선단계에 나타난 측정값들의 경향선(celeration line)을 활용하여 개입 전후의 차이를 평가하는 방법으로, 기초선단계의 측정값들이 불안정하거나 증가 또는 감소하는 경향이 뚜렷한 경우에 주로 활용한다.** 평균 비교가 변화의 폭만을 고려하는 데 비해 경향선 분석은 변화의 폭과 기울기를 동시에 고려한다(이종하, 조지용, 김윤화, 김표민, 2019: 95).

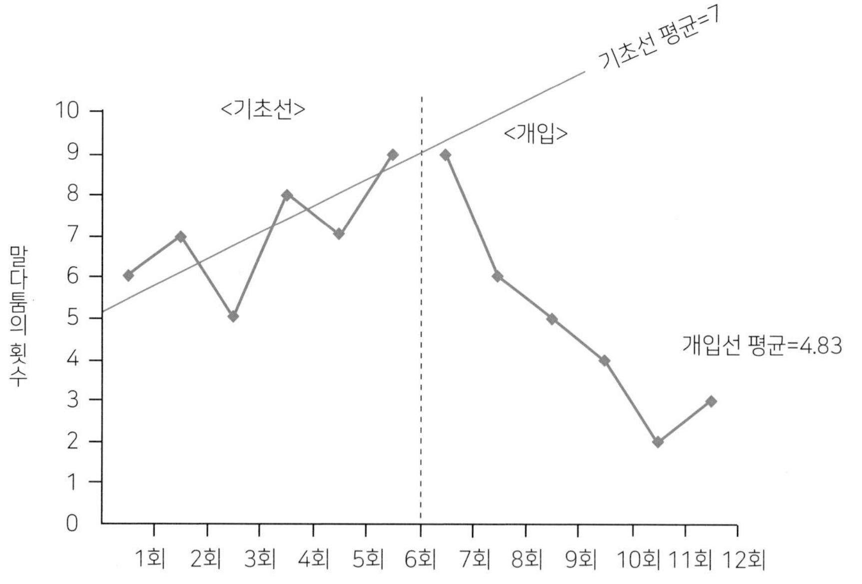


**[그림 7-5]** 경향선 분석

[그림 7-5]는 부부간 말다툼 횟수의 변화과정을 보여 준다. 이에 대해 경향선 분석을 수행하려면, 먼저 기초선단계를 전반과 후반으로 나누어 전반부와 후반부 각각의 평균값을 구한다. 이 사례에서 기초선단계 전반부의 평균값은 6회, 후반부의 평균값은 8회로 나타났다. 두 평균값을 선으로 연결하고, 그 선을 개입단계까지 연장하여 긋는다. 이 선을 경향선이라고 하는데, 이는 개입이 제공되지 않았을 때, 즉 기초선단계가 연장되었을 때 나타날 것으로 예측되는 가상의 선이다. 이 사례의 경우, 개입이 효과를 보인다면 개입단계에서는 기초선단계에 비해 말다툼 횟수가 줄어들 것이므로 개입단계 측정값들이 경향선 아래 있을 때 개입이 효과적이었다고 평가할 수 있다.

#### (3) 실용적 분석

**실용적 분석**은 전문가가 임상적 차원에서 효과성 등을 분석하는 것이다. 개입 이후 변화가 있다면 그러한 변화가 사회복지실천 측면에서 얼마나 의미 있는 변화인지, 실천과정은 적절했는지, 변화와 실천과정에 대해 클라이언트가 만족하는지 등에 대해 평가한다(이종하 외, 2019: 96).

## 3. 단일사례설계의 유형

단일사례설계에는 다양한 설계유형이 있다. 다음에서는 가장 기본적 유형인 AB 설계와 ABAB 설계, ABCD 설계, 복수기초선 설계 등을 소개한다.

### 1) AB 설계

**기초선단계(A) 하나와 개입단계(B) 하나로 구성된 가장 단순한 설계유형이다.** 앞서 제시한 [그림 7-1], [그림 7-2], [그림 7-3], [그림 7-4], [그림 7-5]가 모두 이에 해당된다.

AB 설계는 구성이 단순하여 다양한 대상과 상황에 적용이 가능하고, 개입에 대한 평가가 즉각적으로 이루어질 수 있으므로 신속하게 결과를 얻을 수 있는 것이 장점이다. 이러한 특성으로 인하여 사회복지실천 현장에서 가장 널리 활용된다. 그러나 외부 사건의 영향을 제대로 통제하지 못한다는 제한점을 갖는다. 하나의 기초선단계와 하나의 개입단계로만 이루어지기 때문에 기초선에서 개입으로 전환되는 지점이 한 번뿐이고, 이 시점에 우연히 발생한 외부적 사건이 표적문제에 미치는 영향은 배제하기 어렵다.

## 2) ABAB 설계

**ABAB 설계**는 AB 설계의 과정을 두 번 반복하는 것이다. 이 설계의 기본 논리는 1차 개입단계에서 표적문제에 긍정적인 변화가 나타났다가, 반전단계(2차 기초선단계)에서 개입이 중단되면 표적문제 역시 1차 기초선단계 수준으로 돌아가게 되고, 이어서 개입이 재도입되면(2차 개입단계) 표적문제에 다시 긍정적인 변화가 나타날 것이라는 것이다. AB 설계에는 기초선단계와 개입단계의 전환 지점이 한 번뿐인 반면, 이 설계유형에서는 1차 기초선-1차 개입, 1차 개입-2차 기초선, 2차 기초선-2차 개입이 이어지므로 세 차례의 전환이 이루어지는데, 매 전환에 표적문제의 양상이 기대된 방향으로 변화한다면 이러한 결과를 모두 우연히 발생한 외부 사건의 개입으로 보기는 어렵다는 것이다.

ABAB 설계는 AB 설계에 비해 우연한 외부 사건의 영향을 잘 통제할 수 있다는 것이 가장 큰 장점이다. 그러나 ABAB 설계의 활용에는 몇 가지 문제점이 있다. 우

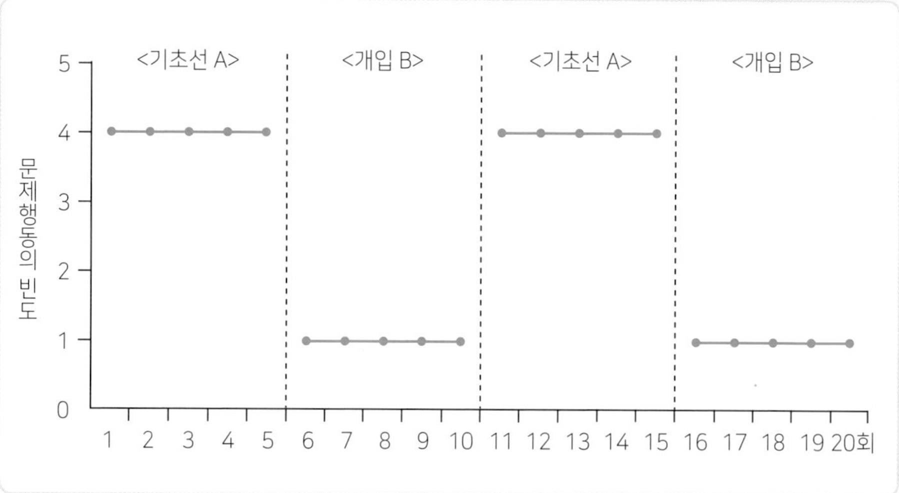


**[그림 7-6]** ABAB 설계

선, 반전단계와 관련하여 윤리적 문제가 대두된다(Bloom & Fischer, 1982: 318). 1차 개입단계에서 표적문제에 긍정적인 변화가 나타난 경우 평가를 위해 개입을 중단하는 것이 비윤리적이기 때문이다. 다만, 클라이언트나 사회복지사가 출장이나 휴가를 가는 등 개입이 자연스럽게 중단되는 시기를 반전단계로 활용한다면 윤리적 문제로 인한 부담을 줄일 수 있다(Rubin & Babbie, 2009: 349). ABAB 설계에서는 이월효과(carryover effect)도 문제가 될 수 있다. 이월효과란 개입이 중단되어도 개입의 효과가 지속되는 현상을 뜻한다(Bloom & Fischer, 1982: 318). 클라이언트의 통찰력 습득이나 인식 변화 등은 개입이 중단된다고 그 효과가 즉각적으로 소멸되는 것은 아니다. 사회복지현장에서 활용되는 개입방법은 이월효과가 작용하는 경우가 많으므로 결과를 해석할 때 이러한 점이 적절하게 고려되어야 한다.

### 3) ABCD 설계

**이 설계는 하나의 기초선단계에 개입방법을 달리하는 여러 개의 개입단계를 연속적으로 추가하면서 변화 추이를 살펴보는 유형이다.** 첫 번째 개입단계에서 일정한 경향성이 나타나면 새로운 방법을 도입하고, 그에 대해서 다시 일정한 경향성이 나타나면 또 다른 방법을 도입한다. ABCD 설계는 추가하는 개입단계의 개수에 따라 ABCD 설계뿐 아니라 ABC 설계, ABCDE 설계 등으로 다양하게 변형할 수 있다. [그림 7-7]

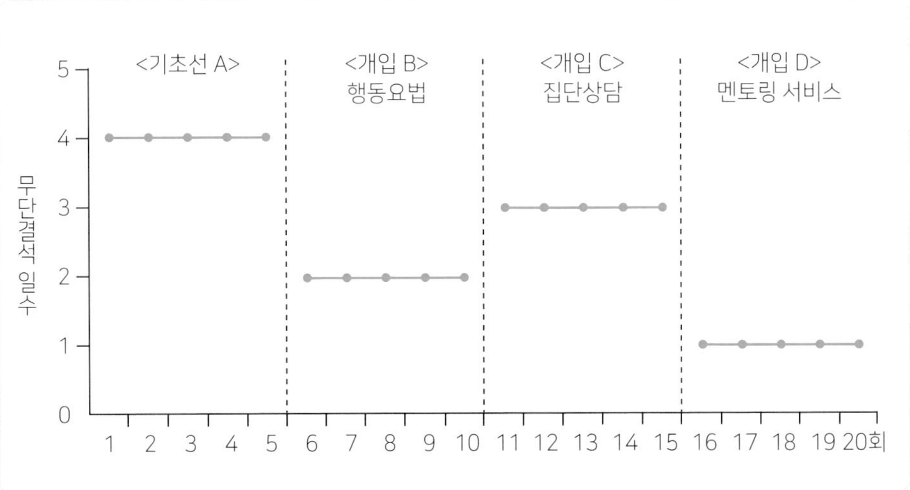


**[그림 7-7]** ABCD 설계

은 무단결석 문제를 보이는 청소년에게 행동요법, 집단상담, 멘토링 서비스라는 개입방법을 연속적으로 제공하면서 무단결석 일수의 변화를 측정한 ABCD 설계의 예시이다.

ABCD 설계는 서로 다른 개입방법에 대한 비교가 각 방법에 대한 기초선단계 없이 이루어질 수 있으므로 효율적이고, 반전단계로 인한 윤리적 문제를 염려하지 않아도 되는 것이 장점이다. 특히 사회복지실천 현장에서는 한 사례에 대해 다양한 개입이 연속적으로 이루어지는 경우가 많다. 개별상담을 종결하면서 문제가 완전히 해결되지는 않았다고 판단될 때 클라이언트를 집단상담에 의뢰하고, 집단상담이 큰 성과 없이 종결되면 그 클라이언트에게 다시 멘토링 서비스를 제공하는 경우는 현장에서 쉽게 볼 수 있는 상황이며, ABCD 설계는 그러한 상황에서 활용할 수 있는 유용한 설계이다. 그러나 ABCD 설계에서는 앞에서 언급한 이월효과나 순서효과(order effects)로 인해 해석에 한계가 있다. 순서효과란 다양한 개입이 연속적으로 제공될 경우 그 도입 순서에 따라 서로 다른 영향을 미칠 수 있다는 것이다. 예를 들어, 행동요법과 집단상담이 먼저 실시된 후 멘토링 서비스를 제공한 것은 효과적이나 그 반대 순서로 실시했을 경우에는 그렇지 않을 수도 있다.

### 4) 복수기초선설계

**복수기초선설계**는 AB 설계와 동일한 과정을 여러 대상, 표적문제, 세팅에 적용하는데, 기초선단계는 동시에 시작하되 개입을 도입하는 시기를 달리하여 그 효과가 서로 다른 대상, 표적문제, 세팅에 있어서 개입 시기에 맞추어서 나타나는지를 관찰하는 것이다. 이로써 표적문제의 변화가 외부 사건의 영향이 아니라 개입의 효과임을 보다 확실히 검증할 수 있다. 설계에 포함된 다수의 대상, 표적문제, 세팅 중 표적문제의 변화가 개입을 도입하는 시점과 다른 시점에 발생한다면 이는 개입의 효과가 아니라 외부 사건에 의한 영향으로 볼 수 있을 것이다. 개입을 도입하는 시기가 달라서 여러 개의 기초선이 생기게 되므로 복수기초선설계라고 부른다. [그림 7-8]은 아동의 공격행동을 개선하고자 하는 사례에서 가정, 유치원, 놀이터라는 서로 다른 세팅에서 복수 기초선을 설정한 예를 보여 준다.

ABAB 설계와 유사하게 기초선단계에서 개입단계로 전환하는 지점이 여러 번이므로 외부적 사건을 잘 통제할 수 있으면서도 ABAB 설계와는 달리 개입을 중단할

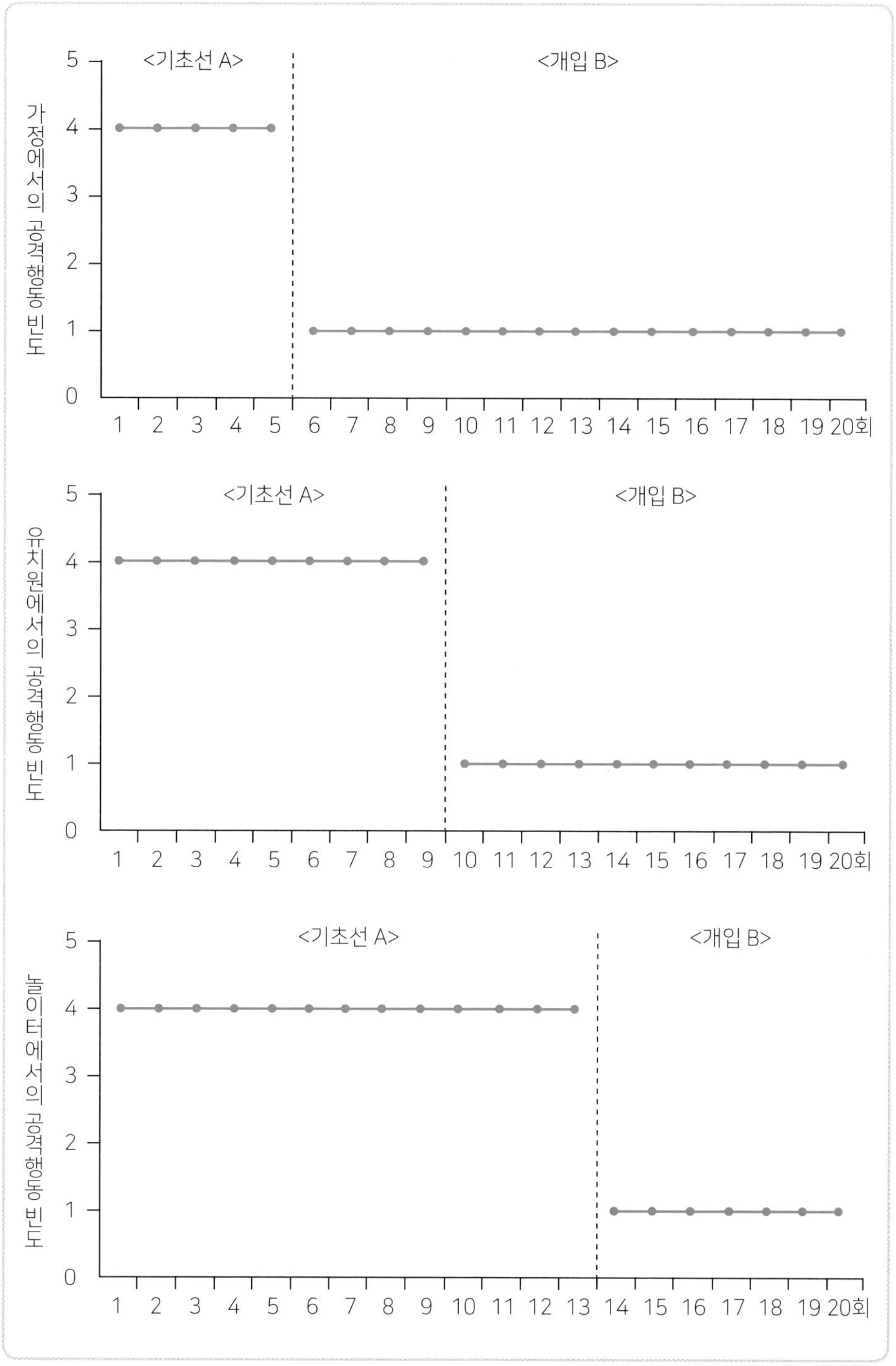


**[그림 7-8]** 복수기초선설계

필요가 없으므로 윤리적 문제가 발생하지 않는다는 것이 이 유형의 장점이다. 그러나 이 설계에서는 설계에 포함된 대상, 상황, 표적문제들 간에 상호작용이 일어나거나 개입의 효과가 일반화될 수 있어서 개입의 효과를 평가하는 데 어려움이 발생할 수 있다.

## 참고문헌

이종하, 조지용, 김윤화, 김표민(2019). 사회복지조사론. 경기: 양서원.

Bloom, J., & Fischer, M. (1982). *Evaluation practice: Guidelines for the accountable professional*. Englewood Cliffs, NJ: Prentice Hall.

Rubin, A., & Babbie, E. R. (2009). 사회복지조사방법론(*Research methods for social work*, 6th ed.). (김기덕, 김용석, 유태균, 이기영, 이선후, 정슬기 공역). 서울: 센게이지 러닝 코리아. (원저는 1997년에 출판).

제8장

# 설문조사연구

이 장에서는 자료수집방법 중 가장 오랫동안 보편적으로 사용된 설문조사방법에 대해 살펴본다. 설문조사의 대표적인 네 가지 유형(면접조사, 우편조사, 전화조사, 인터넷/온라인 조사)의 장단점 및 설문지 작성법과 유의사항에 대해 알아보도록 하겠다.

최근에는 사회복지현장에서 여러 가지 욕구조사를 실시하고 그 조사결과를 바탕으로 서비스를 제공하고자 하는 노력들을 하고 있다. 이러한 자료수집을 위해 가장 널리 사용되는 일반적인 방법이 설문조사방법이다. 자료수집방법은 조사자가 조사대상자나 대상물로부터 측정도구를 사용하여 정보를 얻는 행동을 말하는데(최성재, 2005), 양적 사회조사에서 가장 오랫동안 보편적으로 사용된 대표적인 자료수집방법이 설문조사방법이다. 설문조사는 일정한 시점에서 다수의 조사대상자로부터 직접 자료를 수집하는 방법으로 구체적으로 어떤 수단을 사용하여 자료를 수집하느냐에 따라 여러 가지 형태가 있다. 가장 일반적인 형태는 면접조사, 우편조사와 전화조사가 있으며 최근 들어 인터넷 등을 이용한 온라인 설문조사가 있다.

## 1. 설문조사의 유형

### 1) 면접조사

**면접조사**는 조사대상자와 대면하여 대화 및 표정 등을 통해 조사대상자에게서 필요한 정보를 수집하는 방법이다. 한 번에 일대일로 면접을 실시한다는 점에서는 질적조사와 비슷하지만, 면접 대상자가 질적조사에서 보다 훨씬 많다는 점에서 구분된다.

면접에서는 같은 면접자라도 면접 시 사용하는 단어나 말하는 방법에 따라 응답자에게서 다른 응답을 받을 수 있는데, 이 같은 문제를 개선한 것이 구조화 면접이라 할 수 있다. 구조화 면접에서는 정확하게 질문 문항, 질문 순서, 구체적 언어까지 지시해 주고 면접자는 지시에 따라야 하며 그것을 변경할 수 없다. 개방형 질문과 폐쇄형 질문을 모두 사용할 수 있으며 이 방법에서는 응답자가 동일한 순서로 동일한 문항에 응답하게 되어 있으므로 부호화하는 데 편리하다.

#### (1) 면접조사의 장점과 단점

**① 면접조사의 장점**

설문지 문항의 정확한 이해를 도울 수 있다. 혼동스럽거나 잘 이해가 되지 않는 문항에 대해 면접자는 문제를 해명해 줌으로써 정확한 응답을 이끌어 낼 수 있다. 또한 면접자가 있어서 읽고 쓰지 못하는 사람도 질문에 대답함으로써 설문에 응할 수 있고 면접자와의 대면으로 응답을 거절하기가 어려울 수 있으며 때로는 '모름'과 '무응답' 등의 응답을 줄일 수 있어 유익하다. 면접자들은 모든 질문에 대한 응답이 있었는지를 확인하여 질문지의 응답을 완성할 수 있다.

더욱이 면접자들은 비언어적 행위를 직접 관찰할 수 있으며 응답자의 응답타당도를 사정할 수 있다. 마지막으로 면접이 남한테 방해받지 않고 개별적으로 진행될 수 있도록 면접환경을 통제할 수 있는 장점이 있다.

**② 면접조사의 단점**

현장에서 면접을 실시함에 따른 시간과 경비가 소요된다. 그리고 면접자에 의한 편견이 개입되기 쉽다. 또한 익명성이 보장되지 않는 단점이 있다.

### (2) 면접조사의 종류

**① 구조화 면접조사**

구조화 면접조사는 표준화 면접이라고도 하며, 면접조사표를 사용해 면접을 진행한다. 이때 문항과 질문의 순서, 어조까지 정확히 제시되며 덜 숙련된 면접자도 면접 진행이 가능하다. 개방형 질문과 폐쇄형 질문을 모두 사용할 수 있다.

**② 반구조화 면접조사**

반구조화 면접조사는 구조화 면접조사와 비구조화 면접조사의 특성을 절충하여 각각의 장점을 취하고 단점을 보완한 방법이다. 일정 수의 주요 질문은 사전에 면접지침을 정하고, 나머지는 비구조화 면접으로 실시한다. 따라서 일정 부분은 융통성을 발휘할 수 있으며, 부수 질문을 사용할 수 있다. 구조화된 면접에 비해서는 숙련된 면접자가 필요하다.

**③ 비구조화 면접조사**

비구조화 면접조사는 면접조사표나 면접지침을 사용하지 않으므로 비지시적 면접 또는 비표준화 면접이라 할 수 있다. 연구할 문제의 범위만 결정하고 질문의 순서나 내용에 융통성이 있으며 숙련된 면접자를 필요로 한다. 개방형 질문이 많이 사용되기 때문에 응답자의 내적인 감정이나 생각을 조사하는 데 사용한다.

**표 8-1** 구조화 면접과 비구조화 면접

| 구분 | 구조화 면접(표준화 면접) | 비구조화 면접(비표준화 면접) |
|---|---|---|
| 의미 | • 면접자가 구체적인 면접계획을 수립하고 면접을 진행<br>• 임의로 질문을 변경 및 수정 불가<br>• 개방형 질문과 폐쇄형 질문 사용이 가능 | • 면접자는 면접 주제만 알고 면접의 진행에 맞추어 자유롭게 질문하는 방법<br>• 자유응답식, 개방형 질문 |
| 장점 | • 수집된 자료의 수량적 표준화와 통계처리가 가능하여 결과 비교가 용이함<br>• 자료수집에 일관성과 신뢰성이 있음<br>• 덜 숙련된 면접자도 면접이 가능 | • 자료수집과정에 융통성이 있음<br>• 면접결과의 타당도가 높음 |

| | | |
|---|---|---|
| 단점 | • 정해진 조사표에 따라 조사하기 때문에 융통성이 없음<br>• 응답을 깊이 있게 탐색할 수 있는 면접자의 자율성 및 재량이 없음 | • 면접결과의 수치화나 측정이 어려움<br>• 신뢰도가 떨어지고 결과의 비교가능성이 감소함<br>• 면접자의 능력이나 수준에 따라 조사의 질이 달라짐 |

출처: 이세형(2019), p. 152, 〈표 7-5〉를 수정 · 보완.

## 2) 우편조사

**우편조사**는 응답자가 직접 읽고 응답할 수 있는 질문지를 만들어 응답자에게 우송하여 응답하게 한 후 돌려받는 자료수집방법이다(최성재, 2005). 설문지를 설명하는 편지와 설문지 반송을 위한 우표를 붙인 봉투를 함께 전달하는 것이 일반적이다. 연구자들은 설문지를 더 쉽게 반송할 수 있도록 여러 가지 방법을 발전시켜 왔는데 그중의 하나가 반송봉투가 필요 없는 봉투겸용 우편설문지(self-mailing questionnaire)이다(Rubin & Babbie, 2001). 이 형태의 설문지는 지시에 따라 접으면 반송주소가 겉에 나타나도록 만들어진 것으로 응답자가 봉투를 잃어버릴 걱정이 없다. 따라서 간단한 설문지의 경우에는 유용한 방법이 될 수 있으나 질문의 양이 많은 경우에는 적합하지 않다.

### (1) 우편조사의 장점과 단점

**① 우편조사의 장점**

첫째, 우편조사 방법은 면접조사에 비해 상대적으로 비용이 적게 든다. 면접자를 훈련하고 면접자에게 수당과 비용을 지급할 필요가 없으며 정리 또한 쉬워 비용이 절약된다. 둘째, 접근성이 높아질 수 있다. 대인면접의 경우 조사대상자가 멀리 있는 경우 물리적으로 직접 대면이 어려운 경우도 있고 그에 따른 비용도 높아진다. 그러나 우편배달의 경우 어느 곳이나 설문지 전달이 가능하므로 응답자에 대한 접근 용이성이 높다. 셋째, 면접자의 편견에 의한 오류를 줄일 수 있다. 우편조사의 경우 조사자와 조사대상자의 대면을 피할 수 있으므로 조사자와 조사대상자 간의 상호작용이나 편견에서 올 수 있는 오류를 줄일 수 있다. 넷째, 익명성을 보장할 수 있다. 우편조사 방법은 응답자 개인의 이름을 밝히지 않아도 되고 조사자와 대면하지 않아도 되므로 응답자가 훨씬 솔직한 응답을 할 수 있다. 다섯째, 응답자에게 충분한 시간적 여유를 줄 수 있다. 우편조사 방법은 바로 응답하지 않아도 되므로 어려운 질문은 시간을 두고 답할 수 있고 다른 자료를 활용하여 정확한 답을 제공할 수도 있다.

**② 우편조사의 단점**

첫째, 우편조사 방법은 질문내용이 제한된다. 우편 설문지에 담을 수 있는 내용이나 방법이 제한되므로 복잡하고 어려운 질문은 피하는 것이 바람직하다. 둘째, 응답내용이 모호한 경우 확인이 어렵다. 설문지에 대한 응답이 불분명한 경우 추가로 확인할 방법이나 기회가 제한되어 있다. 또한 캐어묻기 등의 방법도 사용할 수 없는 단점이 있다. 셋째, 응답자들에 대한 통제가 어렵다. 응답자들이 어떠한 상황에서 설문지에 답을 하였는지 통제할 수 없다. 때로는 다른 사람이 응답을 대신할 수도 있으므로 본인이 정확한 응답을 하였는지를 확인하기 어렵다. 넷째, 회수율이 낮다. 응답자가 바쁘거나 관심이 없어 응답을 하지 않거나 응답지를 분실하는 경우도 있어 우편조사의 회수율은 낮다. 설문지를 우편으로 보낸 후 후속독촉(follow-up)을 하는 것도 바람직하며 응답동기를 높일 수 있는 설문표지 구성도 생각할 필요가 있다. 또한 반송이 용이할 수 있도록 가능한 모든 방법을 제공하는 것도 좋을 것이다.

**우편조사의 회수율 높이기**

우편조사의 회수율을 높이기 위해서는 후속조치를 취하는 것이 필요하다(성태제, 시기자, 2020). 설문지를 송부한 후 7~10일이 지난 시기에 전화 또는 서면으로 응답 협조를 구하는 것이 좋다. 질문지의 수신 여부를 확인하면서 받지 않았거나 분실했다면 즉시 설문지를 다시 보내 준다는 것과 이미 회신을 보냈다면 감사하다는 내용의 확인이 필요하다. 또한 2~3주가 지난 시점에서는 미회수 설문지에 대한 독촉편지를 보낼 수 있는데, 이를 위해서는 질문지와 회신용 봉투에 비밀번호를 미리 적어 두었다가 회신 여부를 확인하는 것이 좋다. 다시 독촉편지를 보낼 때에는 설문지를 함께 보내는 것이 좋다. 경제적인 여유가 있는 경우라면 응답에 대한 보답으로 작은 선물을 제공하기도 한다.

### 3) 전화조사

**전화조사**(telephone interview)는 전화를 이용하여 면접자가 질문을 하고 답을 기입하는 방법으로 얼굴과 얼굴을 대면하지 않고 조사가 이루워지며 간단한 내용의 사회조사에 적합하다. 주로 언론분야, 마케팅 분야, 정치적 활동 등에 대한 조사에 널리 이용되고 있다. 전화가 보편화되기 이전에는 경제적 부유층만이 전화를 소유하고 있었으므로 표본의 대표성을 인정하기 어려웠으나 전화의 보급이 보편화된 요즘은 전화조사가 우편조사보다 비용이 적게 들고 신속하게 조사결과를 얻을 수 있어 TV 시청률, 정치적 선호도 등을 조사할 때 많이 사용되고 있다.

#### (1) 전화조사의 장점과 단점

**① 전화조사의 장점**

전화조사의 가장 큰 장점은 조사가 간편하고 신속하다는 것이다. 특히 컴퓨터 전화조사의 경우에는 응답이 끝나자마자 바로 조사결과가 나타나기 때문에 급하게 조사해야 할 사항이 있을 때 용이하게 사용된다. 또한 대인면접이나 우편조사에 비해 비용이 적게 들어서 많은 양의 조사가 가능하다. 더욱이 자료의 정확성이 대인면접에 비해 크게 떨어지지 않고 조사하기 어려운 연구대상자에게 접근이 쉽고, 익명성이 보장될 뿐 아니라 면접자의 안전이 확보된다(조학래, 2020).

**② 전화조사의 단점**

응답자가 통화 도중 전화를 끊는 등 응답자가 면접자보다 면접상황을 더 쉽게 통제할 수 있다는 단점이 있다. 또한 조사내용의 분량이 상대적으로 제한되어 있어서 상세한 정보의 획득이 불가능하며 부수적인 정보에 대한 수집이 불가능하다. 즉, 응답자의 특성이나 응답환경 등에 대한 부수적 정보를 얻기가 힘들다.

### 4) 인터넷/온라인 조사

최근에는 컴퓨터를 이용한 인터넷/온라인 조사도 널리 사용되고 있다. **온라인조사**는 인터넷과 같은 컴퓨터 네트워크(network)를 이용하여 자료를 수집하는 방법으로 크게 두 가지 방법으로 나눌 수 있다(김유경, 2020). 첫째는 전자우편(이메일)을 통해 설문지를 주고받는 방법으로 내용 면에서는 우편조사와 비슷하나 설문지를 주고받는 형식은 우편조사와 다르다. 둘째는 웹(web)을 이용한 방법으로 설문지가 웹사이트와 연결되어 있어 인터넷에 접속하는 사람이 간편하게 응답하고 완료된 응답결과는 지정된 곳에 저장된다.

### (1) 인터넷/온라인 조사의 장점과 단점

**① 인터넷/온라인 조사의 장점**

첫째, 우편조사와 비슷하다고 할 수 있으나 우편조사와 비교하여 볼 때 설문지 발송과 회수에 따른 비용이 들지 않으므로 경제적이다. 둘째, 회수되는 자료의 입력이 자동으로 이루어질 수 있으므로 자료입력에 따른 비용과 시간이 들지 않으며 편리하다. 셋째, 전자메일을 통한 후속독촉이 용이하다. 넷째, 응답자들이 편리한 시간에 응답할 수 있으므로 응답의 질이 높아질 수 있다.

**② 인터넷/온라인 조사의 단점**

최근에는 컴퓨터나 전화기를 활용하여 온라인 접속이 수월해졌다. 하지만 응답률과 회수율을 보장하기는 어렵다. 우편조사와 마찬가지로 인터넷/온라인 조사에 자발적으로 참여하는 것이 전적으로 응답자의 판단과 행동에 달려 있으므로 응답률이나 회수율을 장담할 수 없다.

이 외에도 방식에 따라 집단적으로 한 장소에 모아 설문을 실시하는 집단조사와 응답자에게 설문지를 직접 배포하여 작성하게 하는 배포조사가 있다.

표 8-2 설문조사의 유형

| | 정의 | 장점 | 단점 |
|---|---|---|---|
| 면접 조사 | • 조사대상자와 대면하여 대화 및 표정 등을 통해 조사대상자에게서 필요한 정보를 수집하는 방법 | • 설문지 문항의 정확한 이해를 도울 수 있음<br>• 면접자가 있어서 읽고 쓰지 못하는 사람도 설문에 응할 수 있음<br>• 면접자와의 대면으로 응답을 거절하기가 어려움<br>• ‘모름’과 ‘무응답’ 등의 응답을 줄일 수 있어 유익함<br>• 비언어적 행위를 직접 관찰하여 응답자의 응답타당도를 사정할 수 있음<br>• 면접환경을 통제 가능 | • 시간과 경비가 소요됨<br>• 면접자에 의한 편견 개입이 용이함<br>• 익명성이 보장되지 않음 |
| 우편 조사 | • 응답자가 직접 읽고 응답할 수 있는 질문지를 만들어 응답자에게 우송하여 응답하게 한 후 돌려받는 자료수집 방법 | • 상대적으로 비용이 적게 듬<br>• 접근성이 높아질 수 있음<br>• 면접자의 편견에 의한 오류를 줄일 수 있음<br>• 익명성을 보장할 수 있음<br>• 응답자에게 충분한 시간적 여유를 줄 수 있음 | • 질문내용이 제한됨<br>• 응답내용이 모호한 경우 확인이 어려움<br>• 응답자들에 대한 통제가 어려움<br>• 회수율이 낮음 |
| 전화 조사 | • 전화를 이용하여 면접자가 질문하고 답을 기입하는 조사방법 | • 조사가 간편하고 신속함<br>• 비용이 적게 들어 많은 양의 조사 가능<br>• 자료 정확성이 대인면접에 비해 떨어지지 않음<br>• 일관된 자료를 획득 가능 | • 응답자가 면접자보다 면접상황을 더 쉽게 통제할 수 있음<br>• 조사내용의 분량이 제한되어 상세한 정보획득이 불가함<br>• 부수적인 정보에 대한 수집이 불가함 |
| 인터넷/온라인 조사 | • 인터넷과 같은 컴퓨터 네트워크(network)를 이용하는 자료수집 방법 | • 설문지 발송과 회수에 따른 비용이 없어 경제적<br>• 자료입력에 따른 비용과 시간이 들지 않으며 편리함<br>• 후속독촉이 용이함<br>• 응답의 질이 높아질 수 있음 | • 표집대상이 한정적임<br>• 응답률과 회수율을 보장 못함 |

## 2. 설문지 작성법

설문지 작성에 통일된 방법은 없으나 일반적으로 다음과 같은 절차에 의해 작성된다.

### 1) 설문지 작성의 목적 및 범위 결정

설문지(questionnaire)를 작성하기에 앞서 왜 설문지를 작성하려고 하는지(목적), 설문지에 응답할 대상은 누구인지(연구대상자), 어떻게 적용될 것인지(방법)에 대한 고민을 해야 한다. 연구의 목적은 연구의 방향과 방법들이 보다 정확하게 설정되고 연구결과가 연구목적에 부합되도록 돕는다.

### 2) 조사항목과 세부사항의 선정

설문지를 작성하는 목적에 적합한 조사항목(research item)들이 선정되어야 한다. 또한 조사항목별로 포함되어야 할 세부사항이 조성되어야 하는데, 조사항목과 세부사항이 정해지기 위해서는 먼저 연구자가 연구하고자 하는 주제에 대한 충분한 지식이 필요하다. 이를 위해 선행연구에 대한 고찰이 필요한데, 그 연구주제를 다룬 연구논문, 보고서, 도서 등의 자료를 이용하는 것이 일반적이다.

조사항목 및 세부사항을 선정하는 경우 고려해야 할 사항들을 채구묵(2006)은 다음과 같이 제시하였다.

① 조사에 직접 관계되며 평가나 분석에 이용할 내용만 선정하도록 한다.
② 다른 곳에서 보다 더 정확한 자료를 수집할 수 있는 경우에는 조사항목 또는 세부사항에서 제외하도록 한다.
③ 양적연구의 경우에는 통계처리를 염두에 두고 조사항목과 세부사항을 선정하도록 한다.
④ 응답자가 대답하지 않을 내용은 처음부터 포함시키지 않도록 한다.
⑤ 조사항목 및 세부사항은 조사목적을 달성할 수 있을 정도 내에서 최소한의 수

가 되도록 한다.

예를 들어, 조사응답자의 개인적 특성 및 복지시설과 서비스 이용에 관한 연구를 한다고 하자. 이 경우 조사응답자의 개인적 특성에 관한 질문항목으로는 ① 인구학적 특성, ② 경제상태, ③ 건강상태로 나누어 볼 수 있고, 복지시설과 서비스 이용에 관한 질문항목으로는 ① 복지시설 인지도 및 요구, ② 경로당, ③ 경로식당으로 나누어 볼 수 있을 것이다. 이에 따른 세부사항은 〈표 8-3〉과 같이 생각해 볼 수 있을 것이다.

표 8-3 질문항목과 세부사항의 예

| | 질문항목 | 세부사항 |
|---|---|---|
| 조사응답자의 개인특성 | 1. 인구학적 특성 | • 성별 · 연령 분포<br>• 결혼상태 및 가구구성<br>• 자녀 유무 |
| | 2. 경제상태 | • 주택소유 형태<br>• 용돈<br>• 주관적 생활 수준 |
| | 3. 건강상태 | • 주관적 건강상태<br>• ADL 수행능력<br>• IADL 수행능력 |
| 복지시설 및 서비스 이용 | 1. 복지시설 인지도 및 요구 | • 인지도<br>• 복지시설 요구 우선순위 |
| | 2. 경로당 | • 이용실태<br>• 희망 프로그램 |
| | 3. 경로식당 | • 이용실태<br>• 서비스 대상집단<br>• 이용 요금 |

### 3) 설문의 형태 선정 및 문항 작성

설문항목과 세부사항이 정해지면 세부사항에 있는 내용들을 어떠한 형태로 질문할 것인지를 결정한다. 그다음 설문문항을 작성한다. 우선 설문의 형태는 크게 둘로 나뉘는데 ① 개방형 질문과 ② 폐쇄형 질문이 있다.

(1) 개방형 질문

이 질문형태는 응답자가 자유롭게 답할 수 있도록 설계된 질문으로 예비조사(pilot study)나 탐색적 조사(exploratory study)에 많이 이용되며, 대규모의 조사보다는 소규모의 조사에 사용하기가 용이하다. 그러나 시간이 충분치 않거나 표현력이 부족한 경우 개방형 질문에 응답을 회피하는 경우가 있고 성의 있는 답변을 하지 않을 경우 연구의 타당도를 저하시킬 우려도 있다. 또한 자료의 분석 및 해석에 많은 시간이 소요되며 통계적으로 처리하기가 어려운 단점이 있다.

> 예 "현재 ○○복지관에서 제공되고 있는 서비스에 대해 개선할 점이 있으시면 말씀해 주십시오."

(2) 폐쇄형 질문

폐쇄형 질문은 응답의 목록이 정해져 있어서 그 목록 중 하나 또는 몇 개의 목록을 선택할 수 있도록 준비된 질문형태이다. 응답목록의 구성에 따라 여러 가지 형태의 질문방식이 있다. 그중 가장 간단한 형태는 예/아니요(찬반식 또는 찬부식) 응답일 것이다. 그리고 가장 일반적인 질문인 성별질문이 여기에 속한다.

> 예 "당신은 건강보험이 있습니까?" ① 예 ② 아니요
> 예 "당신의 성별은?" ① 남 ② 여

다음은 가장 많이 사용되는 응답형태로서 어떤 질문에 대한 강도를 나타내는 평정식 질문(rating question)형식이다.

> 예 "당신은 당신이 얼마나 전통적인 한국인이라고 생각하십니까?"
> ① 아주 전통적이다.
> ② 약간 전통적이다.
> ③ 보통이다.
> ④ 별로 전통적이지 않다.
> ⑤ 전통과는 아주 거리가 멀다.

리커트 척도 질문(likert scale question)은 평정식 질문형식 및 응답목록 형식과 비슷하나 한 문항이 아닌 여러 개의 비슷한 문항을 통해 보다 정확한 측정이 될 수 있도록 정도를 측정하는 척도이다. 다음 글상자 내의 표는 주 지지자의 사회적 지원 정도를 측정하는 리커트 척도 질문의 예시이다.

**예 주 지지자에 대한 질문**

(주 지지자는 실질적 도움을 가장 많이 제공하는 사람을 말합니다.) 가장 적합한 답에 동그라미 하십시오.

| | 전혀 아니다 | 약간 | 어느 정도 | 많이 | 아주 많이 |
|---|---|---|---|---|---|
| 1. 당신은 그 사람으로부터 얼마나 사랑받고 있거나 보살핌을 받고 있다고 느끼십니까? | ① | ② | ③ | ④ | ⑤ |
| 2. 그 사람은 당신이나 당신이 하는 일에 대해 얼마나 비판적입니까? | ① | ② | ③ | ④ | ⑤ |
| 3. 그 사람은 당신과 얼마나 말다툼을 합니까? | ① | ② | ③ | ④ | ⑤ |
| 4. 그 사람은 당신에게 얼마나 긴장 혹은 갈등을 만듭니까? | ① | ② | ③ | ④ | ⑤ |
| 5. 그 사람은 당신에게 얼마나 금전적인 도움을 줍니까? | ① | ② | ③ | ④ | ⑤ |

**설문문항 작성 시 유의사항**

- 설문지의 문항들은 질문의 형태를 띠어야 하므로 설명의 형태를 피해야 한다.
- 개방형 질문과 폐쇄형 질문은 적절히 혼합되어야 하지만 개방형 질문이 너무 많지 않도록 유의해야 한다.
- 질문은 명확해야 하며, 두 가지 내용을 요구하는 이중 질문은 피해야 한다.
- 조사자의 의도에만 충실해서는 안 되고, 응답자의 능력과 수준에 적합하도록 질문하여야 한다.
- 질문은 가능한 한 짧고 간략하게 서술되어야 하며, 그 분량이 너무 많으면 곤란하다.
- 질문이나 응답 항목들에 편견을 내포하는 용어나 서술 등은 피해야 한다.
- 유도 질문, 전문적이고 기술적인 용어, 민감한 용어, 모호한 질문, 부정형의 질문은 피해야 한다.

- 상호 배타적이지 않거나 포괄적이지 못한 질문도 피해야 하며, 응답이 불가능한 질문도 제외해야 한다.

(황성동, 2006: 176)

## 4) 설문의 순서 구성

설문지가 전체적으로 하나의 통일된 흐름을 가질 수 있도록 질문의 문항들을 조직하는 것이 필요하다. 질문문항의 순서를 구성할 시 다음 사항들을 고려하는 것이 바람직하다(김유경, 2020; 채구묵, 2006; 최성재, 2005).

- **흥미 있거나 쉬운 질문을 먼저 한다:** 첫 질문은 간단하고 흥미있는 질문이 좋으며 응답자가 쉽게 대답할 수 있는 질문이 좋다. 일반적으로 성별, 연령, 거주지역 등 사실에 근거한 일반사항을 서두에 둔다.
- **질문을 논리적으로 배열한다:** 객관적인 사실에 관한 질문부터 시작해서 점차 주관적인 태도, 의견 등을 묻는 배열을 한다. 일반적인 질문과 특수한 질문을 해야 할 경우 보통 일반적인 질문을 앞에 둔다. 시간의 흐름에 따라서는 오래된 것부터 최근의 것으로 또는 최근의 것부터 오래된 것으로 배열하는 것이 좋다. 또한 구체적이고 친숙한 것에서부터 추상적이고 생소한 것으로 배열하는 것이 좋다. 간단한 항목에서 복잡한 항목으로 부드럽게 넘어가야 하며, 곤란한 문제는 보통 중간쯤 놓는 것이 바람직하다.
- **일정한 유형의 응답군이 발생하지 않도록 문항을 배치한다:** 응답군(response set)은 질문내용에 상관없이 어떤 일정한 방향으로 응답하는 경향을 말하는데, 이런 응답군이 발생하는 것은 피해야 한다. 보통은 언어구성보다 질문의 순서에 의해서 바로잡기가 좋다. 비슷한 내용의 질문을 계속 묻는다든가 같은 형식의 문항을 한데 모아 둘 경우 이러한 경향이 조성될 수 있는데, 응답항목이 많은 경우 문항을 나누어 몇 개의 질문을 배치한 후 다시 나머지 문항의 질문을 배치할 수 있다.
- **신뢰도 검사를 염두에 둔 문항들은 분리하여 배치한다:** 신뢰도 점검을 위해서 긍정적인 것과 부정적인 것을 사용하는데, 이 두 가지의 문항들을 바로 앞 뒤로 나

란히 배치하는 경우 응답자가 눈치를 채거나 응답군을 조성할 가능성이 있으므로 문항들을 분리하여 배치하는 것이 좋다.

- **질문항목의 길이와 유형을 다양하게 배치하여 응답자의 지루함을 방지한다**: 응답자가 지루해지지 않도록 질문항목을 가능한 한 다양하게 배치하도록 해야 한다.

### 5) 설문표지 작성 및 사전검사

설문지 표지의 모양과 구성이 보기 좋아야 하고 고유번호, 연구제목, 안내서신, 면접 시 면접일자, 시간, 면접자의 이름 등을 포함하여야 한다.

사전검사(pre-test)란 본조사에 앞서 작성된 설문지의 초안을 일정한 수의 사람들에게 미리 조사해 보는 것을 말한다(최일섭, 김성한, 정순둘, 2001). 사전검사를 통해 그 설문지를 가지고 연구목적에 맞는 정확한 자료를 수집할 수 있는지 검토해 보아야 한다. 질문의 언어구성에서 부적절한 것은 없는지, 중복되거나 누락된 것은 없는지, 그리고 질문의 내용, 형식, 양식 등이 적절한지 점검하여 필요한 경우에는 수정하여야 한다. 무응답이나 '모른다'의 답이 많은지 확인하여 질문을 수정하여야 하며 조사 소요시간 등도 파악하여 본조사에 대비한다.

### 6) 편집 및 인쇄

사전검사가 끝나고 모든 것이 잘되었다고 확인되면 설문지를 인쇄해야 한다. 이때 인쇄된 설문지가 조사대상자에게 호감을 주고 중요한 것이라는 인식이 들도록 표지, 용지, 활자, 크기, 공간 등 여러 면에서 신중한 고려가 이루어져야 한다.

## 참고문헌

김유경(2020). 에쎕 사회복지조사론. 경기: 공동체.
성태제, 시기자(2020). 연구방법론(3판). 서울: 학지사.
이세형(2019). 사회복지조사론. 경기: 양성원.

조학래(2020). 사회복지조사의 이해. 서울: 도서출판 신정.
채구묵(2006). 사회복지 조사방법론. 경기: 양서원.
최성재(2005). 사회복지 조사방법론. 경기: 나남출판.
최일섭, 김성한, 정순둘(2001). 사회복지조사론. 서울: 동인.
황성동(2006). 알기 쉬운 사회복지 조사방법론. 서울: 학지사.

Babbie, E. (2001). *The Practice of Social Research* (9th ed.). Singapore: Thomson Learning, Inc.
Nachmias, C. F., & Nachmias, D. (1992). *Research Methods in the Social Sciences* (4th ed.). New York: St. Martin's Press.
Rubin, A,. & Babbie, E. (2001). *Research Methods for Social Work* (4th. ed.). Singapore: Thomson Learning, Inc.

제9장

# 욕구 · 만족도조사와 프로그램 평가

이 장에서는 지역사회의 복지욕구에 대한 조사필요 · 목적 및 방법과 사회복지 기관들이 시행하는 각종 사회복지 프로그램들을 평가하는 방법 및 절차를 개관할 것이다. 욕구조사는 정책과 프로그램 개발을 위하여 필수적인 과정이고, 그 실행된 프로그램과 서비스를 개선 · 개발하기 위한 중요 과정이 프로그램 평가이므로 사회복지조사의 중요한 내용이 된다.

## 1. 욕구 · 만족도조사

### 1) 욕구 · 만족도조사의 필요성

우리나라의 지역사회복지 실천현장을 민간부문과 공공부문으로 나눈다면 크게 지역사회복지기관과 지방자치단체로 구분할 수 있을 것이다. 지역사회복지기관은 지역주민들을 위하여 다양한 형태의 서비스를 실행하기 위한 프로그램 개발을 계획하고 실행하며, 지방자치단체는 지역사회복지협의체를 통해 지역복지 전달체계상의 효율적인 서비스의 연계 · 조정을 실현하고 서비스 강화를 위하여 지역복지예산을 편성하고 사회복지기관 설립을 담당한다.

지역의 사회복지기관과 지방자치단체는 고유의 업무의 효과적인 계획과 실행을 위해 욕구조사와 만족도조사를 정기적으로 실시하고 있다. 기관의 특성이나 지방자치단체의 관심도에 따라 그 조사 시기는 상이하지만, 해당 지역의 사회복지적 문제의 상황을 판단하고 이를 해소하기 위한 프로그램이나 서비스를 제공하기 위해 그 수요를 예측하고, 이미 실행하고 있는 프로그램이나 서비스에 대한 지역사회의 만족 정도를 판단하기 위해 욕구조사와 만족도조사는 반드시 필요한 조사라고 할 수 있다. 즉, ① 지역사회복지기관이 프로그램을 계획할 때 수요예측을 위해서, ② 프로그램 참여자들의 만족도를 측정하고자 할 때, ③ 지방자치단체가 지역주민을 위한 서비스 실천계획을 수립할 때 수요예측을 위해서, 그리고 ④ 지역주민의 서비스 만족도 여부를 측정하고자 할 때 각각 욕구 및 만족도조사를 실시한다. 이때 사회복지기관이나 지방자치단체가 욕구 · 만족도조사를 실행하고자 하는 목적에 따라 다양한 조사방법을 채택하여 조사를 진행하게 되는데 주로 적절한 표본을 추출하여 서베이조사를 실시하고, 추가적으로 사회지표를 통한 조사, 대규모 조사가 어려운 경우 의사결정집단을 대상으로 한 조사를 실시한 후 양적분석을 통해 보고서를 만들게 된다.

### 2) 욕구 · 만족도조사의 정의와 필요

**욕구조사**란 기본적으로 한 시점에서 개인이나 집단이 인간의 발달에 필요한 개인적 · 심리적 · 사회적 · 경제적 요건들(채구묵, 2015)과 관련된 사회복지 서비스나 프로그램들의 욕구 수준을 조사하는 것을 의미하며, **만족도**는 그러한 인간의 기본 욕구들을 현재 제공되고 있는 서비스나 프로그램들이 어떻게 만족시키고 있는가에 대한 측정내용을 말한다. 앞에서 살펴본 것처럼 욕구조사를 통해 사회복지기관과 지방자치단체의 프로그램과 서비스를 계획하는 데 사용하고, 만족도조사를 실시하여 기존 프로그램의 개선을 위한 방안을 찾을 수 있다. 욕구조사는 문제의 정도를 분석하여 위기집단과 표적집단을 산출하고, 자원배분의 우선순위를 결정하는 데 적절한 역할을 할 수 있고, 만족도조사는 기존에 실행하고 있는 프로그램과 서비스에 대한 참여자들의 만족 정도를 판별하여 프로그램과 서비스의 질을 개선하는 데 중요한 역할을 할 수 있다.

**욕구**는 욕구의 주체인 사회복지실천 대상이 사회복지실천 프로그램과 서비스에 대한 필요(needs)의 정도를 지칭할 수 있고, 최근 인간존엄 실현을 위한 인권적 접근을 적용한다면 인간의 권리를 최대한 보장하기 위한 사회복지 서비스와 프로그램에 대한 수요를 말한다고 할 수 있다. 즉, 지역주민의 욕구조사 결과를 반영하여 복지서비스를 제공하고자 할 때 적절한 욕구 식별 기준은 인지된 욕구[1]가 되어야 한다(Altschuld & Kumar, 2009).

Maslow(1954)는 **인간의 욕구를 5단계로 나누어서 설명**하였다([그림 9-1] 참조). 즉, 가장 낮은 단계에서 인간은 배고픔, 갈증, 휴식과 같은 생리적 욕구를 가지며, 두 번째 단계에서 외부의 위협으로부터 안전의 욕구를 가지며, 세 번째 단계에서 가족, 친구에 대한 소속감과 사랑의 욕구를 가지고, 네 번째 단계에서는 사회적 인정에 대한 존경의 욕구를 가지고, 마지막 최고 단계에서 자아실현의 욕구를 열망한다는 것이다. 비록 인간에게 이와 같은 다양한 욕구가 존재하지만 가용자원이 존재하지 않는다면 욕구에 대한 해소가 불가능할 것이므로 지역사회에 가용자원(예산+인력+네트워크)이 얼마나 가능한지 추산하는 것이 필요하고, 욕구의 정당성을 확보하는 것이 다음으로 개진되는 것이 요청될 것이다. 때로 욕구의 정당성은 정치적인 영향력과도 관련이 있기 때문에 지역사회에 존재하는 기관과의 협력이 필요로 하

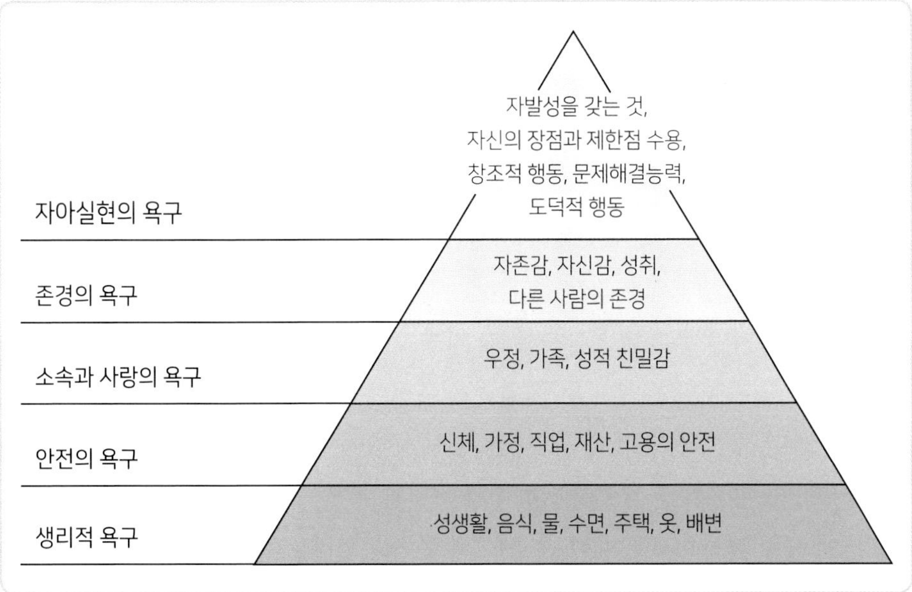


**[그림 9-1]** Maslow(1954)의 인간의 기본욕구

1) Altschuld와 Kumar(2009)는 인지된 욕구 이외에도 전문가에 의해 필요하다고 인정되는 규범적 욕구, 서비스 신청자에 의해 표출된 욕구, 타인 혹은 타 지역과 비교한 비교욕구가 욕구조사 결과를 기초하여 사회복지서비스를 제공할 때 고려되어야 한다고 보았다.

기도 한다. 그러나 욕구에 대한 가장 정당한 측정과 분석이 지역사회에서 추구되어야 할 욕구해소방법이 되어야 할 것이다.

사회복지분야에서 욕구에 대한 확인은 소외계층이 가지는 욕구가 우선적으로 고려되며, 나아가 지역사회 일반의 욕구의 추산이 요청된다. 우리나라 사회보장제도의 기본적 수혜자인 국민기초생활수급대상자와 차상위계층을 포함하고 생애주기별 전체 영유아, 아동, 청소년, 청년, 장년, 노년에 이르기까지 국민 전체가 욕구조사의 대상이 된다(보건복지부, 2020).

일반인들을 대상으로 하는 욕구조사에서는 생애주기적인 측면, 즉 아동기, 청소년기, 청년기, 노년기를 구분하여 그 욕구를 조사하는 것이 가능하다. 인간발달의 생애주기적 측면을 고려한다면, ① 아동기에는 행동적 · 심리적 발달과 관계된 부모 양육행동, 인지발달에 필요한 교육, 사회적 발달 측면을 고려한 집단활동, 도덕적 발달 등이 중요한 아동기 관련 욕구가 될 것이며, ② 청소년기에는 건전한 심리 · 행동발달에 영향을 주는 요소들(인터넷과 영상매체를 통한 유해환경 경험; 집단따돌림 행동; 흡연, 음주, 환각성 물질 소지 등 행위; 자살행동; 비행 및 범죄행동; 청소년의 건강 등)과 부모의 양육행동 그리고 학교와 여가시간 활동문제들이 중요한 청소년기 욕구가 되고, ③ 청년기에는 구직행동, 심리 · 사회적 발달, 이성교제, 여가활동이 중요한 욕구로 자리 잡으며, ④ 장년기에는 결혼생활, 여가시간 운용, 심리적 · 신체적 건강, 직업만족 등이 욕구의 중심에 있을 것이고, ⑤ 노년기에는 신체적 건강, 심리적 건강, 노인시설과 관련된 여가활동, 은퇴 후 노후생활, 배우자, 일자리, 자녀관계 등이 중요한 욕구문제가 된다.

또한 사회복지에서 대상을 분류할 때 자주 언급하는 ① 장애인이나 여성을 고려한 욕구조사도 가능할 것이다. 장애인들을 위하여 지역사회의 장애인 여가시설, 보호 및 직업 관련 시설, 신체 · 심리발달 관련 문제들, 재활 및 상담 등이 중요한 욕구가 되고, ② 여성의 특성을 고려한다면 자녀와 배우자 문제, 가정폭력, 여가활동, 사회참여, 심리 · 사회적 문제가 욕구의 제 문제라 할 수 있을 것이므로 욕구조사를 실시할 때 그 대상에 따라 욕구의 조사내용을 정의할 수 있다.

### 3) 욕구 · 만족도조사방법

**욕구 · 만족도조사**는 사회복지실천 대상들의 욕구를 수량화하여 수집한 데이터를 주로 양적조사방법으로 측정 · 분석하는 과정을 의미하며 대상의 특징과 조사의 목적에 따라 다양한 욕구 · 만족도조사를 실시할 수 있다. 욕구 · 만족도조사를 위하여 사용되는 방법들에는 ① 선행연구 문헌 및 기존 통계자료 조사, ② 지역사회 서베이, ③ 서비스 이용자 조사, ④ 여론 주도층 조사 등이 있다.

### (1) 선행연구 문헌 및 기존 통계자료(사회지표) 조사

욕구 · 만족도조사를 위하여 가장 기초적으로 사용될 수 있는 자료는 지역사회 욕구조사를 목적으로 연구된 선행연구들을 참조하는 것이다. 비교적 쉽게 자료에 접근할 수 있기 때문에 비용의 최소화를 기할 수 있고 시간도 절약할 수 있다는 장점이 있다. 가능한 선행연구로는 중앙 정부 및 지방자치단체의 주도로 기획 · 연구된 욕구조사 자료들과 통계청을 비롯한 연구기관들이 주기적으로 발표하는 각종 사회지표 자료들이 있다. 이 가운데 성비, 가족구성, 소득, 범죄율 등은 타 지역과 비교하여 목표 지역의 서비스 필요 내용을 산출하는 데 중요 자료로 활용될 수 있을 것이다.

그러나 기존 자료들은 여전히 간접자료가 갖는 한계점들, 즉 ① 욕구 · 만족도조사를 원하는 시점의 지역주민들이나 서비스 이용자들의 직접 욕구를 그대로 반영하는 것이 아니라 간접적 지표로만 의미가 있다는 사실과 ② 타 지역의 욕구 · 만족도조사는 현재 조사하고자 하는 지역의 욕구 · 만족도조사 내용을 선정하는 데 도움을 줄 뿐 이 역시 직접 욕구와 만족도 내용을 제대로 반영한다고 볼 수 없다는 사실을 기억하여야 한다.

### (2) 지역사회 서베이

**지역사회 서베이**는 욕구 · 만족도조사에 가장 빈번하게 사용되는 방법으로서 무작위 추출을 기본으로 하고 적절한 측정도구를 준비하여 특정 서비스를 사용하는 제한된 욕구 · 만족도의 편견을 지양하고 일반 지역사회의 보편적 욕구 · 만족도를 담아내는 데 용의하다. 지역사회 주민들의 욕구 · 만족도 사정은 지역사회 복지서비스 주체가 제공하고자 하는 복지 정책과 서비스의 잠재적 이용자들인 지역사회 주민들의 의견을 반영할 수 있기 때문에 현재 제공되고 있는 복지서비스의 질이나 내용에 관하여 대상별로 전반적인 만족도와 함께 욕구를 측정할 수 있어 향후 서비스의 질적 개선을 이루는 데 큰 도움이 될 수 있다.

그러나 지역사회 서베이는 대표성을 확보하기 위하여 두터운 대상층을 추출해야 하는 어려움이 있으며 각종 설문 작성 및 인터뷰 인력의 전문적 운용과 훈련 등에 사용되어야 하는 각종 부대비용이 많이 든다는 단점이 있다. 물론 사회과학조사의 전제조건인 자료의 대표성, 신뢰성과 타당성을 담보하기 위하여 당연히 치러야 하는 대가이기 때문에 이와 같은 단점은 좋은 자료의 확보로 충분히 상쇄될 수 있는 부분이기도 하다. 또한 지역사회 서베이를 원하는 사회복지기관이나 지방자치단체는 이와 같은 비용증가 부분을 사전에 이해하고 연구사업 진행을 위하여 초기 비용산출에 상계하는 경향이 있으므로 비용부분에 대한 연구자들의 우려를 상당 부분 해소시킨다.

### (3) 서비스 이용자 조사

지역사회 사회복지서비스의 욕구와 만족도 사정을 위하여 비용의 축소와 시간의 단축을 고려할 때 선택될 수 있는 방법이 해당 지역에 위치한 사회복지기관을 이용하는 이용자나 지방자치단체의 사회복지서비스 수혜대상자들을 대상으로 하기도 한다. 일반적으로 지방자치단체의 공공부조 수혜대상자들이나 지역사회복지기관(종합사회복지관, 노인복지관, 구립 어린이집, 아동복지시설, 노인복지시설, 장애인복지관, 장애인재활시설, 여성문화회관, 자원봉사센터, 요양시설 등) 이용자들이 그 대상이 된다.

이때 서비스 이용자 조사는 비록 해당 기관이나 사회보장제도의 수혜대상자들을 그 대상으로 하나 자발적인 참여를 기초로 하며, 조사하고자 하는 대상에 따라 서베이 내용도 달라진다.

그러나 서비스 이용자 조사는 해당 서비스의 이용자들만 대상으로 하기 때문에 잠재적 이용자들의 욕구는 측정할 수 없으며, 현재 시행 중인 서비스와 프로그램들에 대하여만 만족도와 욕구를 조사할 수밖에 없다는 단점이 있다.

### (4) 여론 주도층(주요 정보제공자) 조사

지역사회에는 지역의 욕구와 만족도에 대한 여론을 주도하는 데 중요 역할을 하는 여론 주도층이 존재한다. 예를 들어, 통반장, 이용자들 모임의 장, 각종 단체장, 기관장, 지방자치단체 의원, 복지서비스 전문가집단, 교사 등이 그들이다. 이들은 해당 지역의 소수 혹은 다수의 의견을 개진하는 데 중요한 기여를 하고 있기 때문에 해당 지역에서 현재 실행되고 있는 사회복지 서비스와 프로그램의 질을 판단하고 긍정적 · 부정적 측면들을 파악하여 지역사회에 전파하고 영향을 미치는 데 효과적인 전달자의 역할을 한다. 그러므로 현재 시행되고 있는 사회복지 서비스의 질을 측정하고 문제점이나 개선점들을 측정하는 데 중요한 역할을 할 수 있다. 여론주도층 조사는 지역사회 서베이나 서비스 이용자 조사와 동시에 이루어질 수 있다.

그러나 주로 개별 접촉을 통한 인터뷰 형식으로 의견을 청취해야 효과적이기 때문에 개별 접촉이 중요한 측정수단이 되기는 하지만 여론 주도층의 바쁜 일정 등 직임적 특성으로 인하여 인터뷰를 하기가 쉽지 않은 문제가 존재한다. 일반적으로 전화 인터뷰나 우편 서베이에 대한 응답비율도 높지 않기 때문에 실질적 자료 회수율이 높이 않은 것도 여론 주도층 조사를 어렵게 하는 또 다른 이유이기도 하다.

## 2. 프로그램 평가

**프로그램 평가**는 사회복지서비스를 원활하게 진행시키고자 마련한 각종 실질적 프로그램들이 원래 목표에 일치하여 시행되고 있는가, 프로그램 수행 중 발견되는 미비점과 보완점은 무엇인가, 유사 프로그램 개발을 위하여 얻을 수 있는 교훈이 있는가, 그리고 프로그램의 최적성을 얻고자 투입된 인적 · 물적 자원들이 적절하게 할당되었는가의 문제들을 확인하는 과정이다. 프로그램 평가는 수행 목적과 방법에 따라 성과평가, 형성평가, 효율성 평가, 과정평가 그리고 질적평가로 구분할 수 있다.

### 1) 성과평가(총괄평가, 영향평가)

시행된 사회복지 프로그램이 목적했던 목표를 결과적으로 만족시켰는지(혹은 그 프로그램에 참여한 결과 프로그램 참여 전후에 어떤 차이가 발생했는지)를 측정하기 위하여 **성과평가**(outcome evaluation)가 이루어진다. 성과평가에 의하여 평가자는 ① 문제의 정도와 필요, ② 문제를 완화시키기 위하여 사용할 수 있는 방법들과 그것이 미치는 영향의 정도, ③ 향후 사용될 수 있는 프로그램 설계방법 등을 알 수 있게 된다(Hoggarth, 2010). 프로그램의 성공을 위하여 기여할 수 있는 요소들의 영향력을 알 수 있기 때문에 영향평가(impact evaluation)라고 불리기도 한다.

일반적으로 프로그램 이용자를 실험집단으로 하고, 그렇지 않은 집단을 통제집단으로 하여 양적측정방법을 사용해 결과의 변이 여부를 판단한다. 집단비교가 아닌 각각의 프로그램 이용자들을 대상으로 시계설계(time-series model)나 단일사례설계(single-subject model), 혹은 유사실험설계를 사용하여 결과를 측정할 수도 있다(Bryman, 2016).

성과평가는 프로그램 목표의 승패 여부를 진단하는 것이기 때문에 프로그램 목표와 직접적으로 연관된 실제적 변화가 무엇인지, 그리고 목표에 변화를 가져오기 위하여 실제로 필요한 것들이 무엇인지 파악하는 것이 중요하다. 이때 프로그램 목표는 단기 · 중기 · 장기적 목표들을 가지고 있을 것이기 때문에 프로그램 참여로 인하여 발생하는 즉각적 변화, 프로그램 중반에 발생하고 있는 변화, 그리고 궁극적으로 프로그램으로 인해 발생하는 성취요소들에 대한 측정이 함께 이루어져야 한다. 예를 들어, 청소년 금연 프로그램에 대한 성과평가를 원할 때 평가자는 다음과 같은 질문들을 포함할 수 있다.

- 금연 프로그램 참여 청소년들이 프로그램에 참여하지 않은 청소년들에 비하여 담배 피우는 양이 줄어들었는가?
- 금연 프로그램에 참여한 청소년들이 그렇지 않은 청소년들에 비하여 담배를 피우기 시작하는 사건이 덜 발생하는가?
- 금연 프로그램에 참여한 청소년들이 그렇지 않은 청소년들에 비하여 학교생활에 긍정적 변화가 있는가?
- 금연 프로그램에 참여한 청소년들의 담배에 대한 인식이 프로그램에 참여하지 않은 청소년들에 비하여 긍정적으로 전환되었는가?

### 2) 형성평가

**형성평가**(formative evaluation)는 평가과정 초기에 실행되는 평가방법으로서 클라이언트를 위하여 '시작된 개입이 어떻게 성취/개선될 수 있는가' 혹은 '또 다른 개입을 필요로 하는가'를 결정하기 위하여 소수를 대상으로 해당 프로그램에 대하여 어떻게 생각하는지 질문하는 방법을 사용한다(Willam, 2018). 그러므로 형성평가를 통하여 얻어진 정보들은 효과적인 개입을 위하여 매우 중요한 자료가 된다. 형성평가는 일반적으로 자유로운 피드백을 포함하는 서베이를 통해 실행되는데, 현재 '수행되고 있는 프로그램이 기존의 목표로 했던 내용들을 성취하기 위하여 어떤 요소들이 개발되어야 하는가'에 대한 정보가 얻어진다(Willam, 2018). 각 이용자에 대하여 개발된 개별 성취요소들은 차기 형성평가를 위해 중요한 자료가 된다. 개별 내용들은 프로그램 평가자들에 의해 충분히 검증하는 절차를 거쳐 개선된 안으로 다시 만들어진다. 이와 같은 과정은 수차에 걸쳐 수행되어 최상의 개입방법을 찾는 데 초점을 맞춘다.

예를 들어, 지역 복지관이 지역사회 주민들이 관내 가용 사회복지 자원을 효과적으로 사용할 수 있도록 '맞춤형 사회복지 자원 찾기' 홈페이지를 가동하였을 때 다음과 같이 할 수 있다.

- 홈페이지를 구축한 이후 초기기간 동안 얼마나 많은 사람이 찾아오고, 어떤 가용자원에 대한 관심이 많은지 관찰할 수 있다.
- 홈페이지 구축 초기에 이용자들을 대상으로 홈페이지가 필요한 가용자원을 적절하게 포함하고 있는지, 자주 이용하게 되는지, 문제점이 무엇인지를 질문할 수 있다.
- 초기 이용자들 중 일부(예: 소외계층이면서 접속이 쉽지 않은 독거노인, 장애인)를 표집하여 홈페이지를 이용하는 데 어려움이 없는지 측정할 수 있다.
- 초기 이용자들 중 일부를 계층별로 표집해 그룹회의에 초청하여 서로의 의견을 나누도록 하면서 문제점들과 효과적인 이용방안을 찾을 수 있다.

이러한 각각의 과정은 형성평가에 포함되며, 형성평가를 통하여 초기에 프로그램 개선을 시도할 수 있다는 장점이 있다. 그러나 형성평가가 문제해소를 위한 모든 해결방법을 제시해 주는 것이 아니며 특히 프로그램 시작 초기에 시행하기 때문에 프로그램 전체의 효과성을 측정하는 데 무리가 있고, 일반적으로 프로그램 개발 시 형성평가를 위한 재원은 따로 포함하지 않는 경우가 많기 때문에 형성평가를 실행하기 위한 예산상 문제가 있을 수 있다는 단점이 있다.

### 3) 효율성 평가

**효율성 평가**(efficiency evaluation)는 프로그램이 목적한 성과를 수행하기 위하여 어느 정도로 효과적이었나를 객관적으로 판단하는 것이다. 효율성 평가의 초점은 프로그램 성과들이 프로그램을 수행하기 위하여 사용된 비용에 견주어 볼 때 어느 정도로 효과적이었나를 보는 데 있다(Rossi, Lipsey, & Henry, 2019). 예를 들어, 주간보호 프로그램을 수행했다고 가정했을 때 그 프로그램이 재가복지나 장기요양에 비하여 비용 면에서 더 효율적이었는가를 평가하는 것이다.

효율성 평가는 비용효과분석(cost-effectiveness analysis)와 비용편익분석(cost-benefit analysis)으로 구분될 수 있다. **비용효과분석**은 최상의 결과산출을 위해 사용된 프로그램들이 화폐단위당 얼마나 사용되었는가를 분석하는 것이고(기술적 효율성에 관한 결정에 적당), **비용편익분석**은 프로그램 성과와 프로그램에 사용된 비용을 둘 다 표현한다.

예를 들어, 방과 후 프로그램의 효율성 평가를 원할 때 평가자는 프로그램의 효율성 측면에서 프로그램의 비용효과가 얼마나 있는가? 혹은 비용 대비 편익 비율을 조사하게 될 것이다. 이때 반드시 포함되어야 할 질문은 다음과 같다.

- 프로그램에 참여하는 직원의 비용이 얼마인가?
- 프로그램 운영을 위해 소요된 교육재료 비용은 얼마인가?
- 경상유지 비용은 얼마인가?
- 프로그램 참여자 1명당 비용은 얼마인가?

### 4) 과정평가

**과정평가**(process evaluation, performance evaluation)는 평가하고자 하는 프로그램이 목적하는 결과들을 얻도록 어떻게 수행되고 있는지 분석하는 것이다. 특별히 과정평가는 프로그램이 장기간 지속될 경우, 프로그램을 수행하는 직원이나 이용자가 해당 프로그램에 대하여 다수의 불만을 토로하는 경우, 혹은 외부 평가자가 해당 프로그램이 어떻게 수행되는지 알고자 할 경우 주로 사용된다(Blokdyk, 2019).

과정평가를 위해서는 다음과 같은 질문들이 필수적으로 포함되어야 한다.

- 프로그램 이용자들은 왜 해당 프로그램을 선택하는가?
- 프로그램을 수행하기 위하여 프로그램 운영자는 어떤 훈련을 받아야 하는가?
- 프로그램 이용자들은 어떻게 해당 프로그램을 알게 되었는가?
- 프로그램에 참여하기 위하여 이용자들이 갖추어야 하는 사전 요건이 있는가?
- 프로그램의 일반적 수행절차는 무엇인가?
- 이용자들이 프로그램의 장점이라고 생각하는 점들은 무엇인가?
- 프로그램 수행자가 생각하는 프로그램의 장점들은 무엇인가?
- 수행자나 참여자가 생각하는 단점들은 무엇들인가?
- 프로그램의 개선을 위하여 추천할 만한 것들은 무엇인가?
- 수행자나 참여자가 해당 프로그램이 더 이상 필요하지 않다고 결정하게 되는 근거는 무엇인가?

### 5) 질적평가

**질적평가**(qualitative evaluation)는 프로그램의 분석은 단순히 양적 계량화에 의한 분석에 의미를 두기보다는 참여자들의 다양한 의견을 수집하여 계량화가 힘든 부분들에 대한 의미 발견에 초점을 두는 평가방식을 의미한다(Patton, 2002). 질적평가는 주로 관찰, 심층면접, 사례연구, 집단면접의 방식을 사용하여 이루어진다.

예를 들어, 청소년 성상담 프로그램에 대하여 질적평가를 시행한다고 했을 때 다음과 같은 정보를 수집하려고 할 것이다.

- **프로그램의 내용, 질, 적절성**: 무엇을 배웠으며, 새로운 지식이 얻어졌는가? 얻어졌다면 어떤 방식을 통하여 그것이 가능했는가?
- **프로그램 참여자들의 태도와 성취감**: 청소년들은 수행자와 상담자료들에 대하여 어떻게 생각하는가? 자신의 성 태도에 있어 어떤 변화가 있었는가? 그렇다면 어떤 종류의 변화가 있었는가?
- **프로그램 수행자의 능력**: 상담수행자들은 성상담을 진행함에 있어 적절한 전달방식을 사용하였는가? 참여자들을 존중하고 참여자의 입장에서 접근하였는가?
- **상담자료**: 상담자료는 이용 청소년들의 문화를 적절하게 반영하고 있는가? 서

로 다른 청소년 내방자들에 대하여 각각 적절한 내용을 포함하고 있는가? 청소년들이 배우고 싶어 하는 정보를 적절하게 포함하고 있는가?

- **상담 프로그램의 전략과 수행방식의 효율성**: 청소년 성상담 프로그램에 참여하는 청소년들은 이 프로그램이 성공적인 성상담 프로그램이라고 생각하는가? 상담을 위하여 실행된 내용 중 청소년들이 좋아하는 것과 싫어하는 것은 무엇인가? 비용은 적절한가? 내방한 청소년들은 이 프로그램이 지속적으로 수행될 가치가 있다고 생각하는가?

## 참고문헌


보건복지부(2020). 한눈에 보는 복지정보. http://www.mohw.go.kr/react/index.jsp

최구묵(2015). 사회조사방법론. 경기: 양서원.

Altschuld, J. W., & Kumar, D. D. (2009). *Needs Assessment*. New York: SAGE Publications, Inc. New York: 5STARCooks.

Blokdyk, G. (2019). Performance Evaluation A Complete Guide-2019 Edition. New York: 5starCooks

Bryman, A. (2016). *Social Research Methods* (5th ed.). New York: Oxford University Press.

Hoggarth, L. (2010). *Practical Guide to Outcome Evaluation*. New York: Jessica Kingsley Publishers.

Maslow, A. H. (2011). Hierarchy of Needs: A Theory of Human Motivation. www.all-about-psychology.com

Patton, M. Q. (2002). *Qualitative Research & Evaluation Methods*. New York: SAGE Publication, Inc.

Rossi, P. H., Lipsey, M. W., & Henry, G. T. (2019). *Evaluation A Systematic Approach*. New York: SAGE Publication, Inc.

William, D. (2018). embedded Formative Assessment (Strategies for Classroom Formative Assessment That Drives Student Engagement and Learning). *New Art and Science of Teaching* (2nd ed.). New York: Solution Tree Press.

제10장

# 질적연구방법

이 장에서는 과학적 조사방법의 하나인 질적연구방법에 대해 양적연구와 비교하여 살펴보고, 혼합연구방법에 대해 알아본다. 질적연구방법을 어떠한 경우에 사용하는지와 질적연구의 쟁점, 질적연구방법의 특성과 종류에 대해서 배우고, 질적연구의 자료수집방법과 연구과정 그리고 질적연구의 엄격성에 대해 이해하게 된다.

만약 한 연구자가 위안부 할머니의 경험과 생애사를 연구하고자 한다면 양적연구보다는 질적연구가 더 적합할 것이다. 첫째, 조사의 일반화를 가능하게 할 만큼 많은 수의 위안부 할머니를 만나는 것이 쉽지 않기 때문이고, 둘째, 위안부 할머니의 마음속 깊은 곳에 있는 한이나 서러움을 설문조사 등의 방법으로 담아내는 데는 한계가 있기 때문이다. 이렇듯 연구목적에 따라 적절한 연구방법을 찾게 되는데 위안부 할머니의 경우처럼 연구대상의 심리상태까지 상세하게 연구하고자 하는 경우 질적연구방법을 선호하게 되는 것이다. 질적연구방법은 인위적으로 조작된 상황에서 행해지는 실험 및 설문조사와는 달리 자연스러운 상황에서 조사자가 조사대상자가 행동하고 생각하는 일상에 참여하거나 그 일상을 관찰하면서 조사대상이 갖고 있는 경험 세계와 가치관을 대상자의 주관적 시각으로 이해하는 연구방식이다. 양적연구방법의 수량적(통계적)인 자료분석방법과는 구분되며 단순하게 양화할 수 없는 연구주제나 사회연구에 적합하다. 질적연구에서는 양적연구자들이 파악하기 어려운 태도와 행위의 여러 가지 미묘한 특징들을 간파할 수 있는 장점이 있다.

또한 이론을 배경으로 세운 가설을 검증함으로써 어떠한 사실을 발견해 가는 양적연구방법과는 반대로 자연적이고 실제적인 생활의 장에서 사람들의 행동과 그에 부합되는 의미들을 관찰하고 해석함으로써 어떠한 관계나 패턴을 발견해 내고 새로운 시각(통찰력)을 만들어 가는 이론생산 활동(theory generating activity)이라 할 수 있다. 따라서 질적연구방법은 탐색적 성격이 강하며 심층적이고 풍부한 사실 발견이 가능한 과학적인 조사방법의 하나로서 소외되기 쉬운 사회복지 대상자들의 내면 깊숙이 숨어 있는 삶의 이야기까지도 연구할 수 있는 유용한 조사방법인 것이다.

## 1. 양적 · 질적연구방법론의 비교

질적연구의 여러 특성을 양적연구와 비교하면 다음과 같다.

표 10-1 질적연구와 양적연구의 특성 비교

| | 질적연구방법 | 양적연구방법 |
|---|---|---|
| 연구성격 | 주관적 | 객관적 |
| 접근방법 | 귀납적 | 연역적 |
| 조사설계 및 자료수집의 유연성 | 유연성 | 구조적 경직성 |
| 연구목적 | 관계와 패턴 발견 | 이론적 배경과 가설 검증 |
| 연구성격 및 연구자의 역할 | 탐색적 학습자 | 설명적 전문가 |
| 척도 활용과 수량적(통계적)인 분석 | 저조함 | 활발함 |
| 표본의 크기 | 작은 표본과 대상자 가능 | 규모가 큰 표본 사용 |

### 1) 연구 성격: 주관적 VS. 객관적

질적연구는 조사자와 조사대상자들의 주관적인 인지나 느낌, 해석 등을 모두 합법적인 자료들로 간주하여 사용한다. 반면, 양적연구에서는 연구자의 주관이 개입되면 연구결과의 객관성을 유지할 수 없다고 여기기 때문에 연구자의 주관을 철저하게 배제하여 객관적이고 (측정 가능한) 일반화할 수 있는 결과를 산출한다. 하지만 양적연구에서도 연구자료를 해석할 때는 연구자의 주관이 개입된다.

### 2) 접근방법: 귀납적 VS. 연역적

일반적으로 질적연구는 귀납적 방법을 사용하고 양적연구는 연역적 방법을 사용하는 것으로 이해된다. 질적연구는 경험들을 수집하면서 그것을 근거로 하여 잠정적인 이론에 도달하는 귀납적 과정을 선호한다. 반면, 양적연구는 어떤 이론을 기반으로 가설을 설정하고 그 가설을 검증하여 이론을 일반화하는 연역적 방법을 사용한다.

### 3) 조사설계 및 자료수집의 유연성: 유연성 VS. 구조적 경직성

질적연구는 조사에 필요한 절차나 단계들을 사전에 엄격하게 결정하지 않으며 조사연구자들은 그것들에 구애받지 않고 상황에 따라 적절한 방법들을 채택해 나갈 수 있다. 반면, 양적연구는 연구설계 및 변수 등이 사전에 정해져 있어서 조사연구자나 대상자의 상황에 맞추어 유연하게 조절할 수 없다.

### 4) 연구목적: 관계와 패턴 발견 VS. 이론적 배경과 가설 검증

정확하게 정의된 검증할 가설을 가지고 자신의 연구과업에 접근하는 질적연구자는 거의 없다. 대개의 경우 질적연구자는 미리 예측할 수 없는 지속적인 과정을 통해서 의미를 만들어 가도록 시도한다. 먼저 관찰과 면접을 통해 자료를 수집하고 수집된 자료를 기초로 주제나 관계 등 패턴을 발견하고, 이를 토대로 이론을 형성해 가기도 한다. 반면, 양적연구는 어떤 이론적 배경을 가지고 가설을 검증하는 방법으로 이루어진다.

### 5) 연구 성격 및 연구자의 역할: 탐색적 학습자 VS. 설명적 전문가

질적연구는 이론적 배경이나 가설 없이 시작이 가능한 연구로서 탐색적 연구이며 연구자의 역할도 학습자로서의 성격이 강하다. 반면, 양적연구는 이론적 배경을 가지고 가설을 검증하는 방법으로 어떠한 현상을 설명하는 연구이며 연구자가 전문가로서의 역할을 감당한다.

### 6) 척도 활용과 수량적(통계적)인 분석: 낮은 활용도 VS. 높은 활용도

질적연구는 척도나 측정도구의 활용이 적고 통계학이나 수량적 분석이 드물다. 반면, 양적연구는 척도나 측정도구의 활용이 빈번하고 계량화된 분석을 사용하는 등 수량적 성격이 강하다.

### 7) 표본의 크기: 작은 표본 VS. 큰 표본

질적연구는 규모가 큰 표본을 사용하여야 하는 양적연구와는 달리 작은 표본과 대상자에게도 적용이 가능한 장점이 있다.

## 2. 양적조사와 질적조사를 통합한 혼합연구방법

최근 많은 연구자가 양적조사와 질적조사를 통합한 **혼합연구방법**(mixed method)을 활용하고 있다. 양적연구와 질적연구를 각각 적용한 연구결과를 결합하거나 연합함으로써 연구 결론의 타당성을 높일 수 있는 연구방법이기 때문이다(조학래, 2020). 혼합연구방법을 사용하기 위해서는 연구자가 양적연구방법과 질적연구방법에 대한 지식을 모두 갖추어야 한다. 또한 실증주의 패러다임에 기반한 양적연구방법과 해석주의 패러다임에 기반한 질적연구방법을 수용할 수 있어야 한다. 김유경(2020)은 혼합연구방법을 사용하는 이유와 혼합연구방법의 유형 및 설계유형을 다음과 같이 보고하고 있다.

### 1) 혼합연구방법을 사용하는 이유

혼합연구방법을 사용하는 첫 번째 이유는 한 방법에서 얻은 결과를 다른 방법을 사용해 보다 확장하기 위해서이다. 예를 들면, 양적방법에서 얻게 된 결과를 다른 사례에 적용하는 질적방법을 통해 보다 심층적으로 이해하려고 하는 경우이다. 두 번째는 한 방법을 위한 아이디어나 방법을 도출하기 위해서이다. 양적방법에 적용할 수 있는 연구 질문을 확인하고자 할 때 또는 양적 측정도구를 개발하고자 할 때 우선적으로 질적연구를 실시할 수 있다. 세 번째는 양적방법이나 질적방법을 통해 얻은 결과가 다른 조사방법을 통해서도 유의미하게 입증되는지를 알아보고자 하기 위함이다.

### 2) 혼합연구방법의 세 유형

혼합연구방법의 유형은 세 가지로 나누어 볼 수 있다. 첫 번째 유형은 질적조사 후 양적조사를 수행하는 유형이다. 질적조사를 통해 어떠한 개념이나 잠재적 가설을 탐색한 후 도출된 개념을 조작화하여 양적조사를 통해 그 가설을 검증하는 유형이다. 두 번째 유형은 양적조사 후 질적조사를 수행하는 방법이다. 양적조사를 통해 얻은 응답을 보다 심층적으로 이해하기 위해 질적조사를 추가로 수행하거나 양적조사를 통해 응답을 충분히 얻지 못했을 때 다시 질적조사를 수행하여 응답을 얻고자 하는 유형이다. 세 번째 유형은 양적조사와 질적조사를 동시에 수행하는 것이다. 한 연구에서 양적연구방법과 질적연구방법을 통합하여 수행하는 연구방식이다. 이때 두 가지 연구방법에 같은 비중을 두고 병행조사가 이루어질 수도 있지만, 어느 한 연구방법에 더 비중을 두고 조사가 수행될 수도 있다.

### 3) 혼합연구방법의 설계유형

Creswell(2015; 김유경, 2020에서 재인용)은 혼합연구방법의 유형을 네 가지로 설명하였다. 첫 번째 설계유형은 삼각화(triangulation)이다. 삼각화는 양적 및 질적 자료를 동시에 수집해서 함께 분석하는 방법이며, 이때 두 가지 자료에 동일한 비중을 부여한다. 두 번째 설계유형은 병합(embedded)이다. 병합은 질적 또는 양적조사 중 한 방법이 주로 사용되고 다른 방법이 이차적으로 사용되는 방법이다. 세 번째는 설명(explanatory)이다. 설명은 두 단계의 연구절차를 진행하는데, 1단계에서는 양적연구방법이 사용되고 2단계에서는 질적연구방법이 활용된다. 즉, 양적연구방법에서 얻은 결과에 대한 추가적인 해석이나 설명을 질적조사를 통해 제공한다. 네 번째는 탐색(exploratory)이다. 탐색은 설명과 마찬가지로 두 단계의 연구절차를 진행하는데, 설명과는 반대로 1단계에서 질적연구방법이 사용되고 2단계에서 양적조사가 이루어진다. 이는 질적연구방법에서 도출된 내용을 이어진 양적조사방법을 통해 탐색해 보는 유형이다

## 3. 언제 질적연구를 하는가

Padgett(1998)는 질적연구자가 되는 이유로 다음과 같은 공통점들이 있다고 지적하였다.

### 1) 탐구된 바가 거의 없는 주제에 대한 탐구적 접근을 하고자 할 때

에이즈(AIDS)로 인해서 부모를 잃고 고아가된 손자녀를 돌보는 조부모의 경험, 동성연애자들의 가족학대, 여성 호르몬제를 투약하는 갱년기 여성의 경험 등 새로운 분야에 대한 연구를 개척할 때 질적연구방법을 사용한다.

### 2) 민감하고 감성적인 주제를 연구하고자 할 때

근친상간을 경험한 사람들에 대해서 연구하고자 하거나 마약중독자, 갱조직의 구성원, 매춘, 자동차 절도범 등에 대해 연구하고자 한다면 구조화된 설문지를 통해서는 충분한 정보를 얻기가 어려울 것이다. 이런 경우 질적연구의 활용이 도움이 될 것이다.

### 3) 경험자의 관점에서 살아 있는 경험의 의미를 찾고자 할 때

노숙자 할머니의 인생과정을 알고자 하거나 만성적인 고통에 시달리는 환자가 겪게 되는 경험들을 알고자 할 때 연구대상자들이 자신들의 세계를 바라보는 방식이나 자신들의 다양한 삶의 경험 속에서 여러 가지 의미를 찾을 수 있다. 이때 그

연구대상자가 그 상황에서 부여하는 관점과 의미를 발견하기 위해 질적연구방법이 활용될 수 있다.

### 4) 개입과정에서 어떠한 일들이 일어나는지 내적 효과를 이해하고자 할 때

질적연구방법은 프로그램이나 개입과정의 내부에서 어떤 일들이 일어나는지를 탐구하는 데 매우 유용한 연구방법이다. 즉, 우울증에 대한 인지행동치료와 같이 상당히 일반화된 치료도 그 과정에서의 아주 미미한 차이가 치료 반응에서는 개인들 간에 차이를 초래할 수 있음을 이해하고 과연 어떤 개입이 어떻게 성공을 이끌어 내는지 이해하려고 할 때 질적연구가 사용된다.

### 5) 양적연구 조사자로서 연구결과를 설명하기 어려울 때

때로는 양적연구에서 자료 수집과 분석이 이루어진 후 좀처럼 연구결과를 설명하는 데 어려움을 겪게 되는 경우가 있다. 이런 경우 질적연구방법을 보충적으로 활용함으로써 연구결과를 적합하게 설명할 수 있게 되기도 한다.

### 6) 연구와 사회운동 두 가지를 동시에 하려고 할 때

1960년대와 1970년대의 지역사회운동가, 페미니스트, 제3세계 해방운동에서 비롯된 행동주의 연구(action research)는 지식창출과 권한부여, 사회적 권익옹호 등의 사회운동과 연구를 병행하였다. 이때 연구자와 연구대상자의 관계를 중요시하는 질적연구방법이 효과적이라 할 수 있다.

**언제 질적연구를 하는가**

- 탐구된 바가 거의 없는 주제에 대한 탐구적 접근을 하고자 할 때
- 민감하고 감성적인 주제를 연구하고자 할 때
- 경험자의 관점에서 살아 있는 경험의 의미를 찾고자 할 때

- 개입과정에서 어떠한 일들이 일어나는지 내적 효과를 이해하고자 할 때
- 양적연구 조사자로서 연구결과를 설명하기 어려울 때
- 연구와 사회운동 두 가지를 동시에 하려고 할 때

## 4. 질적연구방법의 특성과 종류

Snap와 Spencer(2003: 최성재, 2005에서 재인용)에 의하면 질적조사의 특성은 다음과 같다. 첫째, 구체적이지 않고 일반적인 방향 제시 수준의 조사문제의 질문을 사용한다. 둘째, 표본은 그 크기가 작고 어떤 분명한 기준에 의해 의도적으로 선정된다. 셋째, 자료수집은 연구자와 연구대상자 간의 가까운 상호작용을 통하여 이루어진다. 넷째, 자료 자체는 아주 상세하고, 정보가 깊이 있고 풍부하다. 다섯째, 자료수집 중에 새롭게 나타나는 개념은 개방적으로 받아들여 계속 검토한다. 여섯째, 자료분석은 상세하게 기술하고 분류하고 유형화하고 설명하는 방법으로 한다. 일곱째, 자료분석 결과는 연구대상자의 사회적 세계를 다시 표현하는 것을 통하여 사회적 의미를 해석하는 데 초점을 둔다.

질적연구의 종류로 대표적인 다섯 가지에 대해 알아보겠다.

### 1) 내러티브연구

**내러티브연구**(narrative research)는 개인에 대한 조사문제나 조사주제를 이야기식으로 서술하는 것으로 연구대상자로 하여금 자연스럽게 그의 어린 시절부터 설명하여 현재에 이르게 된 과정을 이야기하게 함으로써 연구대상자의 성장과정을 이해할 수 있게 하는 방법이다. 초의수(2019)는 Craswell(2015)의 자료를 참고하여 내러티브 연구의 특성을 다음과 같이 정리하였다.

- 개인(혹은 문서, 집단, 집단의 대화 등)으로부터 자신의 생애 경험, 이야기로 된 삶의 경험을 수집하며, 개인의 경험, 정체성, 자아성찰을 파악한다.
- 자료수집은 면접, 관찰, 문서, 사진, 기타 질적자료원 등 다양하게 이루어지며,

연대기를 중심으로 정리하거나 과거-현재-미래의 시간적 순서방식으로 정리할 수 있다.

- 주제, 구조, 이야기대상 등 분석의 방식은 다양하다.
- 이야기 중에 전환점이나 현현(顯現, epiphany), 생애 중요한 사건이나 시점, 장소 혹은 상황 등의 맥락을 중요하게 고려한다.

이때 연구대상자는 자신의 경험을 이야기하게 되는데, 연구자는 그 이야기를 통해 연구대상자가 자신의 관점에서 중요하게 인식하는 사건이나 대상, 인물, 생각 등을 어떻게 의미화하고 해석하는지를 살펴보게 된다(조학래, 2020). 연구자는 인터뷰의 시작부터 적극적인 청취자의 역할을 하며 연구대상자의 생애 이야기는 그의 실제 세계와 긴밀하게 연관을 갖고 있어서 연구자의 의견이나 이론적 전제조건들이 연구자에 의해 영향을 미치지 않도록 하는 것이 중요하다(이호선, 2005).

### 2) 근거이론연구

**근거이론**(grounded theory)은 1967년 사회학자인 Glaser와 Strauss에 의해 발전되었고(Bengtson, & Schaie, 1999), 관찰자료에서 발견되는 유형, 주제, 공통 범주의 분석으로부터 이론을 도출해내려는 시도를 말한다. 근거이론연구에서 연구자는 미리 어떤 이론을 설정하지 않고 조사를 시작하며 자료 수집과 분석 과정에서 이론이 생성되도록 한다. 우선 이론개발에 도움을 줄 수 있거나 설명하려고 하는 현상을 경험한 사람을 선정하여 면접을 통해 자료를 수집한 후 자료를 부호화하고 분류된 개념들을 연결하여 새로운 개념이나 가설/이론을 도출한다. 그 후 연구자는 더 많은 사례를 찾고 더 많은 관찰을 하며 그 관찰을 이전의 관찰에서 발전시킨 개념이나 가설과 비교한다. 일단 연구자가 유사한 사례를 관찰하여 더 이상 새로운 통찰력을 얻지 못한다고 인식하면 다른 유형의 사례를 선정하고 같은 과정을 반복한다. 이를 지속적 비교(constant comparison)라고 한다. 이렇게 유사한 사례들과 새로운 유형의 사례를 더 찾아도 조사결과를 바꾸지 않는다고 믿을 때까지 반복할 수 있으며 이러한 과정들을 통해 믿을 만한 새로운 개념이나 이론을 도출한다.

### 3) 민속학적 조사연구

**민속학적 조사연구**(ethnographic study)는 실제의 자연스러운 세상에서 매일의 삶을 관찰하는 것에 초점을 두었으며 인류학에서 출발하였다. 이 연구방법은 일정한 집단이 공유하는 일정한 형태의 행동과 사고유형을 발견하는 조사방법으로 문화를 묘사하고자 노력하였다. 집단이 공유하는 행동, 신념, 언어적 양태에 대하여 조사를 실시할 수 있는 문화적 집단을 선정하고 6개월에서 1년 정도의 기간 동안 관찰과 면접을 통해 자료를 수집한 후 수집된 자료를 가지고 문화적 집단이 공유하는 행동, 신념, 언어의 형태를 분석하는 방법이다. 일반적으로 민속학에서 사용되는 절차에 대해 최일섭, 김성한, 정순둘(2001)은 다음과 같이 요약하였다.

① 생활의 장에 접근하기 위해 승인을 얻거나 접근을 시도한다.
② 연구에 사용될 장비를 준비하고 모은다.
③ 생활의 장에 들어간다; 몰입하고, 참여관찰을 하고, 대화를 나눈다.
④ 중요 정보제공자를 찾아내고, 정보를 기록하며, 이해를 얻는다.
⑤ 자료를 가지고 해석, 명료화 및 환류한다.
⑥ 필요한 자료를 더 수집한다.
⑦ 생활의 장을 떠난다.
⑧ 자료를 조합하고, 분석하고, 서술한다.

### 4) 사례조사연구

**사례조사**(case study)연구는 개별적 사례(어떤 개인이나 집단)에 관한 정보를 체계적으로 조직화하는 연구방법으로 사회과학의 다양한 분야에서 활용되고 있다. 어떤 개인이나 집단에 있어서의 문제를 연구문제로 설정하고 선정한 연구대상자로부터 자료를 수집하여 사례에 대한 자세한 서술과 함께 연구문제나 주제에 대해 분석 및 그 사례의 상황이나 조직적 맥락을 생각하면서 조사문제의 의미를 해석한다. 주로 사례와 관련이 있는 자료를 수집하기 위해 면접, 사회력, 개인력, 관찰 등의 방법을 사용한다.

## 5) 참여행동조사연구

**참여행동조사연구**(participatory action research: PAR)는 연구자와 연구대상자가 함께 토론과 상호작용을 통해 지역사회의 문제를 인식하고 문제를 분석함으로써 문제를 해결하기 위한 조사방법이다. 단순히 지역사회 문제나 현실을 밝히는 데 그치지 않고 급진적인 변화가 이루어지도록 하는 것이 목적으로, 사회변화(social change)와 임파워먼트(empowerment)가 주요 과제이다(황성동, 2006).

참여행동조사연구의 한 예로 UN 식량·농업단체의 주민참여 프로그램(People's Participatopm Programme: PPP)을 들 수 있는데, 이 프로그램은 지역주민들이 작은 자조집단을 만들고 자원을 이용함으로써 그들의 목적을 달성할 수 있음을 보여 주었다(FAO People's Participation Programme, http://www.fao.org/sd/ppdirect/ppre0004.htm). 이 프로그램에서는 약 130명의 집단도우미가 8~15명의 소집단을 만들어 문제인식과 대화, 토론, 교육 등을 통해 스스로 의사결정을 하고, 임파워먼트를 통해 자율적으로 문제(빈곤)를 해결해 나가도록 유도하였다.

#### 질적조사의 특성

- 구체적이지 않고 일반적인 방향제시 수준의 조사문제의 질문을 사용한다.
- 표본은 그 크기가 작고 어떤 분명한 기준에 의해 의도적으로 선정된다.
- 자료수집은 연구자와 연구대상자 간의 가까운 상호작용을 통하여 이루어진다.
- 자료 자체는 아주 상세하고, 정보가 깊이 있고 풍부하다.
- 자료수집 중에 새롭게 나타나는 개념은 개방적으로 받아들여 계속 검토한다.
- 자료분석은 상세하게 기술하고 분류하고 유형화하고 설명하는 방법으로 한다.
- 자료분석 결과는 연구대상자의 사회적 세계를 다시 표현하는 것을 통하여 사회적 의미를 해석하는 데 초점을 둔다.

질적연구의 종류

| 종류 | 종류별 특성 |
|---|---|
| 1. 내러티브연구 | • 개인에 대한 연구문제나 연구주제를 이야기식으로 서술하는 것<br>• 연구대상자로 하여금 자연스럽게 그의 어린 시절부터 설명하여 현재에 이르게 된 과정을 이야기하게 함으로써 연구대상자의 성장과정을 이해할 수 있게 하는 방법<br>• 연구자의 의견이나 이론적 전제조건들이 연구자에 의해 영향을 미치지 않도록 하는 것이 중요(이호선, 2005). |
| 2. 근거이론연구 | • 1967년 사회학자인 Glaser와 Strauss에 의해 발전<br>• 미리 어떤 이론을 설정하지 않고 조사를 시작하며 자료 수집과 분석 과정에서 이론이 생성되도록 함<br>• 우선 이론개발에 도움을 줄 수 있거나 설명하려고 하는 현상을 경험한 사람을 선정하고, 면접을 통하여 자료를 수집한 후 자료를 부호화 및 분류된 개념들을 연결하여 새로운 개념이나 가설/이론을 도출<br>• 그 후 연구자는 더 많은 사례를 찾고 더 많은 관찰을 하며 그 관찰을 이전의 관찰에서 발전시킨 개념이나 가설과 비교<br>• 일단 연구자가 유사한 사례를 관찰하여 더 이상 새로운 통찰력을 얻지 못한다고 인식하면 다른 유형의 사례를 선정하고 같은 과정을 반복<br>• 이렇게 유사한 사례들과 새로운 유형의 사례를 더 찾아도 연구결과를 바꾸지 않는다고 믿을 때까지 반복할 수 있으며 이러한 과정들을 통해 믿을 만한 새로운 개념이나 이론을 도출 |
| 3. 민속학적 조사연구 | • 실제의 자연스러운 세상에서 매일의 삶을 관찰하는 것에 초점을 둠<br>• 인류학에서 출발<br>• 집단이 공유하는 행동, 신념, 언어적 양태에 대하여 조사를 실시할 수 있는 문화적 집단을 선정하고 6개월에서 1년 정도의 기간 동안 관찰과 면접을 통해 자료를 수집한 후 수집된 자료를 통해 문화적 집단이 공유하는 행동, 신념, 언어의 형태를 분석하는 방법 |
| 4. 사례조사연구 | • 개별적 사례(어떤 개인이나 집단)에 관한 정보를 체계적으로 조직화하는 연구방법<br>• 주로 사례에 대한 관계 있는 자료를 수집하기 위해 면접, 사회력, 개인력, 관찰 등의 방법을 사용 |
| 5. 참여행동 조사연구 | • 연구자와 연구대상자가 함께 토론과 상호작용을 통해 지역사회 문제 인식과 문제 분석을 통해 문제를 해결하기 위한 조사방법<br>• 단순히 지역사회 문제나 현실을 밝히는 데 그치지 않고 급진적인 변화가 이루어지도록 하는 것이 목적<br>• 사회변화(social change)와 임파워먼트(empowerment)가 주요 과제 |

# 5. 질적연구방법

## 1) 자료수집방법

### (1) 관찰

**관찰**(observation)은 일반적으로 우리의 생활 주변에서 일어나는 현상들에 관한 지식이나 정보를 얻는 가장 기본적인 방법으로 과학적인 조사연구의 유용한 자료수집방법이기도 하다. 관찰은 문제형성이나 가설을 찾기 위한 탐색적 수준에서도 사용되고, 수집된 연구자료의 분석결과를 해명하기 위한 보충적 자료의 수집을 위해서도 활용되며, 인과관계의 가설을 검정하기위한 자료수집에도 이용된다.

연구자가 연구대상자의 생활에 참여하는 정도에 따라 참여관찰(participant observation)과 비참여관찰(non-participant observation)로 나눌 수 있다. **참여관찰**은 연구자가 연구하려는 상황에서 완전히 참여자로 행동하며 관찰하는 것으로, 사람들에게 연구자가 조사를 하는 사람이 아니라 단지 한 사람의 참여자로만 보이게 하여 보다 자연스럽고 정상적인 행동을 관찰하는 방법이다. **비참여관찰**은 연구자가 제3자의 입장에서 관찰대상의 행동을 관찰하는 것으로, 관찰대상자는 자신이 연구대상자라는 사실을 전혀 인식하지 못할 수도 있다. 비참여관찰자가 완전참여자보다 연구대상에 영향을 미칠 가능성은 적으며, 연구대상을 완전히 이해하게 될 가능성도 그만큼 적어지게 된다.

#### 참여관찰의 장점

- 외부에서는 알 수 없는 감정이나 행동 등의 내부 사정을 심층적으로 조사하는 것이 가능하며 관찰대상의 총체적인 부분들을 자연스럽게 관찰할 수 있게 된다.
- 자연스러운 상황에서 관찰이 진행되므로 관찰대상에 대한 깊은 이해가 가능해지고 총체적인 관점에서의 관찰이 가능해진다.
- 질적조사방법의 특성상 탐색적인 지식이 축적될 수 있고 지식에 기술적인 면에도 활용이 가능하다.

**참여관찰의 단점**

- 참여관찰 집단으로 선정된 한 집단 안에서 관찰이 진행되기 때문에 관찰결과를 일반화하는 데는 문제가 있다.
- 관찰자의 주관적인 개입과 관찰자와 관찰대상자 간의 상호관계에 따른 반응 등이 포함되므로 조사대상에 대한 객관적인 관찰이 용이하지 않을 가능성이 있다.
- 관찰에서 표준화된 자료를 얻기 어려우므로 객관성 확보에 어려움이 있다.
- 연구대상자들에게 관찰자의 신분을 알리지 않고 관찰을 진행하는 경우 윤리적 문제가 따른다.
- 연구대상자들과 같이 주어진 업무를 수행하면서 관찰을 진행해야 하므로 업무가 과중해 효과적인 관찰이 어려울 수 있다.
- 참여관찰의 특성상 대규모의 집단을 대상으로 한 참여관찰은 어려움이 있다.

(강영걸, 박성복, 2008: 469)

### (2) 심층면접

**심층면접**(in-depth interview)은 연구자가 연구대상자와 깊이 있는 대화를 통해 연구대상자의 경험, 관계, 세계관 등의 자료를 수집하는 방법이다. 이때 주로 개방형 질문을 하여 보다 구체적이고 깊이 있는 내용들을 이야기하도록 유도한다. 심층면접에 앞서 연구자는 심층면접을 통해 얻고자 하는 정보들이 무엇인지를 명확히 할 필요가 있고 면접을 통해서 필요한 정보를 얻을 수 있도록 어느 정도는 면접의 목적과 내용을 구체화할 필요가 있다. 그래서 면접에 응하는 연구대상자도 그가 참여하는 연구의 중요성 등을 이해하고 성심껏 연구에 참여하도록 동기를 부여함도 중요하다. 물론 그들이 제공하는 정보에 대한 비밀보장에 대해서도 설명해야 한다.

심층면접은 그 형식에 따라, ① 구조화된 면접 스케줄(interview schedule)에 의한 면접, ② 반구조화된(표준화된) 면접 가이드(interview guide)에 의한 면접, ③ 비구조화된 면접의 세 가지로 나누어 볼 수 있다(김영천, 2006). 구조화된 면접 스케줄에 의한 면접이란 연구자가 구조화된 면접 스케줄(interview schedule)을 기초로 하여 연구대상자와 면접하는 것이다. 이 경우 면접자는 각 응답자에게 동일한 질문을 한다. 질문이 이미 정해져 있고 응답자는 그 질문들에 대하여 정해진 항목들 내에서 답을 하기 때문에 응답자가 가지고 있는 생각이나 의견을 자유롭게 표현할 수 없는 단점이 있으며 가장 덜 질적연구다운 방법이다. 반구조화된(표준화된) 면접 가이드(interview guide)에 의한 면접은 면접을 진행함에 있어 면접자가 범할 수 있는 인터뷰상의 유연성과 융통성을 배제한 면접형식이다. 구체적으로 진술된 일련의 질문에 대하여 응답자들이 어떻게 생각하는지를 답할 수 있도록 만든 방법이다. 면접 가이드에서 공통적으로 질문할 내용이 체계적으로 기술되어 있기 때문에 면접자는 모든 응답자에게 동일한 질문을 하면서 실행할 수 있는 장점이 있다. 또한 면접 중에 새로운 주제나 기대하지 못했던 내용은 면접주제로 선정되지 않는다. 비구조화된 면접은 면접자가 알고 싶은 주제에 대하여 자유로운 상태에서 개방적으로 응답자와 면접하는 것이다. 앞서 제시한 두 방법보다 훨씬 개방적이며 자유롭다. 그리고 효과적인 면접을 위해서는 면접자의 대화능력과 다양한 인간관계기술, 추론력이 필요하다. 이 방법은 응답자가 무슨 생각을 하고 있고 어떤 경험을 하였는지를 스스로 이야기할 수 있도록 하는 면접방법이다.

심층면접의 경우 면접상황을 녹음할 수도 있는데, 면접내용을 소중히 여기며 정확히 수집하고자 하는 의지를 나타내는 좋은 방법이기는 하지만 때로는 녹음을 남긴다는 부담감 때문에 솔직하고 깊이 있는 대화를 꺼릴 수 있을 뿐 아니라 어떤 주제들은 너무 세심해서 녹음을 하기에는 부담스러운 경우들도 있다. 어떠한 경우에도 녹음을 할 때에는 면접대상자의 사전 승낙이 꼭 필요하다.

### (3) 표적집단

**표적집단**(focus group)은 약 6~15명의 집단을 형성하여 어떤 이슈에 대한 참가자들의 다양하고 폭넓은 의견을 자유롭게 개진함으로써 의미 있는 제안 및 통찰력을 도출해 내는 방법이다. 본래 표적집단은 기업에서 상품이나 서비스에 대한 평가를 바탕으로 보다 나은 상품이나 서비스를 제공하기 위하여 정보를 수집하는 방법으로 사용되었는데, 최근에는 사회복지기관에서도 그 활용도가 높아지고 있다. 주로 개방형 질문을 사용함으로써 참여자로 하여금 보다 자유롭게 그들의 생각과 아이디어들을 나눌 수 있게 유도하여 유용한 제안을 할 수 있도록 돕는다. 또한 적은 비용으로 어떠한 조사에 앞선 예비조사의 성격을 갖고 정보를 수집하기도 한다. 표적집단은 표본크기가 작으므로 연구의 타당성을 높이기 위해 다양한 참여자로 여러 개의 표적집단을 형성 · 운영하여 믿을 만한 결과를 도출하도록 하는 것도 바람직하다.

표적집단의 단점으로는 선정된 표적집단의 응답자들이 모집단의 특성을 나타내지 않을 경우 자료의 신뢰성과 타당성에 문제가 생긴다. 또한 이 방법은 집단상황에서 면접이 이뤄지기 때문에 집단 역동이 작용하기도 한다. 집단 역동이 긍정적으로 작용하는 경우에는 일대일 상황에서 응답을 꺼렸을 응답자도 집단의 상황 속에서 활발한 의견 제시를 할 수 있는 분위기가 만들어질 수도 있다. 반면에 집단의 역동이 부정적으로 나타날 수도 있는데, 집단 안에서 다른 사람들의 영향을 받아 의견이 한쪽으로 편중되는 경향을 나타낼 수도 있다. 이러한 집단 역동을 긍정적으로 이끌기 위해서는 표적집단을 인도하는 사회자의 역할이 중요하다(강영걸, 박성복, 2008, 473).

### (4) 내용분석

**내용분석**(content analysis)은 텍스트(신문, 일기, 회의 자료 등)의 내용을 체계적으로 분석하여 연구자가 설정한 가설을 검증하는 질적연구방법이다. 본 분석에 대한 내용은 원석조(2020)와 김유경(2020)의 자료를 참고하여 정리하였다. '역대 대통령 취임사를 통해 나타난 역대 대통령의 국가관'을 분석한다거나 '신문에 드러난 시대에 따른 성인지적 의식변화' 등 텍스트를 분석대상으로 이용 가능한 다양한 자료를 분석에 활용하여 연구자가 설정한 연구가설을 검증하는 방법이다. 따라서 다른 사람의 자료를 분석에 활용하기 때문에 신뢰성, 타당성, 객관성을 확보하는 데 한계가 있다. 이러한 한계를 극복하기 위해 질적분석을 통한 다양한 계량화 작업을 하는데 이때 사용되는 방법으로는 범주화(categorization), 서열화(ranking), 평정(rating) 등이 있다. 때로는 분석단위의 결과에 대해 가중치(weight)를 부여하는 방법을 활용하기도 한다.

내용분석의 장점으로는 기존 자료를 분석에 활용하기 때문에 자료의 안정성 확보가 용이하다. 더불어 긴 시간 동안 축적된 자료를 분석할 수 있기에 시계열 자료를 활용 가능하다. 또한 질문지를 활용한 조사에 비해 비용과 시간이 절약된다. 반면, 내용분석의 단점은 기존 자료에 의존하기 때문에 연구의 범위가 제한적이라는 것이다. 자료를 벗어난 내용은 파악하기 어렵고, 획득 가능한 텍스트 자료가 없는 경우도 발생할 수 있다. 또한 기존의 자료가 타당한 자료인지 판단하는 데 어려움이 있을 수 있다. 분석절차의 체계성이 부족하여 다른 연구자가 동일한 텍스트를 대상으로 분석하는 경우에도 다른 결과를 도출할 수 있다. 마지막으로, 출간되지 않은 자료나 최신 자료는 표본에 포함되지 않을 수 있기 때문에 표본 편향이 나타날 수 있다.

## 2) 질적연구의 과정

질적연구의 과정은 다양하게 진행될 수 있지만 일반적으로 다음의 과정을 거친다.

### (1) 연구주제 개념화

문제를 발견하여 주제를 정하고 연구 대상자 및 현상을 결정한다.

### (2) 주제와 관련된 문헌 고찰 및 연구절차 설계

주제와 관련된 선행연구들에 대해 조사하고 전체적 연구절차를 구체적으로 계획하는 단계이다. 그러나 때로는 관련 주제에 대한 편견이나 선입견을 갖지 않기 위해 문헌 고찰을 자료수집이 완료된 후에 하기도 한다.

### (3) 자료수집

질적연구에서는 연구자가 보고 듣고 느끼는 모든 것이 연구자료가 되며 그 외에도 현장에서 이루어지는 모든 상황이 자료로 수집될 수 있다. 이때 정보제공자와의 관계가 너무 친밀하면 정보의 중립성이 왜곡될 수 있으므로 유의할 필요가 있다. 또한 자료수집에서 중요한 점은 연구문제에 대한 적절한 해답을 얻을 수 있는 연구대상자가 자연스럽게 생활하는 현장을 선택하고 그 조사현장에 성공적으로 접근하는 것이다. 연구자가 연구대상자들에게 용이한 접근을 하기 위해서 하기 그들의 언어나 관습 등을 익힐 필요도 있다.

### (4) 자료 분석 및 해석

수집한 자료를 계속 분석하면서 가설을 검증하기도 하고 새로운 가설을 설정할 수도 있다. 자료를 분석할 때에는 관찰한 자료에서 어떤 일정한 형태나 패턴을 찾아내는 것이 중요하며 관찰 노트를 분류하고 재조합하는 과정을 거친다. 전통적 방법은 종이나 카드를 사용하지만 요즘은 컴퓨터를 이용하여 보다 효과적으로 파일을 만들고 분석할 수 있다.

일반적으로 자료분석과정에서 주의해야 할 사항은 다음과 같다(이창희 외, 2008: 350).

① 현장 기록에 반드시 관찰자의 의견을 적는다.
② 발견한 것에 대해 메모를 남긴다.
③ 현장에 있는 동안 문헌 탐구를 하는 것이 좋다.
④ 관찰과정에서 알게 된 사실은 누설하지 않는다.

#### (5) 결과 보고

자료분석의 결과는 보고서로 작성한다. 보고서는 연구의 배경, 연구의 이론적 배경, 연구의 설계, 자료수집방법, 조사결과, 향후연구 및 정책적 함의 등이 포함된다. 그러나 양적조사 보고서와의 차이점은 질적조사는 자료 수집과 분석이 동시에 이뤄지기 때문에 기술할 때도 동시에 기록한다. 분석내용 또한 양적조사의 통계추론이 아니라 연구대상의 의미 구축에 대한 자료의 정리, 분류, 추상화 등으로 분석

**자료분석과정에서 범하기 쉬운 문제점들**

1. **편협성**(provincialism): 조사자가 현장을 자신의 관점에서 해석할 위험성은 언제나 존재한다.
2. **원주민화**(going native): 조사자가 관찰하고 있는 문화와 과도하게 동일시되면서 조사자로서의 자신의 정체감과 분석적인 자세를 잊고 조사대상자의 입장과 견해를 갖는 경우도 있다.
3. **감정적 반응**(emotional reactions): 조사자가 개인적으로 강한 반응이나 견해를 갖고 있는 이슈(예: 아동학대 또는 아내구타)들을 조사할 경우, 조사자가 관찰대상에 대해 감정적인 반응을 일으킬 수도 있다.
4. **성급한 결론**(hasty conclusion): 결론을 도출할 때에는 근거자료에 근거하여 본질적으로 합당한지를 판단해야 한다.
5. **의심스러운 원인**(questionable cause): 유료복지시설이 경기침체로 인해 폐쇄되었음에도 불구하고 유료복지시설 시설장의 운영 미숙으로 폐쇄원인을 결론 내리는 경우도 있다.
6. **보이지 않는 증거**(suppressed evidence): 언급하지 않은 관찰이나 결론에는 주목하지 않는 경우가 있다.
7. **잘못된 딜레마**(false dilemma): 잘못된 문제를 제기하는 경우도 있다.

(Kahane, 2001: 이창희 외, 2008: 351에서 재인용)

적 서술이 이뤄진다. 분석적 서술을 위해 목록 부호화와 분석적 메모, 추상화의 과정에 의하여 제시되는 분류 간의 관계나 형성된 가설 등을 뒷받침하기 위한 현장기록 가운데 가장 적절한 자료를 직접 인용하여 사용한다(이창희 외, 2008).

## 3) 질적연구의 엄격성

질적연구의 엄격성(rigor)은 질적연구를 통해 얻은 결과와 결과해석을 신뢰할 수 있는 정도를 말한다(Lincoln, & Guba, 1985). 질적연구를 하는 경우 연구자는 연구의 건실성을 입증하기 위해 여러 가지 질문에 답해야 한다. 연구를 통해 얻은 결과가 얼마나 신빙성이 있는 결과라고 할 수 있는가? 연구의 엄격성을 유지하기 위해 연구자는 어떤 기준을 적용했는가? 기존에 이루어진 연구와 모든 조건을 동일하게 한 상태에서 연구를 재연한다면 유사한 관찰방식을 통해 얻은 결과가 본래의 연구를 통해 얻은 결과와 부합하는가? 동일한 자료를 가지고 다른 연구자들도 동일한 해석을 할 것인가? 이러한 질문들을 통해 연구의 엄격성을 판단할 수 있는 지침을 얻을 수 있다(Padgett, 1998). 다음은 Padgett(1998)가 정리한 질적연구의 엄격성을 높이기 위한 6개의 전략이다.

### (1) 장기간에 걸친 관계 형성과 유지

질적연구의 가장 대표적인 특성 중 하나이며 현장에서 장기간에 걸쳐 이루어지는 연구자와 연구대상자 간의 관계를 말한다. 장기간에 걸친 관계형성(장기적 관여, prolonged engagement)은 연구대상자의 반응성(reactivity)과 연구자의 편견(research bias)을 줄이는 데 도움을 줄 수 있다. 연구자가 현장에서 오랜 시간을 보내게 되면 연구자의 존재를 자연스럽게 받아들이고 평소와 같이 편안하게 행동할 수 있게 될 것이다. 또한 장기간에 걸친 관계형성은 연구대상자들이 어떤 사실을 숨기거나 거짓말을 하는 것을 줄일 수 있다. 솔직하지 못한 연구대상자라 하더라도 연구자와의 면접이 길어지면 자신의 솔직하지 못함을 숨기기 어려워진다. 반면, 연구대상자와 장기간에 걸쳐 관계를 형성하는 경우 지나친 몰입으로 인해 객관적인 관찰과 해석을 방해받거나 연구자가 연구대상자에게 너무 익숙해져서 객관적 관찰과 해석의 중요성을 인식하지 못하고 연구대상자에 대한 편견을 갖게 되는 단점도 있다.

### (2) 다원화

질적연구에서 다원화(triangulation)란 정해진 혹은 고정된 하나의 점 또는 사항에 대해서 포괄적인 이해를 얻고자 다양한 자원을 활용하는 것을 말한다. 연구자가 다양한 정보 출처를 활용할 때 연구의 질이 높아질 수 있으며 네 종류의 다원화를 제시한 학자도 있다(Denzin, 1978).

① **이론 다원화**(theory triangulation): 하나의 자료를 해석하기 위해 여러 가지 다양한 이론과 관점을 활용하는 것이다.
② **연구방법 다원화**(methodological triangulation): 한 연구에서 여러 가지 연구방법을 함께 사용하는 것이다. 예를 들면, 한 연구에서 질적연구방법과 양적연구방법을 병행하여 사용하는 것이다.
③ **관찰자 다원화**(observation triangulation): 한 연구에서 여러 명의 연구 관찰자가 관찰을 하는 것이다.
④ **자료 다원화**(data triangulation): 한 가지 이상의 자료 출처(면접, 문서자료, 관찰자료 등)를 사용하는 것이다.

### (3) 동료집단의 조언 및 지지

질적연구에서는 많은 것이 연구자 한 사람에게 달려 있기 때문에 연구도구로서의 연구자는 지지집단에 참여함으로 각자가 현장연구나 자료분석과정에서 겪게 되는 정신적 어려움을 이야기하고 지지를 얻는 것이 도움이 된다. 그러나 한편으로는 지지집단은 연구자가 편견에 빠지지 않게 하는 감시기제로서의 역할을 하기도 한다. 또한 연구자로 하여금 연구의 전과정에서 정직성을 유지할 수 있게 하는 역할을 한다. 이러한 과정들을 통해 연구의 엄격성을 유지하는 요소로서의 역할을 하게 된다.

### (4) 연구대상을 통한 재확인

질적연구가 자료분석 단계에 접어들면 연구자는 자신의 해석과 코딩의 관련성 여부를 확인하기 위해 다시 연구대상자에게 돌아가 확인할 필요를 느끼게 된다. 따라서 연구자가 수시로 연구현장을 다시 찾아가서 자신의 연구가 올바른 방향으로 나아가고 있는지를 연구대상자를 통해 확인하는 것이다. 질적연구에서 연구대상자의 의견이나 관점은 존중되고 연구자 자신이 갖는 편견을 줄이는 방법으로도 가치가 있다. 또한 이러한 방법은 연구자와 연구대상자 간의 신뢰관계를 지속시킬 수 있는 좋은 방법이 된다.

### (5) 예외적 사례분석

예외적 사례분석이란 자료분석과정에서 연구자가 스스로에게 자기 자신의 결점을 찾아내는 역할을 부여하는 것이다. 이러한 과정을 거쳐 연구자는 연구의 신빙성을 높일 수 있게 된다.

### (6) 감사자료 남기기

감사(audit)자료를 남긴다는 것은 자료 수집 및 분석의 모든 과정을 기록으로 남기고 이를 공개하는 것을 말한다. 감사자료는 원자료, 즉 현장기록, 면접기록, 연구자가 자료수집, 자료분석 또는 코딩과정에서 어떤 결정을 내렸는지를 보여 주는 일지나 메모 등이 포함된다. 이러한 과정을 통해 다른 연구자가 연구 흔적을 따라 연구를 진행하면서 본래의 연구자가 얻었던 연구결과와 동일한 결과를 얻을 수 있는 능력을 높여 줄 수 있다.

#### 질적연구의 자료수집방법

| 종류 | 종류별 특성 |
| --- | --- |
| 1. 관찰 | • 일반적으로 우리의 생활 주변에서 일어나는 현상들에 관한 지식이나 정보를 얻는 가장 기본적인 방법<br>• 관찰은 문제형성이나 가설을 찾기 위한 탐색적 수준에서도 사용되고 수집된 연구자료의 분석결과를 해명하기 위한 보충적 자료의 수집을 위해서도 활용되며 인과관계의 가설을 검정하기 위한 자료수집에도 이용됨<br>• 연구자가 연구대상자의 생활에 참여하는 정도에 따라 참여관찰(participant observation)과 비참여관찰(non-participant observation)로 나눔 |
| | • 연구자가 연구대상자와 깊이 있는 대화를 통해 연구대상자의 경험, 관계, 세계관 등의 자료를 수집하는 방법<br>• 주로 개방형 질문을 하여 보다 구체적이고 깊이 있는 내용들을 이야기하도록 유도 |

| | |
|---|---|
| 2. 심층면접 | • 연구자는 면접의 목적과 내용을 구체화할 필요가 있고 연구대상자도 그가 참여하는 연구의 중요성 등을 이해하고 성심껏 연구에 참여하도록 동기를 부여함<br>• 그 형식에 따라 ① 구조화된 면접 스케줄(interview schedule)에 의한 면접, ② 반구조화된(표준화된) 면접 가이드(interview guide)에 의한 면접, ③ 비구조화된 면접의 세 가지로 나눔(김영천, 2006). |
| 3. 표적집단 | • 약 6~15명의 집단을 형성<br>• 이슈에 대한 참가자들의 다양하고 폭넓은 의견을 자유롭게 개진하여 의미 있는 제안 및 통찰력을 도출해 내는 방법<br>• 기업에서 상품이나 서비스에 대한 평가를 바탕으로 보다 나은 상품이나 서비스를 제공하기 위하여 정보를 수집하기 위한 방법으로 사용<br>• 주로 개방형 질문을 사용함으로써 참여자로 하여금 보다 자유롭게 그들의 생각과 아이디어들을 나눌 수 있게 유도<br>• 표본크기가 작으므로 연구의 타당성을 높이기 위해 다양한 참여자로 여러 개의 표적집단을 형성·운영하여 믿을 만한 결과를 도출하도록 하는 것도 바람직함 |

### 질적연구의 자료수집방법

〈질적연구의 과정〉

1 연구주제 개념화 → 2 주제와 관련된 문헌 고찰 및 연구절차 설계 → 3 자료수집 → 4 자료 분석 및 해석 → 5 결과 보고

### 질적연구의 엄격성을 높이기 위한 6개의 전략

1. 장기간에 걸친 관계 형성
2. 다원화
3. 동료집단의 조언 및 지지
4. 연구대상을 통한 재확인
5. 예외적 사례분석
6. 감사자료 남기기

## 참고문헌

강영걸, 박성복(2008). 사회복지조사론. 서울: 학현사.
김유경(2020). 에센 사회복지조사론. 경기: 공동체.
김영천(2006). 질적연구방법론. 서울: 도서출판 문음사.
이창희, 김병, 김준규, 이강, 이용한, 장천식, 조병철(2008). 사회복지조사론. 서울: 창지사.
이세형(2019). 사회복지조사론. 경기: 양성원.
이호선(2005). 사회복지실천을 위한 질적연구: 이론과 실제. 서울: 학현사.
원석조(2020). 사회복지조사론. 경기: 공동체.
조학래(2020). 사회복지조사의 이해. 서울: 도서출판 신정.
채구묵(2006). 사회복지 조사방법론. 경기: 양서원.
최성재(2005). 사회복지조사방법론. 경기: 나남출판.
최일섭, 김성한, 정순둘(2001). 사회복지 조사론. 서울: 도서출판 동인.
초의수(2019). 사회복지조사론. 경기: 정민사.

Babbie, E. (2002). 사회조사방법론(*The practice of social research*). (고성호, 김광기, 김상욱, 민수홍, 유홍준, 이성용, 이정환, 장준오, 정기선, 정태인 공역). 경기: 도서출판 그린. (원저는 2001년에 출판).

Bengtson, V. L. & Schaie, K. W. (Eds.). (1999). *Handbook of the Theories of Aging*. New York: Springer.

Creswell, J. W. (2015). 질적연구방법론-다섯 가지 접근(*Qualitative Inquiry and Research Design: Choosing Among Five Approaches*, 3rd. ed.). (조홍식, 정선욱, 김진숙, 권지성 공역). 서울: 학지사. (원저는 2015년에 출판).

Denzin, N. (1978). *Sociological Methods: A Sourcebook*. New York, NY: McGraw Hill.

Kahane, L. H. (2001). *Regression Basics*. Thousand Oaks, CA. Sage Publication Inc.

Lincoln, Y. S., & Guba, E. G. (1985). *Naturalistic Enquiry*. Beverly Hills, CA: Sage Publication.

Padgett, D. (1998). *Qualitative Methods In Social Work Research: Challenges and Rewards*. Thousand Oaks, CA: Sage Publication.

Snap, D., & Spencer, L. (2003). The faoundation of qualitative research. In J. Ritchie & J. Lewis (Eds.), *Qualitative research practice: A guide for social science students and researchers* (pp. 1-23).

Sustainable Development Department (SD). Food and Agriculture Organization of the United Nations (2006. 4. 8.). *FAO People's Participation Programme*. http://www.fao.org/sd/ppdirect/ppre0004.htm

제11장

# 자료분석의 기초적 이해

이 장은 수집된 자료의 분석에 관한 기초적인 이해를 목적으로 한다. 자료분석이 조사연구과정에서 차지하는 의의와 양적자료의 자료처리과정을 세부 단계별로 살펴보고, 통계적 분석의 범주별로 주요 특성을 개괄적으로 살펴보게 된다. 나아가 일원분석의 주요 통계치, 모수검정의 조건과 비모수검정의 개념 및 각각의 통계기법들을 이해한다.

## 1. 자료분석의 의미와 자료처리과정

### 1) 자료분석의 의미

자료분석은 사회조사를 통해 수집된 자료를 사회복지실천에 도움을 줄 수 있는 정보(information)로 전환하는 과정이다. **연역적 연구방법으로 진행한다면 수집된 자료를 분석하여 가설을 검정(test)함으로써 이론을 실증적으로 일반화하기까지의 단계에 해당한다.**[1] 사회과학 연구의 전체 과정에서 자료분석이 차지하는 위치는 [그림 11-1]과 같다.

1) 연역적 연구방법의 과정은 '이론-가설 설정-관찰-이론의 일반화'의 단계를 거치게 된다. 자료분석은 이론이 '일반화'될 수 있는지를 결정하기 위해 요구되는 선행단계로서 '관찰'에서 '일반화'에 이르기까지의 작업들이라고 볼 수 있다.

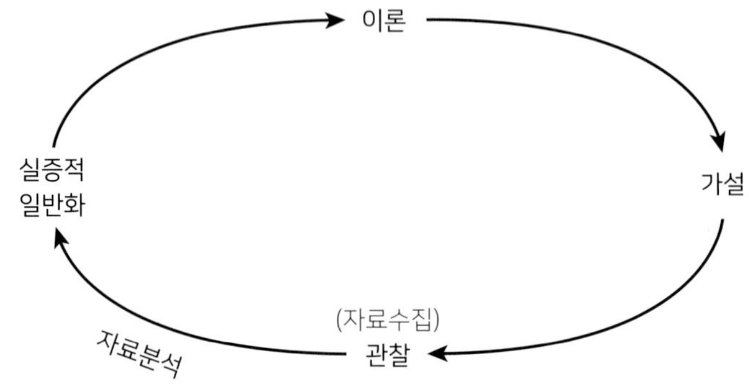


**[그림 11-1]** 자료분석의 위치

사회조사를 통해 수집된 자료는 양적자료의 경우 부호, 문자, 숫자의 형태로 구성되며, 질적자료의 경우 텍스트, 시청각자료 등의 형태로 구성되어 있다. 이러한 자료들은 연구자가 의도하였던 연구문제나 연구가설에 대한 해답을 찾기 위해 통계적인 기법을 활용하여 분석하게 된다. 자료를 통계적으로 처리하는 절차는 수집된 자료에서 의미 있는 과학적 지식을 산출하는 과정이라고 할 수 있다(최성재, 2005: 22).

양적자료의 경우 컴퓨터 통계 프로그램을 통해 편리하게 통계처리의 산출물을 얻을 수 있다. 조사자가 자료를 요약하고 평가하는 데 필요한 수학적 산출물을 얻기 위해 복잡한 공식과정을 거치는 대신 컴퓨터 통계 프로그램을 편리하게 이용할 수 있다. 질적자료에 대한 분석 역시 활용할 수 있는 통계 프로그램이 개발되어 있고, 점차 활용범위가 넓어지고 있는 추세이다. 초기에는 텍스트 자료에 한정되던 것이 점차 이미지, 영상, 오디오 자료 등에 이르기까지 분석 가능한 데이터 유형이 확장되고 있다.[2)]

제11장과 제12장에서는 컴퓨터 프로그램을 이용한 양적자료의 분석에 관해 알아보고자 한다. 양적자료의 분석을 위해 사회과학에서 이용되고 있는 PC 기반의

**2)** 질적자료 분석을 위해 활용되고 있는 최근의 대표적인 소프트웨어 프로그램으로는 NVivo를 들 수 있다. 가장 일반적인 질적 데이터 유형인 텍스트는 물론이고 오디오, 비디오, 이메일, 이미지, 스프레드시트, 웹 콘텐츠 및 소셜미디어에 관해 분석할 수 있으며, 양적자료 분석 프로그램인 SPSS 데이터와의 교환도 가능하다.

통계 프로그램으로는 SPSS(Statistical Package for the Social Science), AMOS(Analysis of Moment Structure) 등을 대표적으로 들 수 있다. AMOS는 고급통계에 해당하는 구조방정식 모델분석에서 활용되는 통계 패키지 프로그램인 데 비해(채구묵, 2014: 209), SPSS는 기초통계에서 고급통계에 이르기까지 비교적 쉽게 활용할 수 있는 장점이 있다. 따라서 제11장과 제12장에서 인용되는 통계분석의 산출물은 윈도용 SPSS로 설명한다.

컴퓨터 프로그램은 연구자의 명령에 따라 입력된 자료에 대한 통계결과를 산출해 내는 일을 수행할 따름이다. 따라서 자료의 성격, 분석목적 및 분석내용에 따라 어떠한 통계기법이 적절한지를 결정하는 일은 연구자의 몫이다. 컴퓨터에 의해 산출된 통계결과에 대한 해석을 하고, 이를 바탕으로 사회복지실천에 필요한 정보를 구성하는 것도 연구자의 역할이다. 따라서 연구자는 자료분석 과정을 설계하고, 적절한 통계기법을 선정하여 통계 프로그램의 절차(매뉴얼)에 따라 자료를 분석하고, 산출된 결과물을 해석하는 데 필요한 사전 지식을 갖추고 있어야 한다.

양적자료의 분석은 일정한 과정을 거치게 된다. 다섯 단계로 구분할 수 있는 양적자료 분석의 구체적인 과정은 다음과 같다. 우선 수집된 자료를 조직(정리 및 편집)하고, 부호화하고, 입력하고, 통계분석을 실행하고, 마지막으로 통계적인 산출물을 요약하거나 해석 및 평가하는 일련의 과정으로 구성된다. 이 중 1단계에서 3단계까지를 '자료처리과정'이라고 한다. 4단계는 통계분석을 실행하는 단계이며, 5단계는 산출물에 대해 해석하여 의미를 부여하는 단계이다. 다음에서는 자료처리과정에 해당하는 각 각의 단계들에 대해 상세하게 살펴보고자 한다.

### 양적자료의 분석과정

- 1단계: 수집된 자료를 정리하고 편집한다.
- 2단계: 자료를 부호화(coding)한다.
- 3단계: 자료를 컴퓨터 프로그램에 입력한다.
- 4단계: 입력된 자료의 분석을 위해 적절한 통계기법을 실행한다.
- 5단계: 통계적인 산출물을 해석하고 필요한 정보를 구성한다.

## 2) 자료처리과정

양적자료 수집의 대표적인 방법은 질문지를 이용하여 다수의 표본을 대상으로 설문을 실시하는 서베이를 들 수 있다. 서베이를 통해 수집된 자료는 연구자에 의해 정리되고 편집된 후 컴퓨터 프로그램에 입력함으로써 통계분석이 가능하다. 이렇게 수집된 원자료(raw data)의 정리 및 편집, 부호화, 입력 과정을 통틀어서 '자료처리과정'이라 한다. 따라서 자료처리과정은 통계분석을 실행하기 위한 준비과정이라고 할 수 있다. 자료의 적절성을 점검하고 유효한 자료를 선정하는 것, 숫자와 문자 등을 통해 부호화(coding)하는 것, 그리고 부호들을 컴퓨터 프로그램에 입력하는 것의 일련의 작업이 이에 해당한다.

### (1) 자료의 정리 및 편집

자료처리를 위한 첫 번째 단계에서는 원자료를 정리하고 편집하는 일이 요구된다. 원자료(raw data, source data, atomic data)는 어떤 형태의 조작도 진행되지 않은 자료를 지칭한다. 연구자는 이러한 자료들이 사용하기에 적절한지를 결정하기 위해 다음의 사항들을 유의하며 수거한 질문지를 일일이 점검해야 한다.

답변이 누락된 항목이 많은 사례(설문지)를 유효한 자료로 채택할 것인지에 대한 결정, 중복응답한 답변에 대한 판단, 판독하기에 애매한 표시나 숫자에 대한 판단 등이다(강종수, 2009: 282). 이 과정에서 조사자가 자의적으로 설문지의 답변들을 가감(加減)하거나 수정하는 것은 원칙적으로 허용되지 않는다. 편집자의 의도가 개입된다면 조사의 객관성을 저해할 수 있기 때문이다. 따라서 중복 응답된 경우, 응답을 판독하기 어려운 경우, 특정 질문에 대해 무응답한 경우, 응답들이 일관되지 못한 경우, 부정확하게 응답한 경우 등은 그 문항에 대해 무응답으로 처리하는 것이 원칙이며, 이러한 문항이 많은 설문지이거나 무응답한 문항이 많이 포함된 사례(설문지)라면 분석에서 제외하는 것이 바람직하다.

### (2) 부호화와 부호집

부호화(coding)는 수집된 자료들에 숫자나 문자 등과 같은 기호를 부여하는 과정을 이른다. 변수명을 지정하는 것과 각 변수들이 갖는 변수 값들에 대해 특정 부호(대개는 숫자)를 할당하는 작업이다.

각 변수의 값(응답범주)들에 부여되는 숫자 코드는 조사를 하기 전부터 미리 정해지는 것이 일반적이다. 응답범주별로 정해진 숫자를 컴퓨터 파일에 입력하는 것으로 부호화가 이루어진다. 그런데 조사 중에 정해진 응답범주와 다른 응답들이 나오는 경우, 또는 조사자가 필요에 따라 새로운 범주를 만든다면 그 응답범주에 고유한 숫자가 추가적으로 부여되기도 한다(Thomson Learning Korea, 2007: 39). 이와 같이 양적조사의 경우 각각의 변수들은 이미 계량적인 수치가 부여되었으므로 원자료에 표기된 값을 그대로 부호로 사용하면 된다. 따라서 부호화는 자료를 전산화하기 위해 각각의 변수 값에 숫자를 지정해 주는 정도의 작업에 지나지 않는 단순한 작업이라고 할 수 있다.

양적자료들은 원자료를 수집할 때 각각의 변수들의 값이 문자로 표기된 경우라도(범주형 변수: 명목변수, 서열변수) 수치로 표기하도록 변수 값의 각각의 범주에 숫자가 할당된다. 한편, 등간변수와 비율변수는 변수 값 자체가 숫자이므로 부호화과정에서는 변수 값에 할당된 숫자를 그대로 사용하면 된다.

구체적으로 변수의 측정수준이 명목수준이나 서열수준이라면, 범주로 이루어진 변수의 값에 일대일로 상응하도록 숫자를 배치하게 된다. 예컨대, 명목수준의 경우 변수명이 '종교 유무'라면 종교가 있다='1', 종교가 없다='2'를 지정한다. 서열수준의 변수일 때는 변수 값의 지정은 서열순위를 따르게 되는데, 변수명이 '장애등급'이라면 지체장애 1등급='1', 지체장애 2등급='2', 지체장애 3등급='3', 지체장애등급 기타='4'로 지정할 수 있다.

등간수준이나 비율수준으로 측정된 변수의 값은 원자료에서 표기된 숫자 그대로를 사용하는 것이 일반적이다. 그런데 연구자가 계획한 연구목적에 따라 연속적인 숫자로 되어 있는 변수의 값들(등간, 비율변수)을 일정한 유형의 범주 값으로 변환하고자 할 경우에는 재부호화(recoding)의 과정을 거치면 된다. 예컨대, 연령의 측정값이 10세에서 47세까지의 비율변수인데 이를 10년단위의 연령대로 값을 지정하고자 할 때에는 기존의 변수 값 10～19세='1', 20～29세='2', 30～39세='3', 그리고 40 이상='4'로 새로운 값을 부여하게 되며, 이때 새로 지정된 변수의 값들의 측정수준은 서열수준이 된다.

부호집(codebook)은 부호화되어 있는 각각의 변수명과 변수 값들이 의미하는 바를 설명해 주는 책(문서)을 이른다. 부호집의 기능은 첫째, 부호화 작업의 일차적인 지침이고, 둘째는 자료분석을 하는 동안 자료 파일에서 변수의 위치를 파악하고 각 부호의 의미를 해석하는 데 지침이 된다. 달리 말해, 컴퓨터 프로그램에 자료를 입력하는 지침이고 다른 사람들도 해독이 가능하도록 하여 자료를 공유할 수 있도록 해 준다.

부호집에는 변수명, 변수에 대한 추가설명, 자릿수, 위치, 변수의 측정수준, 변수 값, 결측값, 기타 참고할 만한 정보 등을 기입한다. '변수명'은 개별 변수에 대한 이름이고, '변수에 대한 추가설명'은 변수의 주요 특성 내지는 추가적인 설명이다. '자릿수'는 변수 값이 몇 자리의 숫자로 구성되어 있는지를 나타내며, '위치'는 첫 번째 변수부터 차례대로 각각의 변수가 몇 번째 열(column)에 위치하고 있는지를 보여준다. 한편, '변수의 측정수준'은 변수 값을 측정한 수준(명목, 서열, 등간, 비율)을 기재하고, '변수 값'은 개별 변수의 값들 모두를 기재하게 된다. '결측값(missing value)'은 분석에서 제외하기 위해 분류하는 값이다. 마지막으로 '기타'에서는 추가적인 설명이 필요한 내용을 기재하게 된다. 〈표 11-1〉은 부호집의 예이다.

**표 11-1** 비행청소년의 가정환경 실태조사에 관한 부호집

| 변수명 | 변수 추가설명 | 자릿수 | 위치 | 변수의 측정 수준 | 변수 값(부호) | 결측값 | 기타 |
|---|---|---|---|---|---|---|---|
| ID | 사례 번호 | 3 | 1~3 | 명목수준 | 1~300 | 없음 | |
| 시설명 | 비행청소년 수용기관 | 1 | 4 | 명목수준 | 1: OO소년교도소<br>2: OO소년원<br>3: OO여자소년원 | 없음 | |
| 성별 | 비행청소년 성 | 1 | 5 | 명목수준 | 1: 남자<br>2: 여자 | 9 | |
| 나이 | 만 나이 | 2 | 6~7 | 비율수준 | 10~20(만 나이) | 99 | |
| 경제 수준 | 가정의 경제 수준 | 1 | 8 | 서열수준 | 1: 상층<br>2: 보통<br>3: 하층<br>4: 최하층 | 99 | 역점수로 사용할 것* |
| 가족의 질 | 의사소통 정도 | 2 | 9~10 | 비율수준 | 0~30 | 없음 | |
| ⋮ | ⋮ | ⋮ | ⋮ | ⋮ | ⋮ | ⋮ | |

* 역점수는 변수 값의 체계를 거꾸로 변환시키는 것을 의미한다. 이 표에서 응답자 가정의 경제 수준은 값이 높을수록 부유한 것으로 해석하는 것이 자연스러우므로, 현재의 점수체계를 역점수화 하는 것이 바람직하다. 값의 변환은 1 → 4, 2 → 3, 3 → 2, 4 → 1로 재부호화하게 된다. 이렇게 변환된 새로운 값은 1: 최하층, 2: 하층, 3: 보통, 4: 상층을 나타내게 된다.

### (3) 자료의 입력

'자료처리과정'의 마지막 단계에서는 자료를 입력하는 일과 자료입력의 오류 여부를 점검하는 과정을 거쳐야 한다. 원자료에 대한 부호화 과정이 마무리되었다면 자료를 입력하는 작업을 시작한다. 자료의 입력방법은 윈도용 SPSS 프로그램에 직접 입력하는 방법 외에도 MS 워드, 엑셀, 워드패드, 노트패드, 그리고 흔글 등 다양한 소프트웨어가 활용된다(이종환, 2014: 63).

SPSS를 이용한 자료입력은 '변수보기' 창과 '데이터보기' 창을 이용하게 된다.

먼저, 숫자 또는 부호화된 자료를 입력하기 전에 입력창에 변수에 관한 정보를 지정하여야 하며 이는 '변수보기' 창에서 한다. 변수명(variable name), 값의 유형(숫자, 부호, 문장 등), 변수에 대한 설명(value label), 결측값(missing value)에 관한 사항을 '변수보기' 창([그림 11-2])에서 지정해야 한다.

다음 단계로는 자료를 입력하는 작업을 실행하게 된다. SPSS에서 직접 자료를 입력하지 않더라도 흔글 파일 또는 엑셀 파일로 자료가 입력되어 있는 경우라도 SPSS와 호환이 가능하므로 불러오면 된다.

SPSS 데이터 편집기에는 메뉴바(menu bar)와 툴바(tool bar)가 상단에 있고 하단에는 '데이터보기'와 '변수보기' 단추들이 있다(문창권 외, 2019: 14). SPSS 프로그램에 자료를 직접 입력하기 위해서는 '데이터보기' 창에서 개별 변수 값들을 입력하게 되는데, 행(row)에는 개별 변수 값들을, 열(column)에는 각각의 변수들이 자리잡게 되어 있다. 이때 자료의 입력은 숫자 또는 부호화된 변수 값들을 '데이터보기' 창([그림 11-3])에 입력하면 된다. 양적자료들은 변수가 불연속변수(명목변수, 서열변수) 또는 연속변수(등간변수, 비율변수) 어느 것이라도 질문지의 응답항목에 숫자가 할당되어 있거나 숫자로 응답하도록 되어 있으므로 응답지에 표기된 숫자를 대개는 그대로 입력하면 된다. 그렇지만 명목수준 변수의 경우 값(성별: 남자, 여자)을 그대로 입력하는 경우도 있으며, 변수가 개방형 질문에 해당하여 변수 값이 서술형 문장인 경우 응답된 문장 전체를 쓰기도 하지만 대개는 주요 단어를 중심으로 요약하여 입력한다.

마지막으로, 입력오류가 있는지에 대한 확인을 거쳐 자료입력을 마무리해야 한다. 이는 입력과정에서 잘못 기입되거나 누락된 사항은 없는지 설문지와 비교 검토하는 데이터 클리닝 작업을 의미한다. 잘못 입력된 자료는 통계분석 결과에서 오류를 초래하게 되므로 입력과정에서의 오류 발생을 점검하고 잘못 입력된 자료가 있다면 이를 수정하는 작업이 필요하다. 입력을 마친 상태에서 빈도분석을 하는 것이 이를 위한 좋은 방법 중의 하나이다. 빈도분석표를 통해 이상값이 있는지를 점검하고, 이상값이 발견되었을 경우 입력된 값과 설문지에 표시된 응답을 직접 대조함으

| | Name | Type | Width | Decimals | Label | Values | Missing | Columns | Align | Measure |
|---|---|---|---|---|---|---|---|---|---|---|
| 1 | 성별 | Numeric | 8 | 2 | 성별 | {1.00, 남자}... | None | 8 | Right | Scale |
| 2 | 나이 | Numeric | 8 | 2 | 나이 | None | None | 8 | Right | Scale |
| 3 | 월생활비 | Numeric | 8 | 2 | 한달생활비 | None | None | 8 | Right | Scale |
| 4 | 건강상태 | Numeric | 8 | 2 | 건강상태 | {1.00, 매우좋다 | None | 8 | Right | Scale |
| 5 | 일상1 | Numeric | 8 | 2 | 일상1식사 | {1.00, 혼자가능 | None | 8 | Right | Scale |
| 6 | 일상2 | Numeric | 8 | 2 | 일상2목욕 | {1.00, 혼자가능 | None | 8 | Right | Scale |
| 7 | 일상3 | Numeric | 8 | 2 | 일상3옷입기 | {1.00, 혼자가능 | None | 8 | Right | Scale |
| 8 | 일상4 | Numeric | 8 | 2 | 일상4보행 | {1.00, 혼자가능 | None | 8 | Right | Scale |
| 9 | 일상5 | Numeric | 8 | 2 | 일상5용변 | {1.00, 혼자가능 | None | 8 | Right | Scale |
| 10 | 질병수 | Numeric | 8 | 2 | 질병수 | None | None | 8 | Right | Scale |
| 11 | 만족1 | String | 8 | 0 | 유급만족1신체수 | None | None | 8 | Right | Nominal |
| 12 | 만족2 | String | 8 | 0 | 유급만족2가사지 | None | None | 8 | Right | Nominal |
| 13 | 만족3 | String | 8 | 0 | 유급만족3개인활 | None | None | 8 | Right | Nominal |
| 14 | 만족4 | String | 8 | 0 | 유급만족4무해서 | None | None | 8 | Right | Nominal |
| 15 | 봉사시간 | Numeric | 8 | 2 | 봉사시간 | {1.00, 1시간미만 | None | 8 | Right | Scale |
| 16 | 센터만족 | Numeric | 8 | 2 | 센터서비스만족 | {1.00, 후원금}.. | None | 8 | Right | Scale |
| 17 | | | | | | | | | | |
| 18 | | | | | | | | | | |

Data View / Variable View

[그림 11-2] SPSS '변수보기' 창

: 성별 2

| | 성별 | 나이 | 월생활비 | 건강상태 | 일상1 | 일상2 | 일상3 | 일상4 | 일상5 | 질병수 | 만족1 |
|---|---|---|---|---|---|---|---|---|---|---|---|
| 1 | 2.00 | 72.00 | . | 3.00 | 1.00 | 1.00 | 1.00 | 2.00 | 1.00 | 2.00 | |
| 2 | 2.00 | 82.00 | . | 3.00 | 3.00 | 4.00 | 4.00 | 3.00 | 3.00 | 3.00 | |
| 3 | 2.00 | 76.00 | 30.00 | 2.00 | 1.00 | 1.00 | 1.00 | 1.00 | 1.00 | . | |
| 4 | 2.00 | 81.00 | 20.00 | 2.00 | 1.00 | 1.00 | 1.00 | 1.00 | 1.00 | 1.00 | |
| 5 | 2.00 | 85.00 | 26.00 | 4.00 | 1.00 | 3.00 | 1.00 | 4.00 | 1.00 | 2.00 | |
| 6 | 1.00 | 94.00 | 26.00 | 3.00 | 1.00 | 1.00 | 1.00 | 1.00 | 1.00 | 4.00 | |
| 7 | 2.00 | 83.00 | 30.00 | 4.00 | 1.00 | 1.00 | 1.00 | 2.00 | 1.00 | 3.00 | |
| 8 | 2.00 | 93.00 | . | 3.00 | 1.00 | 3.00 | 2.00 | 1.00 | 1.00 | . | 목욕 |
| 9 | 2.00 | 76.00 | 30.00 | 4.00 | 1.00 | 3.00 | 1.00 | 1.00 | 1.00 | 3.00 | |
| 10 | 2.00 | 81.00 | . | 3.00 | 1.00 | 2.00 | 1.00 | 1.00 | 1.00 | 3.00 | |
| 11 | 2.00 | 76.00 | 30.00 | 3.00 | 1.00 | 1.00 | 1.00 | 1.00 | 1.00 | 2.00 | |
| 12 | 2.00 | 81.00 | 30.00 | 2.00 | 1.00 | 1.00 | 1.00 | 1.00 | 1.00 | 1.00 | |
| 13 | 2.00 | 73.00 | 33.00 | 4.00 | 1.00 | 2.00 | 1.00 | 1.00 | 1.00 | 4.00 | |
| 14 | 2.00 | 91.00 | 30.00 | 4.00 | 1.00 | 3.00 | 1.00 | 3.00 | 1.00 | 2.00 | |
| 15 | 1.00 | 76.00 | 24.00 | 2.00 | 1.00 | 1.00 | 1.00 | 1.00 | 1.00 | . | |
| 16 | 2.00 | 80.00 | 30.00 | 4.00 | 1.00 | 1.00 | 1.00 | 1.00 | 1.00 | 3.00 | |
| 17 | 2.00 | 74.00 | . | 4.00 | 1.00 | 3.00 | 1.00 | 3.00 | 1.00 | 4.00 | |

Data View / Variable View

[그림 11-3] SPSS '데이터보기' 창

로써 입력과정에서 발생할 수 있는 오류를 수정할 수 있다.

## 2. 자료분석의 범주

자료분석은 자료처리 과정이 완결된 후에 진행하며, 분석의 범주는 일반적으로 다음의 세 가지를 기준으로 구분한다. 첫째는 자료분석의 목적을 기준으로 기술통계(descriptive statistics)와 추론통계(inferential statistics)로 구분한다. 둘째, 분석하는 변수의 수가 몇 개인지를 기준으로 일원분석(univariate analyses), 이원분석(bivariate analyses), 다원분석(multivariate analyses)으로 구분한다. 마지막으로 자료의 특성이 요구되는 일정한 가정들을 충족하고 있는지에 따라 모수검정(parametric test)과 비모수검정(nonparametric test)으로 구분한다.

### 1) 기술통계와 추론통계

#### (1) 기술통계

기술통계는 조사 표본을 대상으로 측정한 변수들의 주된 특성을 통계치(statistics)로 요약하게 된다는 점에서 자료분석의 기초적 생산물이다. 변수의 특성을 요약하거나 변수 간의 상관관계에 관한 정보는 기술통계에 의해 밝힐 수 있다. 기술통계는 자료분석의 기초적 생산물이고, 보통 추론통계의 예비단계로 사용되므로 대부분의 연구에서 기술통계와 추론통계가 함께 쓰이게 된다.

일원분석 수준의 기술통계는 하나의 변수의 특징을 나타내거나 특정 변수의 하위집단의 특성을 나타내게 된다. 한편, 이원분석 수준 또는 다원분석 수준의 기술통계는 두 변수 간 또는 셋 이상의 변수 간의 상관관계를 나타낸다.

일원분석 수준의 기술통계로 주로 사용되는 분석은 중앙집중경향, 산포도, 변수의 분포형태이다. 이원분석을 위해 개발된 대표적인 기술통계기법으로는 카이제곱 $(\chi)^2$, 분산분석, $t$검정 등을 들 수 있다. 다원분석 수준의 기술통계기법으로는 여러 변수 간의 상관관계를 밝히는 다중상관분석, 다중회귀분석, 경로분석, 판별분석, 요인분석 등을 들 수 있다.

#### (2) 추론통계

추론통계는 수집한 표본을 가지고 표본이 대표하는 모집단과 관련된 추론을 하거나, 표본에서 발견된 변수 간의 인과관계를 모집단에 일반화할 수 있는지를 목적으로 하는 분석이다(Rubin & Babbie, 1998: 537). 기술통계는 주어진 자료를 있는 그대로 기술하고, 추론통계는 표본에서 얻은 자료를 통해 모집단을 추정해 보려는 목적을 가진다(김영종, 2007: 306).

일원분석 수준의 추론통계는 어떤 표본에서 채택된 변수의 분포를 모집단에 어느 정도 일반화할 수 있는지를 결정하는 과정이다(Heiman, 2003: 26). 일원분석 수준의 추론통계는 단일표본의 경우 종속변수에 관련되어 있는 표본이 모집단과 얼마나 다른가를 알고자 할 때 이를 위한 가설을 검정하는 데 사용된다(Weinbach & Grinnell, 2004: 330). 단일표본 $t$ 검정(one-sample t test)이 그 예이다.[3]

이원분석 및 다원분석 수준의 추론통계는 변수 간의 인과관계를 밝히게 된다. 표본을 대상으로 가정한 인과관계가 모집단에도 일반화할 수 있는지를 통계분석을 통한 검정과정을 거쳐 추론하게 된다. 이원분석, 다원분석을 위한 추론통계기법들로는 이원분석 수준에서는 단순선형회귀분석, 다원분석 수준에서는 다중회귀분석 등을 대표적으로 들 수 있다.

### 2) 일원분석, 이원분석, 다원분석

분석하는 변수의 수에 따라 일원분석, 이원분석, 다원분석으로 구분한다. 일원분석은 다음 절에서, 이원분석과 다원분석은 제12장에서 자세히 설명하고 여기서는 개념 정도만 정의하기로 한다.

일원분석은 단일변수를 대상으로 특성을 묘사하기 위한 분석이다. 일원분석은 주로 단일변수의 빈도와 분포에 대한 기술을 위해 사용된다. 이원분석은 두 변수 간의 관련성을 설명하는 데 주로 사용되며, 관련성의 강도와 관계의 방향이 함께 설명되기도 한다.

---

**3)** 단일표본 $t$ 검정은 단지 1개의 표본을 무작위로 추출하여 자료를 수집하였고, 자료의 측정수준이 등간 혹은 비율 수준일 때 가능하다. 표본의 평균값을 모집단의 평균값과 비교함으로써 표본이 모집단을 대표할 수 있는지(전형적인지), 또는 표본이 모집단과 다르다는 추론에 대한 가설을 검정할 목적으로 사용한다(Weinbach & Grinnell, 2004: 330-334).

한편, 다원분석은 세 개 이상의 변수 간의 관련성에 관한 분석이다. 독립변수와 종속변수 간의 원래 관계에 제3의 변수가 어떻게 작용하는지를 확인함으로써 두 변수 간의 원래 관계를 보다 명확히 알게 해 준다. 아울러 여러 개의 독립변수를 동시에 분석함으로써 다양한 변수의 상호관계를 파악할 수 있으며, 종속변수에 대한 설명력을 높일 수도 있다.

### 3) 모수검정과 비모수검정

분석할 자료가 일정한 가정을 충족하고 있는지에 따라 모수검정(parametric test) 혹은 비모수검정(nonparametric test)에 해당하는 통계기법을 선택하게 된다. **모수검정은** 모집단의 특성을 나타내는 모수(parameter)에서 유래하는데, **모집단에 대해 일정한 가정을 하면서 표본으로부터 모집단의 특성을 추정하는 통계이다.** 이에 비해 **비모수검정은 모집단에 대해 어떤 가정도 하지 않으면서 모집단의 특성을 추정하는 통계이다.**

자료분석에 관한 구체적인 상황에서 어떤 통계검정방법을 선택할 것인가를 결정하는 것은 자료가 일정한 조건을 충족하고 있는지에 달려 있다. 이때 고려해야 하는 가정들이란 변수의 측정수준, 정규분포 여부, 표본추출방법 등과 관련된다.

**모수검정을 위해서는 다음과 같은 가정들이 충족되어야 한다.** 첫째, 최소한 1개의 변수(주로 종속변수)의 측정수준이 등간변수 이상이어야 한다. 둘째, 표본은 무작위로 추출되어야 한다. 셋째, 주요 변수의 분포가 정규분포를 이루어야 한다(Weinbach & Grinnell, 2004: 203-204).[4)]

비모수검정과 모수검정에서 사용되는 주요 통계기법은 다음과 같다. 비모수검정으로는 카이제곱 검정(chi-square test), 통제변수가 포함된 카이제곱 검정, 로지스틱 회귀분석(logistic regression), 판별분석(discriminant analysis), 경로분석(path analysis), 요인분석(factor analysis) 등을 들 수 있다.

한편, 모수검정으로는 단일표본 *t* 검정(one-sample t test), 독립표본 *t* 검정(two-

**4)** 모수검정은 표본이 정규분포 또는 유사한 확률분포에 따른 모집단으로부터 추출되어야 하고, 변수의 측정수준이 등간 또는 비율척도로 측정된 자료이어야 한다. 한편, 정규분포 또는 이와 유사한 확률분포를 따르지 않는 모집단으로부터 추출된 표본이고, 표본의 크기가 충분하지 않거나, 표본자료가 명목 또는 서열 척도로 측정된 변수 값인 경우에는 비모수검정을 하게 된다(유태균, 김경휘, 2013: 501).

independent samples t test), 일원분산분석(one-way anova), 단순선형회귀분석(simple linear regression), 다중회귀분석(multiple regression), 다중상관(multiple R)을 대표적으로 들 수 있다.

이와 같은 자료분석의 범주를 정리하면 〈표 11-2〉와 같다.

**표 11-2** 자료분석의 범주별 주요 통계기법

| | | 일원분석 | 이원분석 | 다원분석 |
|---|---|---|---|---|
| 분석의 목적에 따라 | ① 기술통계 | 중앙집중경향, 산포도, 분포유형 | 카이제곱, 일원분산분석, 독립표본 $t$ | 피어슨의 상관관계분석, 요인분석, 판별분석, 경로분석 |
| | ② 추론통계 | 단일표본 $t$ 검정 | 단순선형회귀분석 | 다중회귀분석 |
| 가정의 충족에 따라 | ① 모수검정 | 단일표본 $t$ 검정 | 독립표본 $t$, 일원분산분석, 단순선형회귀분석 | 다중회귀분석, 다중상관 |
| | ② 비모수검정 | | 카이제곱 분석 | 로지스틱 회귀분석, 요인분석, 판별분석, 경로분석 |

## 3. 일원분석

일원분석은 단일변수의 특성을 기술하게 되며 자료분석의 기초적 생산물이다. 일원분석은 기술통계에서 주로 사용되는데, 이는 추론통계의 예비단계이기도 하다. 기술통계로서의 일원분석은 단일변수의 특성을 요약하여 기술하거나, 변수간의 관계를 설명하기에 앞서 변수에 대한 기본적인 특성을 설명하기 위한 기초통계의 목적으로 분석되기도 한다. 수집된 자료의 중요하고 독특한 특징을 요약하여 전달하게 되는데 빈도분석, 중앙집중경향, 산포도 그리고 분포의 형태가 이에 해당한다.

변수의 특성을 설명하는 데 어떤 통계치를 사용할 것인가는 일차적으로 변수의 측정수준에 따른다. 명목수준의 변수는 최빈값만을 유일하게 측정할 수 있으며, 서열변수는 최빈값과 중앙값을 사용할 수 있다. 변수가 등간 혹은 비율 수준으로 측정된 경우는 평균, 점수의 범위는 물론이고 분산, 표준편차도 사용할 수 있다.

다음에서는 기술적 통계의 주요 통계치인 빈도분석(사례 수, 백분율, 유효백분율), 중앙집중경향(중앙값, 최빈값, 평균), 산포도(범위, 분산, 표준편차), 분포의 형태(왜도, 첨도)에 대하여 설명하고자 한다.

## 1) 빈도분석

빈도란 변수의 값이 몇 번이나 나타나고 있는지를 나타낸다. 빈도분석은 빈도결과를 텍스트로 기술하는 것과 함께 빈도표, 그래프 등을 이용하여 자료의 특성을 요약한다.

### (1) 빈도표

빈도분석은 변수에 대한 가장 기초적인 정보라고 할 수 있다. 빈도분석에서 주로 사용되는 통계치는 빈도(frequency), 백분율(percentage), 유효백분율(valid percentage), 누적백분율(cumulative percentage)이다. 〈표 11-3〉을 보면, 빈도는 변수의 값들이 얼마나 자주 나타났는가에 대한 사례 수이고, 백분율은 각 값들에서 나타나는 사례가 총 사례 수를 100을 기준으로 하였을 때 차지하는 위치를 이르며, 유효백분율은 결측값(missing value)[5]을 제외하고 계산한 백분율이다. 마지막으로, 누적백분율은 개별 변수 값들의 백분율을 누적하여 표현한 백분율이다.

빈도분석에 관한 통계치는 명목변수와 서열변수(값의 범주가 많지 않을 것)를 설명하는 데 유용한다. 이에 비해 등간변수와 비율변수는 빈도표와 그래프를 이용하기보다는 중앙집중경향, 산포도, 변수의 분포형태를 알려 주는 것이 보다 적절하다. 〈표 11-3〉처럼 빈도분석 결과를 보고서에 기술할 때는 하나의 빈도표에 여러 변수에 대한 정보를 함께 나타내게 된다. 한편, 그래프는 시각적인 효과를 살릴 수 있으므로 보다 효과적으로 빈도에 관한 정보를 전달할 수 있다.

---

5) 유효백분은 결측값을 제외한 사례 수를 총수로 하여 계산한 백분율을 이른다. 결측값(missing value)이란 응답자가 무응답한 경우 또는 조사자가 원자료의 편집과정에서 응답이 적절하지 못하다고 판단하여 무응답으로 처리한 경우이다.

**표 11-3** 재가노인복지기관 자원봉사자의 특성에 관한 빈도표

| 변수명 | 변수 값 | 사례 수(n) | 백분율(%) | 유효백분율(%) |
|---|---|---|---|---|
| 기관명 | ○○노인복지센터 | 55 | 22.0 | 22.0 |
| | ○○사회복지관 | 75 | 30.0 | 30.0 |
| | ○○재가복지센터 | 120 | 48.0 | 48.0 |
| | 합 계 | 250 | 100.0 | 100.0 |
| 경력기간 | 1년 미만 | 80 | 32.0 | 32.7 |
| | 1~3년 미만 | 150 | 60.0 | 61.2 |
| | 3년 이상 | 15 | 6.0 | 6.1 |
| | 결측값 | 5 | 2.0 | |
| | 합 계 | 250 | 100.0 | 100.0 |
| 연령대 | 30대 이하 | 30 | 12.0 | 12.0 |
| | 40대 | 70 | 28.0 | 28.0 |
| | 50대 | 110 | 44.0 | 44.0 |
| | 60대 이상 | 40 | 16.0 | 16.0 |
| | 합 계 | 250 | 100.0 | 100.0 |

(2) 빈도그래프

명목변수, 혹은 변수의 값이 지나치게 많지 않은 서열변수의 경우는 막대그래프(bar graph), 파이그래프(pie graph)가 사용된다. 이에 비해 등간 및 비율 수준의 변수에서는 히스토그램(histogram)이 주로 사용되며, 파레토 차트(pareto chart)는 서열, 등간 및 비율 변수를 나타내는 데 사용되기도 한다.

'막대그래프'는 막대의 높이가 변수 값의 빈도를 나타내므로 높이를 비교하여 값들의 빈도를 비교할 수 있다([그림 11-4] 참조). 각 막대의 높이는 변수 값의 빈도를 나타내어 두 배 길이의 막대는 두 배만큼의 빈도를 의미한다.

'파이그래프'는 전체를 한 원으로 보고 각 값이 차지하는 백분율에 비례하여 영역의 크기가 그려지므로 개별 값들이 차지하는 영역의 크기를 비교하게 된다([그림 11-5] 참조).

한편, '히스토그램'은 막대의 넓이가 등간의 크기와 일치하도록 그려지며 막대의 높이로 값의 빈도를 나타내게 된다([그림 11-6] 참조). 여기서 X축은 값의 범위에 상응하여 동일 간격 또는 동일하지 않은 간격으로 표시되어 값의 범위를 나타내게 된다.

'파레토 차트'는 내림차순으로 변수 값(Y값)의 서열순위를 그림으로 나타내게 되

는데, 빈도가 많은 순서대로 X축의 왼쪽에서부터 표시하게 되며, 좌표가 만나는 점에서 왼쪽 Y축은 누적 사례 수를 오른쪽 Y축은 누적백분율을 나타낸다([그림 11- 7] 참조).

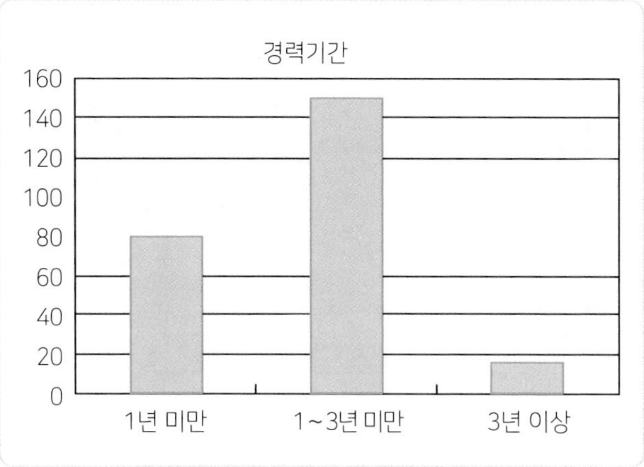


[그림 11-4] 막대그래프

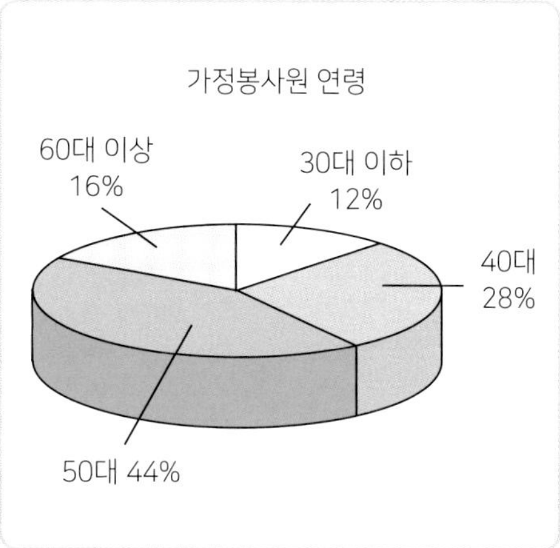


[그림 11-5] 파이그래프

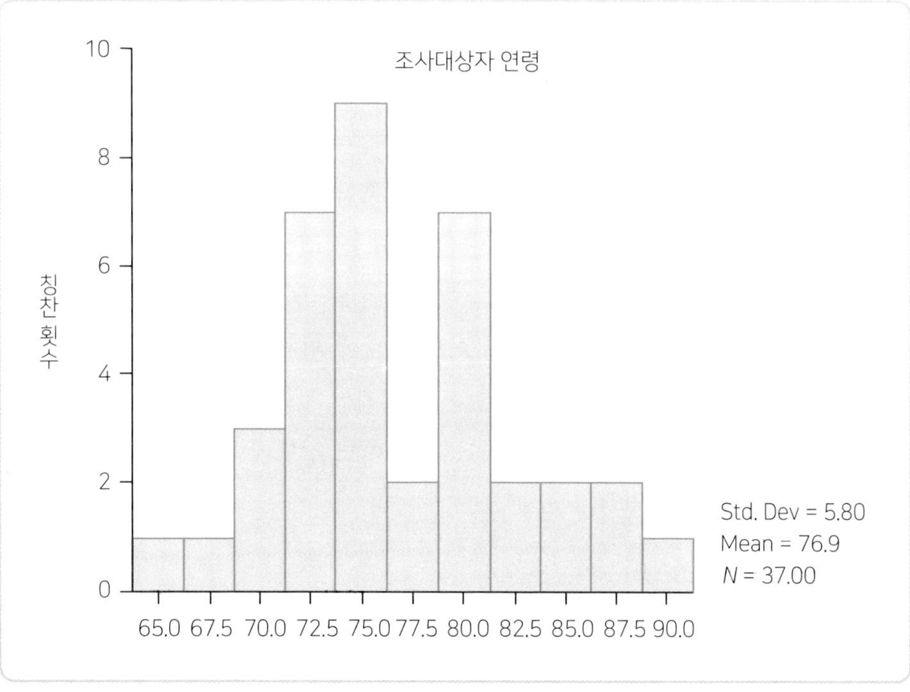


[그림 11-6] 히스토그램

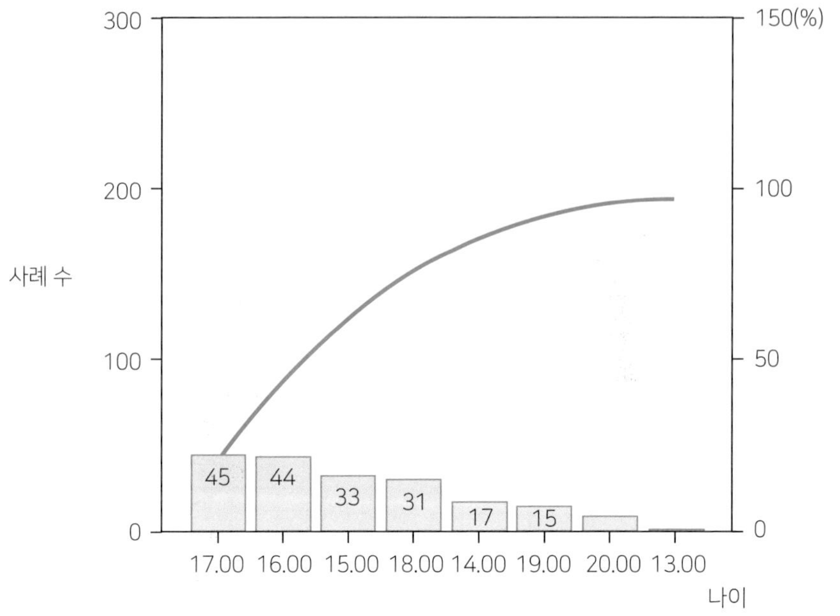


**[그림 11-7]** 파레토 차트

## 2) 중앙집중경향

중앙집중경향(central tendency)은 자료의 특성을 대표할 만한 하나의 수치로 나타낸 것으로, 자료가 집중되어 있는 위치 또는 중심이 되는 위치를 통계치를 통해 보여 주게 된다. 중앙집중경향을 '집중경향치' 또는 '집중치'라고도 하며 대표적인 통계치는 최빈값, 중앙값, 평균이다.

집중경향치는 변수 값이 분포상에서 어느 정도에 위치하고 있는지를 나타낸다. 한 변수 값의 분포에 대해 요약할 수 있는 대표적인 값이라고 할 수 있으며, 특정 값을 변수 값의 분포에서 다른 값과 비교할 때 어느 정도에 위치하고 있는지를 알 수 있도록 하는 기준이 된다(Heiman, 2003: 69-70).

### (1) 최빈값

최빈값은 변수 값 중 가장 빈번하게 나타난 값을 이른다. 앞의 〈표 11-3〉에서 기관명의 최빈값은 ○○재가복지센터이고, 경력기간의 최빈값은 1~3년 그리고 연령대의 최빈값은 50대이다. 최빈값은 모든 측정수준의 변수에서 사용할 수 있다.

최빈값은 두 개 이상일 수 있으며, 최빈값이 중앙에 있는 경우가 아니라면(변수 값의 분포가 비대칭으로 어느 한쪽으로 심하게 기운 분포의 경우) 중앙집중경향을 나타내는 통계치의 대표적인 값으로 사용하기에 부적절할 수 있다는 점을 유의해야 있다.

### (2) 중앙값

중앙값(또는 중위수)은 값들의 분포에서 정중앙(50% 위치)에 해당하는 값을 이른다. 변수 값을 낮은 값에서 높은 값으로 순서대로 모두 배열하여 중간에 위치한 값이므로 중앙값보다 높거나 낮은 값의 비율이 각각 50%인 셈이다. 중앙값은 서열이 가능한 서열수준 이상의 변수(서열변수, 등간변수, 비율변수)의 중앙집중경향을 나타내는 통계치로 사용될 수 있다.

중앙값은 최빈값보다 더 자주 사용되는데 최빈값이 두 개 이상일 수 있는 것에 비해 중앙값은 하나만 존재한다는 점, 그리고 변수 값의 분포에서 값들이 많이 집중되어 있는 근처에 위치하게 되므로 중앙집중경향을 나타내는 데 보다 유용하기 때문이다.

중앙값은 변수의 가운데 값을 의미하는 것이 아니라, 배열된 모든 값 중에 가운데 지점에 위치한 값을 의미한다. 〈보기 1〉에서 중앙값은 5등급이 아니라 배열된 변수 값들의 가운데 지점에 해당하는 여덟 번째에 위치한 값인 7등급이 된다.

만약 〈보기 2〉과 같이 해당 변수에 응답한 사례 수가 짝수인 경우라면 가운데 지점에 위치한 두 개의 값을 더해서 2로 나눈 값이 중앙값이 된다. 여기서 중앙값은 4.5개월이다.

중앙값은 극소값 또는 극대값과 같은 이상값이 존재할 경우 중앙집중경향을 정확하게 반영하지 못한다는 한계를 가지고 있다. 〈보기 2〉에서 변수 값들 중에는 다른 수와는 많은 차이가 있는 32개월이라는 극대값이 있으나 이것이 중앙값을 결정하는 데 영향을 주는 것은 아니다. 따라서 중앙값은 최빈값과 마찬가지로 변수 값의 분포가 어느 한쪽으로 기울여 있는 경우(변수 값의 분포가 비대칭)에 중앙집중경향을 나타내는 통계치로 사용하는 것은 자료에 대한 오해의 소지가 있다는 점에 주의해야 한다.

<보기 1> 중앙값: 사례가 홀수인 경우
고교생 15명을 대상으로 '내신등급'을 조사한 결과 성적이 우수한 순서대로 다음과 같이 응답하였다.

- 변수 값: 1등급, 2등급, 3등급, 3등급, 5등급, 7등급, 7등급, **7등급**, 7등급, 7등급, 8등급, 8등급, 8등급, 9등급, 9등급
- 중앙값: 7등급

<보기 2> 중앙값: 사례가 짝수인 경우
유급가정봉사원 10명을 대상으로 '참여기간'에 대한 조사를 실시한 결과 경력이 짧은 순서대로 다음과 같이 응답하였다.

- 변수 값: 1개월, 2개월, 2개월, 3개월, **4개월**, **5개월**, 6개월, 6개월, 10개월, 32개월
- 중앙값: 4.5개월

### (3) 평균

평균은 변수 값들의 합계를 사례 수로 나눈 산술평균(average)을 의미한다. 변수가 등간 혹은 비율 수준의 측정인 연속변수의 경우에 중앙경향치의 대표값으로 사용이 가능하다. 명목수준과 서열수준으로 측정된 불연속변수의 경우 변수 값이 숫자적인 의미를 가지는 것이 아니므로 평균을 산출하기는 어렵다.

평균은 최빈값과 중앙값에 비해 중앙경향의 대푯값으로 보다 잘 이용된다. 최빈값이나 중앙값과는 달리 변수 값의 분포에 나타난 모든 값을 반영하고 있기 때문이다.

〈보기 2〉에서 가정봉사원의 참여기간의 평균은 변수 값들을 모두 합한 값인 71을 사례 수인 10으로 나누면 7.1개월이 된다.

평균 역시 이상값(극대값 혹은 극소값)의 존재에 의해 변수 값의 분포가 비대칭인 경우 중앙경향을 나타내는 통계치로서 정확성이 떨어진다. 특히 사례 수가 적을 경우에는 너무 적거나 너무 큰 변수 값이 평균값의 산출에 반영되는 비중은 더욱 커지게 된다(Weinbach & Grinnell, 2004: 83). 따라서 변수 값이 지나치게 기울어진 분포를 이루거나 사례 수가 적은 경우에 평균을 사용하는 것은 자료의 특성에 관해 오류를 범할 가능성이 있다.

이러한 한계를 보완하고자 절사평균(trimmed mean)을 사용하기도 하는데, 절사평균이란 극단적인 이상값의 효과를 최소화하기 위하여 대개는 상위 5%와 하위 5%의 값을 제외한 90%의 값들로 산출하는 평균이다.

### 3) 산포도

산포도(variability)는 분산도(dispersion)라고 부르기도 하며, 변수 값들의 분포가 집중경향치를 중심으로 얼마나 밀집되어 있는지 혹은 분산되어 있는지를 나타낸다. 변수 값들 사이의 변화 정도를 나타내는 산포도는 변수의 분포에 관한 정보까지 제공할 수 있다는 점에서 집중경향치에 비하여 보다 정확하다고 할 수 있다.

산포도를 나타내는 주요 통계치는 범위(range), 사분위범위(interquartile range), 분산(variance), 표준편차(standard deviation)이다. 분산과 표준편차는 평균과 관련되어 산출되기 때문에 산포도는 변수 값의 측정수준이 등간 혹은 비율 수준인 경우에 가능하다.

#### (1) 범위와 사분위범위

범위(range)는 최댓값과 최솟값의 거리를 나타낸다. 모든 변수 값이 포함되어 거리가 산출된다고 할 수 있다. 값의 범위는 최댓값에서 최솟값을 빼서 구하며 〈보기 3〉과 같다.

<보기 3> 범위와 사분위범위

이용자의 서비스 만족도에 대한 점수분포가 10점부터 98점까지로 나타났다.

(1/4) (3/4)

⬇ ⬇

- 변수 값: 10, 20, 20, 30, 40, 45, 45, 50, 55, 57, 60, 98
- 범위 = 최댓값 - 최솟값

  (98 - 10 = 88)
- 사분위범위 = 제3사분위수 - 제1사분위수

  (56 - 25 = 31)

범위는 쉽게 계산될 수 있어서 용이할 뿐 아니라, 산출된 범위를 바탕으로 집단의 빈도분포를 알 수 있고, 나아가 적절한 등간크기를 산출할 수 있게 해 준다는 장점을 가지고 있다(Weinbach & Grinnell, 2004: 91).

반면에 범위의 한계는 극대값(maximum value) 또는 극소값(minimum value)이 존재할 경우 적절하지 못한데 범위를 증가시키기 때문이다. 〈보기 3〉에서처럼 다른 변수 값과 크게 차이가 나는 값인 극대값(98)의 영향으로 범위는 커지게 된다. 이러한 경우 범위를 사용하면 자료의 특성을 정확하게 전달하기는 어렵다.

사분위범위(interquartile range)는 범위가 가지는 이러한 한계를 보완할 수 있다. 사분편차(quartile deviation)와 같은 의미로서 변수 값 분포의 3/4에 위치한 변수 값에서 1/4에 위치한 변수 값을 빼서 구하게 된다. 사분위범위는 배열된 값을 4분위로 나누었을 때, 제3사분위수와 제1사분위수 사이의 거리를 의미한다. 〈보기 3〉에서 사분위범위는 31이다.

범위와 사분위범위로 분산의 정도를 대략 추정하면, 범위의 경우 88을 12사례로 나누었을 때 7.33이지만, 50%의 사례만을 포함하고 있는 사분위범위의 경우 31을 6사례로 나누었을 때 5.16의 분산을 보이게 된다. 따라서 사분위범위는 범위에 비해 집단의 분포에 대해 상대적으로 정확하게 분산의 정도를 추정하게 해 준다.

### (2) 분산

분산(variance)은 변량이라고도 하며, 개별 값들이 평균에서 떨어진 거리(편차)의 정도를 나타낸다. 분산과 분산의 제곱근인 표준편차는 범위와는 달리 모든 사례의 값을 다 포함하여 계산된다. 이런 까닭에 분산과 표준편차는 산포도를 나타내는 통계치로 주로 사용되고 있다.

분산의 측정은 〈보기 4〉와 같이 각 사례 값들의 평균편차(평균-사례 값)를 제곱한 값을 모두 합한 후 사례 수로 나누면 된다.

<보기 4> 분산

- 사례 값: 1, 2, 3, 5, 5, 7, 8, 9(평균: 5)
- 분산 = (사례 값 − 평균)$^2$의 합/ 사례 수

  $\{(-4)^2 + (-3)^2 + (-2)^2 + (0)^2 + (0)^2 + (2)^2 + (3)^2 + (4)^2\} \div 8 = 7.25$

### (3) 표준편차

표준편차(standard deviation)는 분산의 제곱근을 통해 얻게 되는 통계치이다. 평균에서 떨어진 거리를 표준화한 값이라고 할 수 있는 표준편차는 값들이 평균 근처에 어느 정도나 모여 있는지를 나타낸다. 즉, 평균과 특정 값 사이의 거리가 어느 정도나 되는지를 알 수 있는 기준이 된다.

표준편차는 변수 값의 산포도를 나타내는 데 가장 많이 사용된다. 평균을 기준으로 사례 값들 간의 표준화된 거리를 나타내기 때문에 표준편차는 평균과 함께 사용하게 된다. 등간변수 혹은 비율변수의 평균을 보고할 때 표준편차를 함께 알려 줌으로써 변수의 분포에 대한 보다 정확한 정보를 제공할 수 있다.

표준편차의 산출은 분산에 제곱근을 하는 과정만 추가하면 된다. 앞의 〈보기 4〉에서 표준편차는 분산(7.25)의 제곱근인 2.69이다($\sqrt{7.25} = 2.69$).

## 4) 분포의 형태

분포(distribution)의 형태란 변수 값이 분포되어 있는 모양을 말한다. 변수의 기본적인 특성은 중앙집중경향과 산포도를 통해 설명된다. 그러나 값의 분포가 정규분포를 이루지 못하고 어느 한쪽으로 기울어져 있거나, 다른 값들과는 달리 심하게 작거나(극소값), 또는 심하게 큰 경우(극대값) 변수의 특성을 잘못 전달할 수 있다. 이런 까닭에 변수 값들의 분포가 정규분포인지, 아니면 기울어진 분포를 이루고 있는지를 확인하는 것이 중요하다. 정규분포가 아니라면 분포의 유형을 나타내는 왜도와 첨도에 관해서도 점검할 필요가 있다.

### (1) 왜도

왜도(skewness)란 변수 값들 분포의 좌우대칭 또는 비대칭의 정도를 나타낸다. 대칭성을 기준으로 할 때 크게 세 가지 유형으로 구분할 수 있다. 먼저 최빈값, 중앙값 그리고 평균을 중앙으로 하여 좌우가 대칭되는 정규분포가 있고, 최빈값을 최고점으로 우측으로 꼬리가 긴 분포유형(우측으로 기운 분포), 그리고 최빈값을 최고점으로 하여 좌측으로 꼬리가 긴 유형(좌측으로 기운 분포)으로 나누어 볼 수 있다. 정규분포는 좌우가 대칭이므로 왜도 값은 0이며(skewness = 0), 우측으로 꼬리가 긴 유형의 분포는 왜도 값이 0보다 크게 된다(skewness > 0). 반면에 좌측으로 꼬리가 긴 유형의 분포는 왜도 값이 0보다 작다(skewness<0).

[그림 11-8]과 같이 정확한 대칭분포, 즉 정규분포인 경우 중앙집중경향을 나타내는 세 개의 값은 정확하게 중앙에 일치하게 되며 사례 값들이 중앙에 집중되어 있고 좌우로 고루 분포되어 있다. 정규분포곡선의 면적의 합은 1이며 좌우가 정확히 절반이다. 변수가 이러한 분포를 보일 때 중앙집중경향을 나타내는 대표값들은 변수의 특성을 정확하게 반영하게 된다. 정규분포곡선이면서 평균=0, 표준편차=1이면 표준정규분포곡선이라고 한다.

그러나 어느 한쪽으로 기울어져 있는 경우에는 변수의 특성을 정확하게 나타내기 어렵다. [그림 11-9]는 변수 값의 분포가 우측으로 기울어져 있는 경우(positive skewness)로, 최빈값을 정점으로 중앙값과 평균이 우측에 위치하게 되어 값이 높은 순서대로 평균, 중앙값, 최빈값의 순이다. [그림 11-10]은 변수 값의 분포가 좌측으로 기울어져 있는 경우(negative skewness)로, 최빈값을 정점으로 중앙값과 평균값이 좌측이 위치하게 되어 값이 높은 순서는 최빈값, 중앙값, 평균의 순이다.

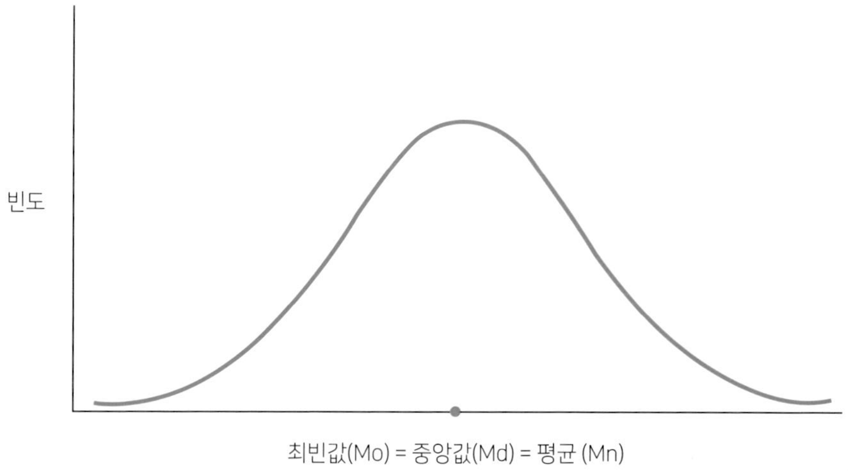


**[그림 11-8] 정규분포**
(대칭형 분포, skewness=0)

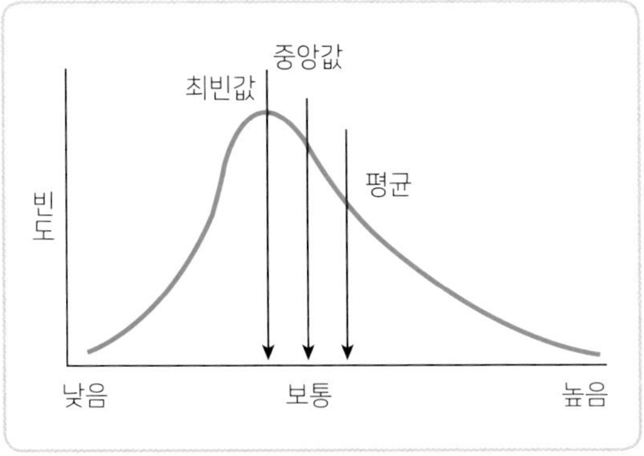


**[그림 11-9]** 우측으로 기운 분포
(비대칭형 분포, skewness>0)

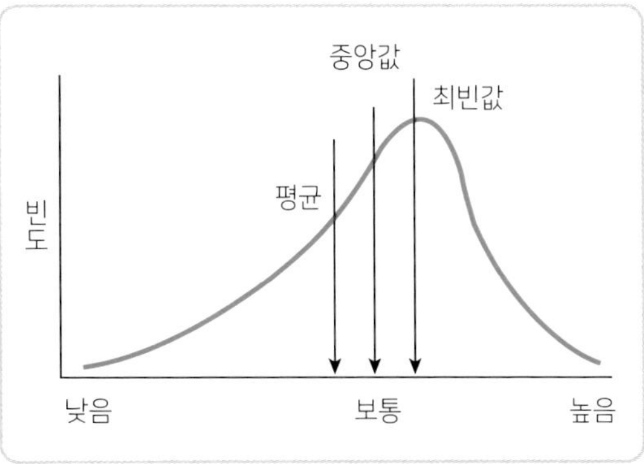


**[그림 11-10]** 좌측으로 기운 분포
(비대칭형 분포, skewness<0)

(2) 첨도

첨도(kurtosis)란 정규분포를 기준으로 변수들이 중앙에 얼마나 밀집하여 있는지를 나타낸다. 첨도는 분포의 곡선이 높고 좁은지 또는 낮고 넓은지로 알 수 있다. 정규분포곡선을 기준으로 분포의 곡선이 높고 좁다면(집중분포), 사례값들이 중앙에 밀집하여 있어서 값의 분포가 넓지 않으므로 비교적 표준편차가 적다는 것을 의미한다. 반면에 낮고 넓은 곡선(분산분포)은 사례값들이 중앙에서부터 넓게 퍼져 있으므로 비교적 큰 표준편차를 의미한다.

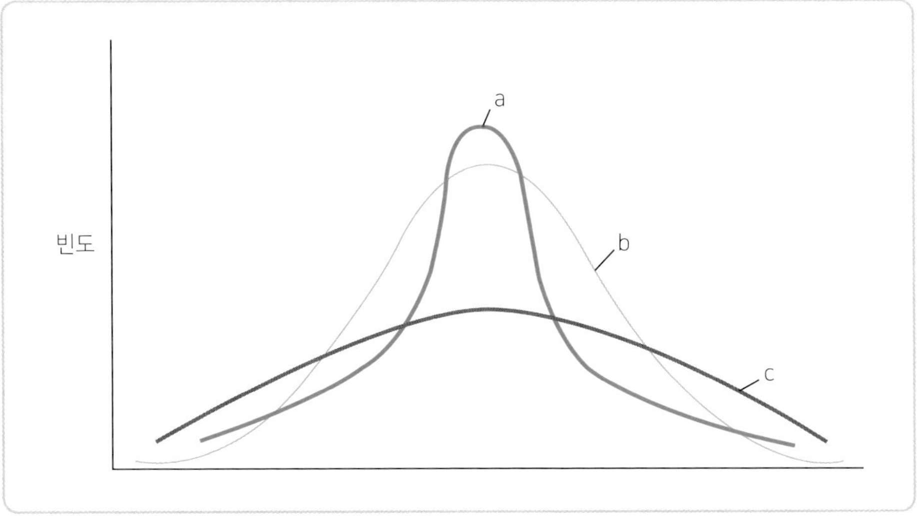


**[그림 11-11]** 집중분포와 분산분포

[그림 11-11]은 정규분포곡선을 기준으로 첨도에 따른 분포곡선의 유형을 보여주고 있다. 정규분포는 첨도가 0이다. 높고 뾰족한 곡선은 첨도 값이 0보다 큰 경우(kurtosis>0)로서 사례값들이 중앙에 집중되어 있는 집중분포인 반면(맨 위의 곡선 a), 넓고 평평한 곡선(맨 아래 곡선 c)은 첨도 값이 0보다 작은 경우(kurtosis<0)로서 사례값들이 정규분포(가운데 곡선 b)에 비하여 넓게 분산되어 있는 분산분포이다.

〈표 11-4〉는 변수의 측정수준에 따라 어떠한 통계치들이 사용될 수 있는지를 보여 준다.

표 11-4 변수의 측정수준과 통계치

| | 빈도 | 중앙집중경향 | 산포도 |
|---|---|---|---|
| 명목변수 | 빈도, 백분율 | 최빈값 | |
| 서열변수 | 빈도, 백분율 | 최빈값, 중앙값 | 범위 |
| 등간변수, 비율변수 (기울어진 분포) | 빈도, 백분율 | 최빈값, 중앙값, 절사평균 | 범위, 사분위범위 |
| 등간변수, 비율변수 (정규분포) | 빈도, 백분율 | 최빈값, 중앙값, 평균 | 범위, 표준편차, 분산 |

## 4. 통계분석방법의 선택

### 1) 통계분석방법의 선택 기준

수집된 자료의 특성에 적합한 통계분석방법을 결정하는 것은 연구자의 몫이다. 자료분석에서 적절한 통계방법을 사용하였을 때 자료의 특성에 관한 정확한 정보를 산출할 수 있다. 따라서 연구자는 자신이 설정한 연구문제와 연구가설에 대한 해답을 찾는 과정으로서 자료를 분석함에 있어 자료의 성격에 따라 모수검정 또는 비모수검정 중 어느 것을 선택해야 할 것인지에 대한 판단을 해야 한다. 다음에서는 각각의 검정방법에 따라 요구되는 조건에 대해 설명하고자 한다.

**통계분석방법을 선택하는 기준**으로는 다음의 사항들이 기본적으로 고려되어야 하는데 **표본추출방법, 주요 변수**(종속변수와 주된 독립변수)**의 분포형태, 변수의 측정수준 그리**

고 표본의 크기에 관한 사항이다.

#### (1) 표본추출방법

표본이 무작위로 추출(확률표집)되었다면 모수검정의 가정 중 하나가 충족된 셈이다. 표본추출방법에서는 무작위 표본추출 또는 비무작위 표본추출(비확률표집)인지를 점검한다.

#### (2) 주요 변수의 분포형태

변수의 분포와 관련하여 점검해야 할 것은 조사에서 사용하고 있는 주요 변수(주로 종속변수)가 정규분포를 이루고 있는지에 대한 사항이다. 모수검정을 위해서는 주요 변수가 정규분포를 이루고 있다는 가정이 충족되어야 한다.

#### (3) 변수의 측정수준

변수의 측정수준 역시 어떤 통계기법을 선택할 것이지를 결정하는 중요한 요인이다. 모수검정의 경우 종속변수가 등간수준 이상이 되어야 한다. 변수의 측정수준이 낮을수록, 즉 연속적 변수(등간변수, 비율변수)보다는 비연속적 변수(명목변수, 서열변수)일 경우 선택할 수 있는 통계기법은 제한적인 반면에, 변수의 측정수준이 높을수록 보다 다양하고 높은 수준의 통계기법을 선택함으로써 보다 많은 정보를 얻을 수 있다.

#### (4) 표본의 크기

표본의 크기가 너무 작을 경우 표집오차가 커지고 모집단에 대한 대표성도 떨어진다. 이에 비해 표본이 큰 경우 표집오차가 상대적으로 적어진다. 표본의 크기가 지나치게 작은 경우는 모수검정을 사용하는 것이 적절하지 않다.

### 2) 모수검정과 비모수검정의 조건

#### (1) 모수검정의 조건

모수검정은 표본이 추출되는 모집단의 모수에 대해 다음의 몇 가지 조건이 충족될 때 가능하다.

- 최소한 1개 변수(주로 종속변수)가 등간 또는 비율 변수여야 한다.
- 종속변수는 모집단 내에서 정규분포를 이루어야 하며, 혹은 2개의 모집단에서 추출되었다면 변수들의 분포가 동일하게 분산되어야 한다.
- 표본은 무작위로 추출되어야 한다.

(2) 비모수검정의 조건

한편, 비모수검정(non parametric test)은 모수검정의 조건 중에 충족되지 않는 조건이 있을 때 사용하게 된다. 주로 종속변수가 정규분포가 아닐 때, 변수들이 명목측정 수준이거나 서열측정 수준일 때, 무작위 표본추출의 조건이 충족되지 않았을 때, 그리고 표본의 수가 충분히 많지 않은 경우에 선택하게 된다.

- 표본의 분포가 정규분포의 조건을 충족하지 못한다는 것은 주요 변수인 종속변수가 정규분포를 이루지 못하거나, 서로 다른 모집단에서 추출된 변수의 분포가 동일한 분산이 아닌 경우를 의미한다.
- 변수들이 명목 또는 서열 수준의 변수라는 것은 비연속형의 범주형 변수를 의미하는 것으로서 종속변수가 명목변수 또는 서열변수이다.
- 표본이 모집단으로부터 무작위로 추출되지 않는 경우 비모수검정을 고려해야 한다.
- 표본의 수가 극히 적어 모집단을 대표하기에는 불충분할 때 비모수검정을 선택한다.

### 3) 모수검정과 비모수검정의 통계기법

통계분석 기법들은 많지만 보편적으로 활용되고 있는 모수검정에 속하는 대표적 통계기법은 단일표본 $t$ 검정, 독립표본 $t$ 검정, 분산분석(ANOVA), 피어슨의 상관관계, 회귀분석을 들 수 있다. 자료의 조건에 의해 모수검정을 사용할 수 없는 경우에 비모수검정을 통해 자료를 분석할 수 있다는 점에서 비모수검정 역시 유용하다. 비모수검정의 대표적인 통계기법은 카이제곱 검정, 로지스틱 회귀분석, 요인분석, 판별분석 등을 들 수 있다.

〈표 11-5〉과 〈표 11-6〉은 **모수검정과 비모수검정의 주요 사항들**을 정리한 것이다.

**표 11-5** 모수검정

| 검정기법 | 변수의 측정수준 | | 분석수준 |
|---|---|---|---|
| | 종속변수<br>(기준변수) | 독립변수<br>(예측변수) | |
| 단일표본 *t*<br>(one-sample *t* test) | 등간, 비율 | 명목(표본, 모집단) | 일원분석 |
| 독립표본 *t* 검정<br>(two-independent samples *t* test) | 등간, 비율 | 명목(두 개 범주) | 이원분석 |
| 일원분산분석<br>(one-way ANOVA) | 등간, 비율 | 명목(세 개 범주 이상) | 이원분석 |
| 피어슨 *r*<br>(Pearson's *r*) | 등간, 비율 | 등간, 비율 | 이원분석 이상 |
| 회귀분석<br>(regression) | 등간, 비율 | 등간, 비율 | 이원분석 이상 |

**표 11-6** 비모수검정

| 검정기법 | 변수의 측정수준 | | 분석수준 |
|---|---|---|---|
| | 종속변수<br>(기준변수) | 독립변수<br>(예측변수) | |
| 카이제곱<br>(chi-square) | 명목, 서열<br>(범주가 적은 경우) | 명목, 서열<br>(범주가 적은 경우) | 이원분석 |
| 로지스틱 회귀분석<br>(logistic regression) | 명목<br>(두 개 범주형) | 명목, 서열, 등간,<br>비율 | 다원분석 |
| 요인분석<br>(factor analysis) | 서열변수 이상 | 서열변수 이상 | 다원분석 |
| 판별분석<br>(discriminant analysis) | 명목 또는 비율<br>(두 범주 이상) | 등간, 비율 | 다원분석 |
| 경로분석<br>(path analysis) | 등간 또는 비율 | 등간, 비율 | 다원분석 |

## 참고문헌

강종수(2009). 사회복지조사방법론. 경기: 양서원.

김영종(2007). 사회복지조사론: 이해와 활용. 서울: 학지사.

문창권, 송학준, 문영필, 손종웅, 김길후, 김범수(2019). SPSS 첫걸음 단계별 분석. 서울: 북넷.

유태균, 김경휘(2013). 사회복지 자료분석의 기초원리. 경기: 공동체.

이종환(2014). SPSS를 이용한 조사방법 및 통계분석의 이해와 적용. 경기: 공동체.

채구묵(2014). SPSS와 AMOS를 이용한 고급통계학. 경기: 양서원.

최성재(2005). 사회복지자료분석론: SPSS 이용 분석방법 포함. 경기: 나남출판.

Heiman, Gary W. (2003). *Basic Statistics: for the behavioral science*. USA: Houghton Mifflin Company.

Thomson Learning Korea (Knoke, D., Bohrnstedt, G. W., & Mee, A. P.). (2007). 사회통계학: 원리와 실제(*Statistics for Social Data Analysis*). (장상희, 이상문 공역). 서울: 박영사. (원저는 2002년에 출판).

Rubin, A., & Babbie, E. (1998). 사회복지조사방법론(*Research Methods for Social Work*). (성숙진, 유태균, 이선우 공역). 서울: 나남출판. (원저는 1997년에 출판).

Weinbach, R. W., & Grinnell, R. M. (2004). 사회복지사를 위한 통계(*Statistics for Social Workers*). (박봉길, 최종백 공역). 경기: 양서원. (원저는 2004년에 출판).

제12장

# 가설검정 및 통계적 기법과 조사보고서의 작성

이 장에서는 가설검정의 원리와 통계적 검정기법, 그리고 조사보고서 작성에 관한 이해를 목적으로 한다. 가설검정의 원리를 이해하기 위해서는 가설의 개념과 가설검정의 의의, 그리고 상관관계와 인과관계의 의미에 관한 이해가 필요하다. 통계적 검정기법의 조건과 자료해석 방법은 이원분석 수준으로는 독립표본 $t$ 검정, 대응표본 $t$ 검정, 카이제곱 검정, 일원분산분석, 피어슨의 $r$, 단순선형회귀분석을 다루고, 다원분석 수준으로는 다중회귀분석, 로지스틱회귀분석, 판별분석, 요인분석, 경로분석을 다룬다. 아울러 조사보고서의 양식과 인용법에 관해 알아본다.

## 1. 가설의 검정

### 1) 가설의 종류

**가설**이란 두 개 이상의 변수 간의 관계에 대한 통계적인 검정을 위해 서술한 문장이다. 가설은 변수 간의 관계를 예측하는 형태로 진술된다. 따라서 가설은 표본에서 발견되는 두 변수 간의 관계가 모집단에서도 실질적으로 발견될 수 있을 것인가에 대한 추론(inference)을 위해 검정이 가능한 형태로 진술하게 된다. 가설의 종류는 크게 연구가설(research hypothesis)과 영가설(null hypothesis)로 구분한다.

#### (1) 연구가설

연구가설은 조사자가 검정해 보고자 하는 가설을 이른다. 연구가설은 변수 간 관계의 방향을 나타내는가 하면, 관계의 방향을 나타내지는 않고 다만 '관계가 있을 것이다.'로 진술하기도 한다.[1)]

전자에 해당하는 가설의 형식을 단측가설이라 하며 '만약 A이면 B일 것이다.' 또는 'A할수록 B할 것이다.'의 형태로 서술한다. 예를 들면, '학력이 높을수록 보수적인 성향이 있을 것이다.'와 같은 가설의 형식이 단측가설에 해당한다. 한편, 관계의 방향을 나타내지 않는 가설을 양측가설이라 하며 'A와 B는 관계가 있을 것이다.'로 서술한다. 예를 들어, '음주 여부에 따라 폐암 발생률은 차이가 있을 것이다.' 또는 '학력과 직업유형은 관련이 있을 것이다.'로 진술하였다면 양측가설의 형태이다.

### (2) 영가설

변수 간에 관계가 없을 것임을 가정하는 형태로 진술된다. 영가설은 두 변수 간의 관계가 표준오차, 즉 우연에 의해 발생한 것이라고 가정하는 가설이다. **연구가설에서 설정된 변수 간의 관계는 직접 검정되기보다는 영가설이 틀렸다는 것을 반증함으로써 서로 관계가 있을 것이라는 가능성을 간접적으로 증명하는 방식**을 취하게 된다.

### (3) 연구가설과 영가설의 관계

연구자의 목적은 설정한 연구가설이 지지되는지의 여부를 검정하는 데 있다. 연구가설의 검정은 '두 변수 간에 관계가 없을 것이다.'로 서술되는 영가설(귀무가설)을 검정하는 과정을 통해 간접적으로 이루어진다는 것은 상기한 바와 같다. 영가설의 검정은 '두 변수 간에 관계가 없을 것이다.'는 것이 거짓임을 증명함으로써 두 변수 간의 관계가 있을 것으로 가정하는 연구가설을 지지할 수 있는 근거가 된다. 따라서 가설의 검정은 영가설이 기각될 수 있는지를 검정함으로써 연구가설이 지지되는지를 판단하게 된다.

---

**1)** 가설에서 두 변수 간의 관계의 방향(정적 관계, 부적 관계)에 관한 기술이 있는지의 여부에 따라 단측가설과 양측가설로 분류된다. 단측가설은 방향가설이라고도 부르는데 두 변수 간의 관계의 방향에 대한 예측이 가설 속에 포함되어 있다(예: 남자 비행청소년은 여자 비행청소년에 비하여 가출 경험이 적을 것이다). 이에 비해 양측가설은 두 변수 간의 관계만을 서술할 뿐이며 관계의 방향에 관한 예측이 포함되지 않는다. 이런 까닭에 양측가설은 비방향가설이라고도 한다(예: 비행청소년의 가출 경험의 정도는 남녀에 따라 차이가 있을 것이다).

만약 영가설이 기각된다면 변수들이 실제로는 통계적으로 의미를 줄 수 있을 정도로 관련되어 있다고 결론을 내린다. 영가설을 기각한다는 것은 두 변수 사이에 관계가 없다는 가정이 거짓이므로 두 변수 사이에 관계가 있을 것이라는 대안가설을 채택하여 두 변수 간의 관련성을 추정할 수 있다는 결론을 내리게 된다.

반면에 영가설이 채택된다면 두 변수 사이에 관계가 없다는 영가설을 받아들임으로써 두 변수 간에 관계가 있을 것으로 추정하는 연구가설을 받아들일 수가 없게 된다.

## 2) 가설의 통계적 검정

### (1) 가설검정의 의미

주어진 가설을 기각할 것인지 아닌지를 결정할 수 있는 규칙과 절차를 통계적 검정이라고 한다. 가설에서 설정한 두 변수 간의 관계는 표본에서 얻은 통계치를 통해 발견된 관계이며, 따라서 **가설검정**이란 표본에서 발견되는 두 변수 간의 관계를 모집단에 일반화할 수 있는지를 통계치를 통해 추정하는 것이다.

추정은 항상 오류의 가능성이 있기 마련이다. 그래서 표본을 통해 얻은 결과에 대한 신뢰 정도를 정하여 영가설을 기각할 것인지 또는 채택할 것인지를 결정하게 된다.

통계적으로 가설을 검정한다는 것은 연구가설의 진위 여부를 직접적으로 입증하는 것이 아니라 영가설이 사실이 아니라는 가정을 뒷받침할 만한 증거가 있는지를 확률에 근거하여 연구자가 판단하는 것이다. 그러므로 연구가설에서 설정된 변수 간의 관계는 영가설을 기각(부인)함으로써 두 변수 간에 관계가 있을 가능성을 반증하는 방법으로 진행된다.[2)]

**2)** Karl Popper의 반증주의(falsificationism)에서는 인간이 어떤 사회현상을 설명하는 데는 한계가 있으므로 가설은 검증할 수 없고 단지 반증할 수 있을 따름이라고 한다. 사회과학 연구에서는 영가설이 틀리다는 것을 증명해 보임으로써 원래 설정한 가설(주장, 이론)이 맞을 수도 있다는 것을 간접적으로 입증하는 방법을 취한다. 그래서 가설은 검증(verify)이 아니라 검정(test)하는 것이라고 한다.

### (2) 표준오차

영가설은 두 변수 간의 관계가 표준오차에 의한 것(우연적으로 발생한 것)이라고 가정한 가설이다. 여기서 표준오차는 표본오차(sampling error)라고도 하며 한 표본에서 얻은 통계치의 신뢰도를 나타낸다.

표준오차는 표본분포와 관련된 개념인데 표본분포(sampling distribution)는 표본추출을 반복한다고 가정하였을 때 각각의 표본들이 가지는 평균값들의 분포를 말한다. 표준오차란 표본 평균들의 분포에서 실제 모집단의 평균과 어느 정도나 떨어져서 분포되어 있는지를 나타낸다. 표준오차는 모집단의 표준편차가 작을수록, 표본의 크기가 클수록 감소하게 된다. 표준오차가 작을수록 표본에서 얻은 통계치는 신뢰성이 높아진다. 따라서 영가설 검정은 표준오차가 거의 일어나지 않을 것이라고 가정하는 연구가설이 지지되는지의 여부를 판단하기 위한 과정이다.

### (3) 기각수준

통계적 검정 결과 가설이 지지되는지의 여부는 '기각수준'을 기준으로 결정한다. 가설의 기각수준이란 변수 간의 관계가 통계적으로 의미 있는 수준인가를 결정하는 기준이다.

단측가설을 검정하는 경우라면, 통계분석 결과 만약 두 변수 간의 관계가 있는 것으로 결정하였다면, 추가적으로 관계의 방향(정적 관계 혹은 부적 관계)에 대한 설명도 함께 제공할 수 있어야 한다.

두 변수 간의 관계의 통계적 유의성(statistical significance)을 판단하는 기준으로 95% 신뢰수준을 가장 많이 사용한다. 신뢰수준(confidence level)은 모수가 신뢰구간 내에 속할 확률이 95% 안에 있다는 것을 의미한다. 달리 말해, 통계분석에서 표준오차로 인해 두 변수 간의 관계가 발생할 가능성이 5% 확률보다 적은 경우에 영가설을 기각한다는 것을 의미한다.

기각수준은 유의수준(알파, α)이라고 하며 만약 기각수준을 .05로 하였다면 영가설의 발생가능성(유의확률, p)이 .05보다 적은 경우에 영가설을 기각하고, 이때 연구가설은 지지되는 것으로 해석한다.

그런데 통계적으로 유의한 수준으로는 95% 신뢰수준 외에 99%를 사용하기도 하는데, 99% 신뢰수준을 사용하는 경우 기각수준은 .01이 된다. 99% 신뢰수준은 95% 신뢰수준에 비하여 표준오차를 의미하는 영가설의 발생가능성이 보다 적을 것으로 추정하게 된다. 따라서 신뢰수준이 높을수록 두 변수 간의 통계적 관련성을 보다 확실하게 추정할 수 있다.

## 3) 가설 판정의 오류

가설을 검정할 때 발생할 수 있는 오류란 변수 간의 실제 관계(사실)와는 다른 결론을 내리는 것을 이른다. 다시 말해, 가설의 지지 여부 판정에 관한 통계적 결론의 타당도를 위협하는 것을 의미한다. 〈표 12-1〉은 가설판정의 오류를 요약한 것이다.

제1종 오류(type I error)는 영가설이 사실인데도 영가설을 기각함으로써(대안가설 채택) 발생하는 오류를 이른다. 제1종 오류는 실제로 두 변수 간의 관계가 존재하지 않음에도 불구하고 영가설을 기각함으로써 채택하게 된 대안가설에 의해 두 변수 간에 관계가 있는 것으로 잘못 해석하는 것을 의미한다.

한편, 제2종 오류(type II error)란 대안가설이 사실(두 변수 간에 관계가 있음)임에도 불구하고 영가설을 기각하지 않음으로써 발생하는 오류를 의미한다. 제2종 오류란 두 변수 간의 관계가 실제로 존재함에도 불구하고 영가설을 기각하지 않아 대안가설을 채택하지 않음으로써 두 변수 간에 관계가 없는 것으로 잘못 해석하는 것을 의미한다.[3)]

가설판정에서 제1종 오류(관계가 없는데 있다고 한 것)가 제2종 오류(관계가 있는데 없다고 한 것)보다 더 심각한 오류이므로, 통계적 검정은 제1종 오류의 허용확률인 유의수준(알파, α)을 기준으로 이루어진다. 따라서 유의수준인 알파는 영가설의 기각수준이고, 제1종 오류를 결정하는 기준이다.[4)] 일반적으로 알파는 0.05를 기준으로 사용하며, 영가설이 참일 가능성이 알파보다 적을수록 영가설을 확고하게 기각하게 된다.

---

**3)** 제1종 오류는 영가설이 진실인데 기각하는 오류이며, 반대로 제2종 오류는 영가설이 허위인데 이를 기각하지 않는 오류이다(이학식, 임지훈, 2015: 126).

**4)** 알파=.05이면 95% 신뢰수준을 의미하며, 99%의 신뢰수준은 유의수준이 .01이다. 만약 유의수준인 알파가 .05이면 두 변수의 관계가 참이 아닐 가능성이 5% 미만일 때 영가설을 기각하겠다는 의미이다. 한편, 유의확률인 $p$는 영가설의 발생가능성을 의미한다. 알파=.05인데 $p$=.03이면 영가설이 참일 가능성은 3%이므로 영가설은 기각하게 되고, 반증에 실패하게 되었으므로 연구가설은 채택된다.

제1종 오류의 발생가능성을 줄이는 것은 표본의 크기를 늘림으로써 가능하며, 제2종 오류의 발생가능성은 표본의 크기를 늘리는 것과 더 높은 기각수준을 채택(예: .01에서 .05로 높임)하는 것으로 어느 정도 줄일 수 있다.

표 12-1 가설검정의 오류

| 오류 종류 | 실제 사실 | 가설에 대한 결정사항 | |
|---|---|---|---|
| | | 영가설 | 대안가설 |
| 제1종 오류 | 두 변수 간 관계가 없음<br>(영가설이 참인 경우) | 기각함 | 채택함 |
| 제2종 오류 | 두 변수 간 관계가 있음<br>(영가설이 거짓인 경우) | 기각하지 않음 | 채택하지 않음 |

출처: Heiman (2003), p. 262의 표를 재구성.

## 2. 상관관계와 인과관계

### 1) 상관관계

상관관계(correlation relationship)란 변수들이 서로 연관되어 있다는 것을 의미한다. 두 변수가 함께 변하는(공변, co-vary) 공분산의 개념이다. 한 변수의 값의 변화가 다른 변수의 값이 변화하는 것과 일관된 형태를 보일 때 두 변수는 상관관계에 있다고 말한다.

상관관계는 한 변수의 값이 다른 변수의 값을 발생시키는 원인이고 다른 한 변수는 결과임을 의미하는 것은 아니다. 두 변수가 공변한다는 사실만으로는 한 변수(독립변수)의 값의 변화는 다른 변수(종속변수)의 값의 변화를 발생시키는 원인이 된다(인과관계)고 보기에는 충분하지 않다.

상관관계의 규명은 보통 추론통계를 위한 기초분석으로 활용된다. 인과관계는 두 변수가 상관관계가 있다는 것이 기본적으로 성립되므로 상관은 인과관계의 입증을 위해 필수적으로 요구되는 조건이지만, 두 변수 간에 상관관계가 있다고 하여 인과관계가 있을 것으로 결론을 내리려면 보다 정밀한 분석이 요구된다. 상관관계는 인과관계를 위한 필요조건이기는 하지만 충분조건은 아니다.

## 2) 인과관계

인과관계(causal relationship)란 한 변수(독립변수)가 다른 변수(종속변수)의 원인이 되어 결과를 초래하게 되는 관계를 말한다. 인과관계로 규정하기 위해서는 원인과 결과로 추정되는 두 변수는 상호연관성을 가지고 변화해야 하며(공변성), 원인(독립변수)이 결과(종속변수)보다 시간적으로 우선해서 발생해야 한다는 조건이 요구된다(시간의 우선성). 아울러 독립변수 이외의 변수의 영향력이 통제되어야 한다(외부요인의 통제성).

### (1) 공변성

한 변수(독립변수, 예측변수)의 값을 파악함으로써 다른 한 변수(종속변수, 기준변수)의 값을 예측할 수 있다. 두 변수의 값들은 일정한 경향성을 가지고 함께 변화하기 때문이며, 이를 '공변'한다고 한다. 예를 들면, '연령대가 높을수록 취업률은 높아질 것이다.'와 같이 연령이 변화하면 취업률도 변화를 보이게 된다.

### (2) 시간의 우선성

인과관계로 규정하기 위해서는 원인과 결과로 추정되는 두 변수에서 원인(독립변수)이 결과(종속변수)보다 시간적으로 우선해서 발생해야 한다. 예를 들면, '청소년들의 학업 스트레스가 증가할수록 중퇴율이 증가할 것이다.'와 같이 원인(학업 스트레스)은 결과(학교중퇴율)보다 선행하여 발생하여야 한다.

### (3) 외부요인의 통제성

인과관계에서 주의할 것은 결과를 발생시키는 원인은 독립변수 외에 다른 변수들의 영향이 있을 수 있다는 점이다. 사회과학에서 한 현상은 여러 가지 원인이 복합적으로 작용하여 발생하기 때문이다. 독립변수와 종속변수 외의 변수를 제3의 변수(외생변수 등)라고 하는데, 이처럼 외생변수가 있을 수 있으므로 인과관계는 확률적일 수밖에 없다. 따라서 외생변수들을 모두 통제해야 종속변수에 대한 독립변수의 영향력을 정확하게 알 수 있다.[5)]

---

**5)** 제3의 변수는 독립변수와 종속변수 간의 인과관계에서 어떠한 기능을 했느냐에 따라 매개변수, 조

제3의 변수를 통제하는 목적은 통제변수의 각 수준을 따로 취해서 독립변수와 종속변수의 원래 관계가 통제변수의 각 수준에서 어떻게 변하는지 봄으로써 두 변수의 진정한 관계를 알 수 있다. 예를 들면, '청소년의 자존감이 낮을수록 비행행동을 할 가능성이 높을 것이다.'라는 가설에서 낮은 자존감과 비행행동의 진정한 관계를 알기 위해서는 두 변수 간의 관계에 영향을 미칠 수 있는 변수들(예: 어머니와의 친밀도, 성별 등)의 영향력도 함께 점검되어야 한다.

## 3. 이원분석과 자료해석

다음에서는 변수 간의 관계를 규명하는 이원분석 수준의 통계기법들을 설명하고자 한다. 사회복지실천에서 많이 사용하는 이원분석 수준의 통계기법으로는 독립표본 *t* 검정, 대응표본 *t* 검정, 카이제곱 검정, 일원분산분석, 피어슨의 상관관계 그리고 단순선형회귀분석이 있다. 다음에서는 각 통계기법의 통계원리와 요구되는 자료의 특성에 대해 설명한다.

### 1) 독립표본 *t* 검정

#### (1) 독립표본 *t* 검정이란

독립표본 *t* 검정(two-independent samples *t* Test)은 두 개의 독립된 표본의 평균값을 비교함으로써 두 집단 간에 차이가 있는지를 분석하는 모수검정이다. 독립변수의 값들에 해당하는 두 개의 집단 간에 종속변수의 평균차이가 유의하다면 두 변수는 관계가 있을 것으로 해석한다. 즉, 두 개의 하위표본의 평균값을 비교함으로써 두 표본에서 관측된 평균값의 차이가 크다면, 그 차이가 표집오차로 인한 것(우연의 작용)임을 가정하는 영가설을 기각하고 두 변수 간에 관계가 있을 것이라는 결론을 내린다.

독립표본 *t* 검정에서 요구되는 두 개의 표본은 무작위로 추출할 때 독립적이어야

---

절변수, 외생변수, 억압변수, 왜곡변수로 구분된다. 제3의 변수 중에서 연구자가 조사설계에 포함시켜 통제하려는 변수를 통제변수라 한다.

한다. 독립표본 $t$ 검정은 명목수준의 독립변수와 등간 혹은 비율 수준의 종속변수 사이에 상관관계가 있는지를 검정하는 데 사용되는 분석기법이다.

### (2) 요구되는 가정

**독립표본 $t$ 검정의 수행을 위해 요구되는 가정**은 다음과 같다(Heiman, 2003: 304).

- 종속변수는 점수로 측정된 등간 혹은 비율 수준이어야 한다.
- 독립변수는 두 개의 범주로 이루어진다.
- 독립변수의 두 개의 하위표본은 모집단으로부터 독립적으로 추출되어야 한다.
- 두 개의 표본의 수가 동일할 것이 요구되는 것은 아니지만 유사할수록 좋다.[6)]
- 종속변수는 정규분포를 이루고 있어야 한다.

### (3) 통계적 산출물의 해석

앞서 언급하였듯이, 독립표본 $t$ 검정의 원리는 두 개 하위표본의 평균값(종속변수의 평균)을 비교하는 것이다. 만약 평균의 차이가 크다면 두 집단 간에 차이가 없을 것으로 설정한 영가설을 기각하게 되며, 따라서 변수들 간에 통계적으로 유의한 관계가 있는 것으로 본다.

〈표 12-2〉는 독립표본 $t$ 검정을 사용한 SPSS 산출물을 바탕으로 작성한 표이다. 수급자노인을 대상으로 한 조사에서 작업장 참여 여부에 따라 심리적인 건강상태에 차이가 있는지를 보여 주고 있다. 합계 평균을 볼 때 작업장 참여집단이 10.63점, 작업장 비참여집단이 8.82점으로 작업장 참여집단의 심리적 건강상태 점수가 작업장에 참여하고 있지 않는 노인들의 심리적 건강상태 점수에 비하여 더 높다. 작업장 참여노인들이 작업장에 참여하지 않는 노인들에 비하여 심리적 건강상태가 더 양호하다고 볼 수 있다. 두 집단 간의 차이는 95% 신뢰수준에서 통계적으로 유의한 수준이다($p < .001$). 이는 두 집단 간에 차이가 없을 것으로 가정한 영가설을 기각하기에 충분하며, 따라서 두 집단 간에 차이가 있을 것이라는 대안가설을 채택하게 된다.

통계결과가 의미하는 바에 대해 연구자는 수급자 노인들의 작업장 참여 여부는

6) 두 집단의 수가 차이가 많이 날수록 두 집단 간에 분산이 달라지기 때문이다.

심리적 건강상태와 관련이 있으며, 작업장 참여는 심리적으로 건강한 생활을 유지하는 데 긍정적인 역할을 하게 된다고 해석할 것이다.

**표 12-2** 작업장 참여 여부에 따른 심리적 건강상태

| 작업장 참여 여부 | 사례 수 | 평균 | 표준편차 |
|---|---|---|---|
| 작업장 비참여집단 | 42 | 8.82 | 2.42 |
| 작업장 참여집단 | 50 | 10.63 | 6.24 |
| 합계 | 92 | 9.81 | 4.97 |

$t=-.616, p<.001, df=90$

**사회복지현장에서의 적용(독립표본 $t$ 검정)**

학교사회복지현장에서 실행한 학교폭력 예방 프로그램에 대한 평가조사에서, 학생들의 '폭력에 대한 태도'의 교정이 성별에 따라 차이가 있는지를 알고자 한다.

독립표본 $t$ 검정을 실행하였다면, '성별'에 따른 학생들의 '폭력에 대한 태도'의 차이를 비교하게 된다. 이때 성별 변수(sex: 남자, 여자)와 폭력에 대한 태도 변수(폭력에 허용적인 태도의 동조 정도: 0~40) 간의 관계가 어떠한지를 통계치를 해석하는 것으로 묘사하게 된다.

조사자는 프로그램을 실행한 후에 '폭력에 대해 허용적인 태도'의 평균점수를 두 집단 간에 비교하게 된다. 만약 '폭력에 대해 허용적인 태도'에 관한 평균점수가 프로그램의 성별에 따라 통계적으로 유의하게 차이를 보였고, 프로그램에 참여한 남학생 집단이 여학생 집단에 비해 '폭력에 대해 허용적인 태도'의 평균점수가 낮게 나타났다면, 조사자는 학교폭력 예방 프로그램이 남학생 집단에게 더 효과적이라고 해석하게 된다.

## 2) 대응표본 $t$ 검정

### (1) 대응표본 $t$ 검정이란

대응표본 $t$ 검정(paired-samples $t$ test)은 동일한 표본을 대상으로 시점을 달리하여 두 시점 간의 평균값의 차이를 검정하거나, 실험처치를 한 집단(실험집단)과 실험처치를 하지 않은 집단(통제집단) 간의 평균값 비교를 통해 실험의 효과를 검정하는 두 가지 방법이 있다.

먼저, 두 번 측정한 단일표본에 대한 검정은 같은 사람들로 구성된 동일한 표본

에 대한 사전-사후 조사설계에 사용된다. 동일한 표본을 대상으로 실험처치 전과 후 두 시점 간의 평균값의 차이를 비교하는 방법이다. 예를 들어, 음주가 교통사고에 미치는 영향을 검정하기 위해서 동일한 사람들을 대상으로 운전시험장에서 한 번은 술을 마시지 않는 상태에서 운전을 하게 하고, 다른 한 번은 술을 마신 상태에서 운전을 하게 하여 교통사고 건수의 평균값을 비교하는 것이다. 그 밖에 금연 프로그램의 효과평가를 위해 프로그램 시행 전과 시행 후에 흡연양의 평균값을 비교하는 것도 이에 해당한다.

한편, 두 개의 관련된 표본에 대해 각각 한 번씩 측정한 평균값을 비교하기도 한다. 대응표본 $t$ 검정에서 조사대상자들(혹은 사례들)는 어떤 방법으로든 대응되어 있거나 두 개의 구별된 표본이나 집단에 속해 있다. 예를 들어, 그 두 표본은 한 집단은 표본 A에 배정하고, 다른 집단은 표본 B에 배정하여 한 쌍으로 구성하거나, 비교가 가능하도록 간주되는 두 집단으로 구성하기도 한다. 예를 들어, 사회복지 프로그램 평가조사에서 한 집단에게는 여가 프로그램을 실행하고(실험집단), 다른 한 집단은 실행하지 않았을 때(통제집단) 생활만족도의 평균점수가 두 집단 간에 통계적으로 유의미한 차이가 있는지를 알아보기 위해서 실시된다.

### (2) 요구되는 가정

대응표본 $t$ 검정은 독립표본 $t$ 검정과는 달리 **동일한 집단에 속한 사람들을 단지 시점만 달리하거나, 두 개의 관련된 표본에 대해 각각 한 번 측정한 평균값을 비교**하기 때문에 두 집단이 같은 모집단에서 추출되었는지의 여부는 고려하지 않는다. 이 점을 제외하면 독립표본 $t$ 검정에서 요구되는 가정과 유사하다.

- 대응되는 두 개의 변수는 점수로 측정된 등간 혹은 비율 수준이어야 한다.
- 두 개의 표본의 수가 동일할 것이 요구되는 것은 아니지만 유사할수록 좋다.
- 종속변수는 정규분포를 이루고 있어야 한다.

### (3) 통계적 산출물의 해석

〈표 12-3〉는 집단교육 프로그램이 여자청소년의 아동양육에 관한 태도를 긍정적으로 변화시키는 데 효과가 있을 것이라고 가정한 대응표본 $t$ 검정의 결과이다.

통계적 산출물을 통해 여자청소년들을 대상으로 집단교육 강의를 듣기 전의 아동양육에 대한 동조 정도(사전검사)와 집단교육 강의를 받은 후 아동양육에 관한 동조 정도(사후검사)의 차이가 통계적으로 유의미한지를 결정하게 된다.

〈표 12-3〉에서 아동양육에 관한 동조 정도의 평균점수는 참여 전 4.8점과 참여 후 5.8점으로 그 차이가 통계적으로 유의하였으므로($p < .01$), 집단교육 프로그램은 효과가 있음을 의미한다. 따라서 여자청소년을 대상으로 실시하는 집단교육은 여자청소년들이 아동양육에 관해 긍정적인 태도를 갖도록 하는 데 일정한 역할을 할 수 있을 것으로 해석하게 된다.

**표 12-3** 아동양육에 관한 태도(두 번 측정한 단일표본에 대한 검정)

| | 사례 수 | 평균 | 표준편차 |
|---|---|---|---|
| 교육 참여 전 | 22 | 4.80 | 2.42 |
| 교육 참여 후 | 22 | 5.80 | 6.24 |
| 합계 | 22 | 5.30 | 4.33 |

$t = 2.53$, $df = 21$, $p < .01$

### 사회복지현장에서의 적용(대응표본 $t$ 검정)

- 앞서 언급한 학교폭력 예방 프로그램에 대한 평가조사에서 학생들의 '폭력에 대한 태도가 교정' 되었는지를 대응되는 두 표본의 비교를 통해 알고자 한다.
- 만약 두 개의 관련된 표본에 대해 각각 한 번 측정한 평균값을 비교하는 방법이라면, 학생들의 '폭력에 대해 허용적인 태도의 동조 정도'가 프로그램에 참여한 학생집단(실험집단)과 참여하지 않은 학생집단(통제집단) 간의 차이를 분석하는 것으로 프로그램의 효과성을 검증하게 된다.
- 만약 학교폭력 예방 프로그램에 참여한 학생집단이 30명이었다면, 이에 대응하는 집단 역시 30명이거나 이에 가깝게 선정해야 할 것이며, 이 두 집단은 무작위로 배정되어야 한다. 조사자는 프로그램을 실행한 후에 '폭력에 대해 허용적인 태도'의 평균점수들(실험집단의 평균점수와 통제집단의 평균점수)를 비교하게 된다. 만약 '폭력에 대해 허용적인 태도'에 관한 평균점수가 프로그램의 참여 여부에 따라 구분된 집단 간에 통계적으로 유의하게 차이가 있었고, 프로그램에 참여한 집단이 참여하지 않는 집단에 비해 '폭력에 대해 허용적인 태도'의 평균점수가 낮게 나타났다면, 이 경우 조사자는 학교폭력 예방 프로그램이 효과가 있다고 해석하게 된다.

## 3) 카이제곱 검정

### (1) 카이제곱 검정이란

카이제곱 검정(chi square test)은 요구되는 가정이 많지 않으며 해석이 쉽다는 점에서 널리 활용되고 있는 비모수검정 통계기법이다. 카이제곱 검정에서 사용된 변수들은 명목수준 및 서열변수로도 가능하다. 독립변수와 종속변수 모두 몇 개의 범주로 구성된 명목수준 혹은 서열수준 척도의 변수들 간에 상관관계가 있는지에 관한 가설을 검정할 때 사용된다. 명목 또는 서열 수준으로 측정된 변수로 구성된 자료는 적용 가능한 통계기법이 제한적인데, 이러한 경우 카이제곱은 두 변수 간의 관계를 검정하는 데 유용하다.

카이제곱 검정은 통계적 산출물을 열(column)과 행(row)으로 구성된 교차표(cross-tabulation)에 배치하기 때문에 교차분석이라고도 한다. 열에는 독립변수(예측변수), 행에는 종속변수(기준변수)를 배치한다.

카이제곱 검정에서 이해하여야 할 용어는 '관측빈도' '기대빈도' '자유도' '카이제곱'이다. 관측빈도(observed frequencies)는 실제로 수집된 값의 빈도, 즉 실제로 발생한 사례 값들의 빈도를 의미한다. 한편, 기대빈도(expected frequencies)란 만약 두 변수가 서로 관계가 없다고 설정한 영가설이 옳다면, 즉 두 변수 간에 상관관계가 없다면 무한수의 표본에서 가장 빈번하게 발생될 것으로 기대되는 빈도를 의미한다.

자유도(degree of freedom)는 행의 수와 열의 수에서 각각 1씩을 뺀 후 두 수를 곱하여 나온 것이다. 만약 두 변수가 3개의 범주와 2개의 범주로 되어 있다면 $df=2$가 된다.

카이제곱은 관측된 빈도분포(observed frequencies)와 기대된 빈도분포(expected frequencies)의 차이를 알려 주는 통계치를 의미한다. 카이제곱 검정에서 두 변수 간에 통계적으로 관련성이 있는지를 결정하는 것은 카이제곱의 값과 자유도이다. 여기서 자유도는 셀의 수가 많으면 커지게 되며, 이 경우 카이제곱의 값이 상승하게 되어 영가설의 기각가능성이 증가하게 된다. 따라서 카이제곱 검정에서는 셀이 많은 것은 바람직하지 않은데, 그런 경우 설정한 연구가설의 지지가능성이 왜곡되어 높아질 수 있기 때문이다.

카이제곱 검정은 두 변수 간에 상관관계가 있는지에 대한 정보를 제공하며, 검정 결과 비록 강한 관계가 확인되었더라도 두 변수가 인과관계가 있는 것으로 해석할 수 없다는 한계를 가지고 있다.

### (2) 요구되는 가정

**카이제곱 검정을 위해 요구되는 기본적인 가정**은 다음과 같다.

- 두 변수는 둘 또는 그 이상의 범주로 구성되어야 한다.
- 하나의 사례는 하나의 셀(cell)에만 속해야 한다.
- 어떤 셀이든지 기대빈도가 최소한 5개 이상의 사례가 포함되어야 한다.

### (3) 통계적 산출물의 해석

〈표 12-4〉는 여성노인의 배우자 생존 유무와 거처유형에 대한 교차분석표이다. 여성노인들의 노후거처에 대한 태도에서 배우자가 없는 여성노인들이 배우자가 생존해 있는 여성노인들에 비하여 자녀에게 의존하겠다는 응답이 더 높다(맏아들 집과 능력이 있는 자식 집을 합할 때 배우자가 생존한 경우는 18.0%, 배우자가 사별한 경우는 41.1%). 반면에 내 집에서 살겠다는 응답은 배우자가 생존한 경우가 더 높다(배우자 생존한 경우 63.2%, 배우자가 사별한 경우 40.5%). 카이제곱 값에 의하면 배우자의 생존 여부에 따라 여성노인들의 노후거처에 대한 태도는 통계적으로 유의미한 차이가 있다($\chi^2=32.39, p<.001$). 따라서 연구자는 여성노인들은 배우자의 생존 여부에 따라 거처에 대한 욕구가 다르다고 해석한다.

**표 12-4 여성노인의 배우자 생존 여부와 거처에 대한 태도** ( ): %

| 노후거처에 대한 생각 | 배우자 생존 여부 | |
|---|---|---|
| | 배우자 생존 | 배우자 사별 |
| 내 집에서 | 127(63.2) | 64(40.5) |
| 맏아들 집에서 | 18(9.0) | 25(15.8) |
| 능력이 있는 자식 집에서 | 18(9.0) | 40(25.3) |
| 노인시설 · 복지시설 | 34(16.9) | 19(12.0) |
| 잘 모르겠다 | 4(2.0) | 10(6.3) |
| 합계 | 201(100.0) | 158(100.0) |

$\chi^2=32.39, df=4, p<.001$

**사회복지현장에서의 적용(카이제곱 검정)**

학교사회복지현장에서 학교폭력 예방 프로그램의 실행에 앞서 학생들을 대상으로 학교폭력 가해 경험과 피해 경험이 관련되어 있는지를 알아보고자 한다.

카이제곱 검증을 실행하였다면, 명목변수인 피해 경험(지금까지 피해 경험 여부: 있다, 없다)와 서열변수인 가해 경험(지난 1년간 가해 경험의 유형: 빈번하게 있었다. 간혹 있었다, 전혀 없었다)가 어떻게 관련되는지를 분석하는데, 교차분석표에 두 변수를 교차시켜 놓고 빈도수와 백분율로 비교하게 된다.

분석결과 피해 경험 여부에 따라 가해 경험 유형의 분포가 차이가 있으며, 피해 경험이 있는 학생들이 피해 경험이 없는 학생들에 비하여 지난 1년간 학교폭력 가해행동을 빈번하게 행사하였거나 간혹 행사한 경우가 더 많은 반면에 학교폭력 가해행동을 한 적이 없다고 응답한 경우가 더 적은 것으로 나타났다면, 학교폭력 피해 경험 여부에 따라 가해행동의 양상이 달라지는 것으로 볼 수 있다.

이 경우 조사자는 학교폭력의 피해 경험은 가해 경험과 관련이 있으며, 따라서 학교폭력 피해자와 가해자는 중첩되는 경향이 있다고 해석하게 된다.

## 4) 일원분산분석

### (1) 일원분산분석이란

분산분석은 가설검정을 위해 널리 사용되고 있는 추론통계의 하나이다. 일원분산분석(one-way analysis of variance)은 일원변량분석 혹은 단순분산분석이라고도 한다. 분석에 사용되는 변수들이 명목수준의 독립변수와 정규분포를 이루고 있는 등간 혹은 비율 수준의 종속변수라는 점에서 $t$ 검정과 유사하나, 독립변수가 세 개 이상의 범주로 이루어질 때 사용된다는 점은 다르다. 종속변수에 대한 집단 간 평균의 차이가 통계적으로 유의미할 정도인지를 검정한다.

분산분석이 검정기법으로 자주 이용되는 이유는 다양한 형태의 분산분석이 개발되어 있어서 연구자의 의도에 따라 다양한 실험설계를 적용할 수 있기 때문이다. 일원분산분석 외에 2개의 독립변수와 하나의 종속변수와의 관계를 보는 이원분산분석(two-way ANOVA), 2개 혹은 그 이상의 종속변수를 분석하는 다중분산분석(multiple analysis of variance: MANOVA)과 같은 다원분석 수준의 분석도 가능하다. 다음에서는 분산분석의 기본적인 형태인 일원분산분석에 대해서만 다루고자 한다.

일원분산분석은 독립변수의 값이 세 개 이상의 범주로 구성되고, 이에 해당하는 세 개 이상의 집단 간에 종속변수의 평균차이가 유의한지를 비교한다. 세 개 혹은 그 이상의 집단이 종속변수의 평균값들에서 차이가 나는지를 $F$ 비율($F$ ratio)을 통해 검정하게 된다. $F$ 비율이란 집단 간 변량과 집단 내 변량을 비교한 비율로서 집단 간의 변량값을 집단 내의 변량값으로 나누어서 산출한다. $F$ 비율에 따라 집단 간의 차이가 통계적으로 유의한 수준인지를 결정하게 되고 독립변수와 종속변수 간의 관련성을 설명한다($F$= 집단간 변량/집단내 변량).[7]

그러나 $F$ 비율만으로는 세 개 이상의 집단이 세부적으로 어느 집단과 어느 집단이 어떻게 관련되거나 관련되어 있지 않는지에 대한 상세한 정보까지 알 수 없으며, 이를 위해서는 사후검정방법(post hoc test)을 거처야 한다.

### (2) 요구되는 가정

**일원분산분석을 위해 요구되는 가정**은 다음과 같다(Heiman, 2003: 336).

- 종속변수가 등간 혹은 비율 변수이어야 한다
- 모집단은 정규분포를 이루어야 한다.
- 각 집단의 분산은 동일해야 한다.

### (3) 통계적 산출물의 해석

〈표 12-5〉는 연령대로 구분된 5개의 집단 간에 배우자 폭력의 정도가 차이가 나는지를 일원분산분석을 통해 분석한 결과이다. 표에 따르면 연령대가 다른 집단 간에 배우자폭력의 정도는 어느 정도는 차이가 있지만, 그 차이가 통계적으로 유의할 정도로 충분하지 않다($p > .05$). 이러한 결과가 나왔다면 연구자는 연령대별 배우자폭력의 정도가 다를 것이라는 가설은 지지되지 않았으며 연령대와 배우자폭력의 정도는 서로 관련이 적다고 해석하게 된다.

---

**7)** 집단내 변량(분산)은 종속변수의 총분산 중 독립변수에 의해 설명되지 않는 분산이고, 집단간 변량(분산)은 종속변수의 총분산 중 독립변수에 의해 설명되는 분산을 의미한다(황해익, 손연숙, 최혜진, 손원경, 2016: 255).

**표 12-5** 연령대별 배우자폭력의 정도

| | 사례 수 | 평균 | 표준편차 |
|---|---|---|---|
| 20대 | 60 | 10.28 | 6.97 |
| 30대 | 368 | 9.61 | 3.96 |
| 40대 | 337 | 9.99 | 5.48 |
| 50대 | 132 | 9.81 | 4.93 |
| 60대 이상 | 21 | 9.76 | 6.96 |
| 합 계 | 918 | 9.82 | 5.00 |

$F=.389, p>.05$

사회복지현장에서의 적용(일원분산분석)

학교폭력 예방 프로그램에 대한 효과평가를 측정하고자 프로그램의 실행목표로 설정한 '폭력에 대한 허용적인 태도'가 프로그램에 참여한 학생들의 학년에 따라 차이가 있는지를 알아보고자 한다.

일원분산분석을 실행하였다면, '폭력에 대해 허용적인 태도의 동조 정도'가 학생들의 학년에 따라 차이를 있는지를 비교하게 된다. 이때 학년변수(학년: 1학년, 2학년, 3학년)와 폭력에 대한 태도변수(폭력에 허용적인 태도의 동조 정도: 0~40) 간의 관계가 어떠한지를 분석하게 된다.

조사자는 프로그램을 실행한 후에 '폭력에 대해 허용적인 태도'의 학년별 집단들 평균점수를 서로 비교하게 된다. 만약 '폭력에 대해 허용적인 태도'에 관한 평균점수가 프로그램에 참여한 학생들의 학년에 따라 통계적으로 유의하게 차이를 보였고, 프로그램에 참여한 학생들의 학년이 올라갈수록 '폭력에 대해 허용적인 태도'의 평균점수가 올라가는 것으로 나타났다면, 이 경우 조사자는 학교폭력 예방 프로그램의 효과는 학년이 낮을수록 더 효과적이라고 해석하게 된다. 나아가 학교폭력 예방 프로그램은 저학년을 대상으로 조기에 이루어져야 할 것임을 제안하게 될 것이다.

## 5) 피어슨의 상관관계

### (1) 피어슨의 상관관계란

피어슨의 상관관계(Pearson's *r*)는 여러 변수 간의 상관관계를 파악하기 위한 다원분석에서 주로 사용되지만 원리의 이해를 위해 여기서는 두 변수 간의 관계를 다루는 이원분석 수준의 상관관계에 대해 설명하고자 한다.

피어슨의 상관관계분석을 위해서는 두 변수 간의 관계가 선형관계를 이루고 있는지를 파악해야 한다. 상관관계란 두 변수의 값의 분포가 일직선형 외에도 ∪형, ∩형, 파도모양(반복적 모양), M자형 등 일정한 형태를 이루면 상관관계가 있다고 보는데, 피어슨의 상관은 선형관계(일직선형)가 있는지를 검정하기 위한 모수검정이다.

피어슨의 상관관계는 다원분석 수준에서도 가능하다. 피어슨의 상관계수 $r$을 이용한 상관관계 분석을 여러 변수 간의 상호관계를 파악하는 데 활용하고자 할 때에는 다중상관(multiple R)을 하게 된다.

피어슨의 상관관계에서 상관계수(correlation coefficient) $r$을 통해 변수 간의 관계의 정도와 방향을 알 수 있다. 즉, 상관계수는 두 변수 간의 관련성이 어느 정도나 강한지에 대한 정도(강도) 그리고 관계의 방향(음의 관계 또는 양의 관계)에 대해 알려 준다. 상관계수 $r$은 $-1 \sim +1$ 사이의 값을 가지며, 0은 두 변수들 간에 전혀 관련성이 발견되지 않는다는 것을 의미하고 0에서 멀어질수록 관계가 밀접하다는 것을 의미한다. +1에 가까울수록 강한 양의 상관관계이며, −1에 가까울수록 강한 음의 상관관계를 의미한다.[8] 예를 들어, 상관계수 $r=-.80$은 두 변수 간에 상관이 어느 정도 있으며, 두 변수는 음의 관계로서 서로 반대방향으로 공변한다는 것을 알려 준다.

한편, 상관계수를 제곱한 $r^2$(결정계수)는 두 변수 간의 변량 정도에 대한 정보까지 알려 준다. 상관계수 $r=-.80$은 결정계수가 $r^2=.64$가 되는데, 기준이 되는 변수(종속변수)의 변량은 예측변수(독립변수)의 변량에 의해 64% 설명되는 것으로 해석한다. 예를 들어, 부부간의 신체적 폭력의 정도와 부부간 의사소통의 정도 간 관계에 대한 피어슨의 상관관계분석에서 상관계수 $r$이 −.90이었다면, 결정계수 $r^2$은 .81이다. 결정계수가 의미하는 바에 따르면, 부부간 의사소통이 얼마나 잘 이루어

8) '연령이 높을수록 자기통제력은 증가한다.' 혹은 '연령이 낮을수록 충동성은 감소한다.'와 같이 두 변수가 같은 방향으로 변화하는 양상을 보일 때 양의 관계(또는 정적인 관계, positive relationship)라고 한다. 반면, '연령이 높을수록 신체기능은 감소한다.' 혹은 '연령이 낮을수록 충동성은 증가한다.'와 같이 두 변수가 서로 다른 방향으로 변화하는 양상을 보일 때 음의 관계(또는 부적인 관계, negative relationship)라고 한다.

지고 있는지는 부부간 신체적 폭력의 정도에 대한 변량의 81%를 설명할 수 있다. 두 변수관계는 상당히 강한 관계이고 음의 상관관계이다. 부부간 의사소통의 정도가 높을수록 부부간 폭력의 정도는 낮아질 것으로 분석결과를 해석하게 된다.

### (2) 요구되는 가정

**피어슨의 상관관계를 위해 요구되는 조건**은 다음과 같다.

- 사용되는 변수 모두가 등간 혹은 비율 수준의 측정이어야 한다.
- 주요 변수의 분포가 정규분포를 이루어야 한다.

### (3) 통계적 산출물의 해석

〈표 12-6〉은 상관계수 행렬표이다. 상관계수 -.151은 유의확률이 0.01보다 적은 것으로 나왔으므로($p < .01$), 자아존중감 정도에 따라 사이버 비행은 차이가 있을 것이라는 연구가설은 받아들여진다. 여기서 상관계수가 음의 수이므로 두 변수 간의 관계는 부적 관계임이며 따라서 자아존중감이 낮을수록 사이버상의 비행행동을 할 가능성은 높아지는 경향이 있다고 해석하게 된다.

**표 12-6** 상관계수 행렬표

| | 자아존중감 | 사이버 비행 |
|---|---|---|
| 자아존중감 | 1.000 | |
| 사이버 비행 | -.151* | 1.000 |

* $p < .01$

**사회복지현장에서의 적용(피어슨의 상관관계)**

학교폭력 예방에 관한 집단 프로그램의 실행을 위한 조사에서 '학교성적'과 '폭력에 대한 태도'가 관련이 있는지를 알아보고자 한다. 이를 위해 조사자는 '학교성적에 따라 폭력에 대한 태도는 달라질 것이다.'라는 가설을 설정하고 이를 검정하고자 할 것이다.

피어슨의 상관관계를 통해 분석하고자 한다면 연속변수(등간변수, 비율변수)로 된 두 변수('학교성적'과 '폭력에 대한 태도') 간의 상호관계는 피어슨의 상관계수 $r$을 기준으로 해석하게 된다.

만약 상관계수 $r$이 -0.449이고 유의도 수준이 0.006($p < .01$)이라면 두 변수 간에 관계가 있을 것이라는 연구 가설은 받아들여지게 된다. 조사자는 학생들의 학교성적과 폭력에 대한 태도 간의 상호관계는 매우 깊다는 결론을 내릴 수 있다. 나아가 상관계수가 -를 나타내고 있으므로 학교성적과 폭력에 대한 태도는 반비례의 관계를 보이고 있어서 학교성적이 좋은 학생일수록 폭력에 대해 허용적인 태도에 대한 동조 정도는 적은 경향이 있다고 해석하게 된다.

## 6) 단순선형회귀분석

### (1) 단순선형회귀분석이란

회귀분석은 하나의 독립변수가 종속변수에 미치는 영향 또는 둘 이상의 여러 독립변수 전체가 묶음으로서 종속변수에 미치는 영향을 분석하는 통계적 기법이다. 독립변수의 수에 따라 단순회귀분석과 다중회귀분석으로 구분되는데, 여기서는 전자에 해당하는 단순선형회귀분석에 대해 설명한다.

단순선형회귀분석(simple linear regression)은 두 변수 간의 인과관계를 검정하는 데 가장 많이 활용되는 기법 중의 하나다. 두 변수가 서로 상관되어 있으며, 값들의 분포(산점도)가 선형의 형태를 보이는 경우에 가능하다.[9] 따라서 회귀분석을 수행하기 이전에 상관관계 파악을 위해 피어슨의 상관관계분석을 먼저 실행하는 것이 일반적이다.

단순선형회귀분석의 원리는 예측변수(독립변수)의 값을 근거로 기준변수(종속변수)의 값을 예측하는 것이다. 한 변수(원인)에 의해 다른 변수(결과)를 예측하는 것을 연구의 목적으로 두는 사회과학 연구에서 회귀분석은 유용한 통계검정 기법이라고 할 수 있다.

### (2) 요구되는 가정

**단순선형회귀분석을 위해 요구되는 가정**은 다음과 같다(채구묵, 2007: 367-368).

- 두 변수가 모두 연속적 변수(등간 또는 비율 변수)로 측정되어야 한다.

9) 산점도는 두 변수의 자료점들이 분포되어 있는 모양을 보여 주므로 설명에 도움을 주는 상관관계를 표시하지만 점수를 보여 주지는 않는다(문창권 외, 2019: 276).

• 주요 변수가 정상분포 곡선을 이루어야 한다.
• 두 변수 간에 선형의 상관관계가 있어야 한다.
• 독립변수와 종속변수의 역할 구분이 있어야 한다.

### (3) 통계적 산출물의 해석

회귀분석에서 예측변수(독립변수)가 기준변수(종속변수)를 얼마나 예측할 수 있는지를 검정하는 것은 단순선형회귀분석에서 통계적으로 산출되는 회귀방정식을 통해 이루어진다. 회귀방정식은 예측변수(X)와 기준변수(Y) 간의 선형관계를 수학의 방정식 형태로 나타낸다. 회귀방정식은 예측변수(X)가 1단위 변화할 때마다 Y값이 어느 정도나 변화하게 되는지를 보여 준다. 따라서 예측변수의 값을 안다면 기준변수의 값을 예측할 수 있다.

예를 들어, 부부간 의사소통의 정도와 배우자로부터의 신체적 폭력의 정도에 관한 회귀분석에서 두 변수는 통계적으로 유의미한 관계를 보였으며($p < .05$), 〈보기 1〉과 같은 선형회귀방정식이 도출되었다고 하자. 회귀방정식에 따르면 부부간의 의사소통이 1단위씩 상승할 때마다 배우자로부터의 신체적 폭력의 정도는 1.5단위씩 감소하게 된다.

<보기 1> 회귀방정식 $Y' = 2 - 1.5(X)$

• Y′: 특정 X값에 대한 예측된 Y의 값
• X: 예측변수의 특정 값
• 상수: 2(회귀선이 $y$축에서 만나는 점)
• 회귀계수: −1.5(회귀선의 기울기)

**사회복지현장에서의 적용(단순회귀분석)**

학교폭력 예방 프로그램의 실행에 앞서 실시한 실태조사에서 조사자는 '폭력에 대한 태도'가 '가해 경험의 정도'에 영향을 주는지를 알아보고자 한다. 조사자는 '폭력에 대해 허용적인 태도를 가진 학생일수록 학교폭력 가해 경험이 더 많을 것이다.'라는 가설을 설정하고 이를 검증하고자 할 것이다.

단순회귀분석을 통해 가설을 검증하고자 한다면, 등간 또는 비율 척도로 구성된 독립변수

(폭력에 대해 허용적인 태도의 동조 정도: 0~40), 종속변수(가해 경험의 정도: 0~20)를 선정하게 된다. 조사자는 먼저 두 변수 간의 상관관계계수 분석을 통해 두 변수 간에 선형의 상호관계가 존재하는지를 확인하였고, 모델적합도의 유의도 검증이 유의한 것으로 나왔다면, 마지막으로 회귀계수분석을 통해 유의도를 검증해야 한다.

만약 표준회귀계수를 이용한 회귀방정식이 $Y' = 2 + .50(X_1)$로 나왔고, 유의확률이 .002로 나왔다면, 독립변수인 폭력에 대해 허용적인 태도의 표준편차 1단위가 변화할 때 종속변수인 가해 경험의 정도는 .50만큼의 변화가 온다는 것을 의미하며, 회귀계수의 유의도가 0.002로서 통계적으로 유의미하기 때문에 폭력에 대해 허용적인 태도는 가해 경험의 정도에 영향을 줄 것이라는 가설을 받아들일 수 있게 된다.

조사자는 폭력에 대해 허용적인 태도를 가질수록 가해 경험의 정도가 증가하며 따라서 폭력에 대한 태도를 교정하는 것은 학교폭력의 가해행위를 줄이는 데 효과가 있을 것이라고 결론을 내리게 된다. 아울러 조사자는 학교폭력 예방 프로그램에서 학생들의 폭력에 대한 태도 교정이 포함되도록 제안할 것이다.

## 4. 다원분석과 자료해석

여러 변수 간의 관계를 규명하는 다원분석 수준의 통계와 관련된 주요 개념 및 유용성을 먼저 살펴본 다음, 다원분석을 대표할 수 있는 주요 통계기법들을 살펴보고자 한다. 다원분석 수준에 해당하는 통계기법으로 모수검정으로는 다중회귀분석, 비모수검정으로는 로지스틱 회귀분석, 요인분석, 판별분석, 경로분석을 들 수 있다.

여러 개의 통계기법 가운데 어느 것을 선택하느냐는 각각의 통계기법이 요구하는 가정(조건)을 점검하여 자료의 성격에 가장 적절한 기법을 선택하는 연구자의 몫이다. 다음에서는 각각의 통계기법의 원리와 요구되는 가정에 대해 설명하고자 한다.

### 1) 다원분석의 주요 개념과 통계적 유용성

세 개 이상의 변수 사이의 관계를 분석하는 다원분석은 다음과 같은 장점을 가지고 있다. 여러 변수 간의 상호관계를 동시에 파악할 수 있으며, 가설에서 설정한 두 변수 간의 관계를 보다 명확하게 해 주는 한편, 여러 개의 독립변수를 사용함으로써 종속변수에 대한 설명력을 높일 수 있다.

여기서는 다원분석 수준에서 주로 활용되는 통계기법으로 회귀분석(다중회귀분석, 로지스틱 회귀분석), 판별분석, 요인분석, 경로분석에 대하여 설명한다. 이에 앞서 다원분석의 주된 기능인 '종속변수에 관한 설명력 향상'과 '변수관계의 명확화'에 대하여 살펴본다.

먼저, **다원분석은 '종속변수에 대한 설명력'을 높이기 위한 목적**으로 여러 개의 독립변수를 사용하여 분석한다. 사회 현상 또는 문제(예: 청소년 가출)는 여러 가지의 원인(예: 양육방식, 비행친구, 학교중퇴, 청소년의 심리적 특성 등)의 복합적인 작용에 의하여 발생하므로 여러 개의 변수를 이용한 다원분석은 종속변수의 발생에 대해 보다 실제에 가깝게 설명할 수 있다. 이 경우 여러 개의 독립변수 중에서 종속변수와 관계 있는 변수는 무엇인지 파악하고, 나아가 종속변수에 대한 관련 정도를 비교할 수도 있다.

나아가, **다원분석 수준의 검정은 '변수 간의 관계를 보다 명확하게'** 해 준다. 제3의 변수를 도입(통제)한 후, 그 결과 독립변수와 종속변수 간의 원래의 관계가 변하는지, 만약 변하였다면 어떠한 양상을 보이는지를 파악함으로써 원래 설정한 두 변수 간의 진정한 관계를 알 수 있다. 제3의 변수가 외생, 매개, 조절 변수의 역할을 하는 경우를 각각 살펴보고자 한다.

### (1) 외생변수

통제(control)란 두 변수 간의 관계가 진정한 것인지를 확인하기 위해 외부변수의 개입가능성을 점검하는 것을 이른다. 현재 나타나는 관계가 실제로 두 변수 간의 작용에 의한 것인지, 아니면 다른 외부변수가 작용하여 공변성을 일으키는 것인지를 확인해 보는 것을 통제라고 한다(김영종, 2007: 276).

통제는 통계적으로 유의한 수준의 관련성이 있는 것으로 나타난 독립변수와 종속변수 간의 관계가 제3의 변수의 작용에 의한 것인지를 확인하는 것이다. 독립변수와 종속변수 간의 진정한 관계는 다른 변수들의 영향력이 통제되었을 때 명확히 알 수 있다. 만약 제3의 변수를 통제한 후 관련이 있는 것으로 보였던 독립변수와 종속변수 간의 관계가 사라진다면 통제 전에 보였던 두 변수 간의 관련성은 외생변수가 두 변수 모두에게 작용하여 초래된 것이므로 실제로 두 변수는 아무런 관계가 없는 가식적 관계 또는 의사관계(spurious relationship)라고 할 수 있다. 이때 제3의 변수를 외생변수라고 한다. 가식적 관계는 두 변수관계가 하나 혹은 그 이상의 다른 변수의 작용에 의해 발생하였을 때 발견되는 관계이다.

두 변수 간의 인과관계가 비의사적인 관계(nonspuriousness relationship)여야 진정한 인과관계라고 할 수 있다. 이는 변수 간의 공변량이 외부의 영향력으로부터 폐쇄되어 있다는 것을 의미한다. 그런데 두 변수가 의사관계에 있을 때 두 변수 간의 공변량은 외부의 영향에 의한 것이므로 두 변수는 인과적으로 외부의 영향에 폐쇄되었다고 할 수 없다.

〈보기 2〉은 비행청소년의 범행 횟수와 죄질 간 관계는 죄명이라는 변수로 통제하였을 때 가식적 관계임이 드러난 예이다.

<보기 2> 외생변수

다음에서 비행청소년의 비행 횟수와 죄질의 심각성은 관련이 있는 것으로 보인다. 그러나 죄명이라는 변수를 통제하였을 때 원래의 관계였던 비행 횟수와 죄질과의 관련성은 사라졌다. 독립변수와 종속변수 간의 관계는 단지 제3의 변수(죄명)로 말미암아 두 변수가 서로 관련되어 있는 것처럼 보였던 것이므로 두 변수(비행 횟수와 죄질) 간 관계는 실제로는 가식적 관계이다. 여기서 제3의 변수인 죄명은 외생변수이다.

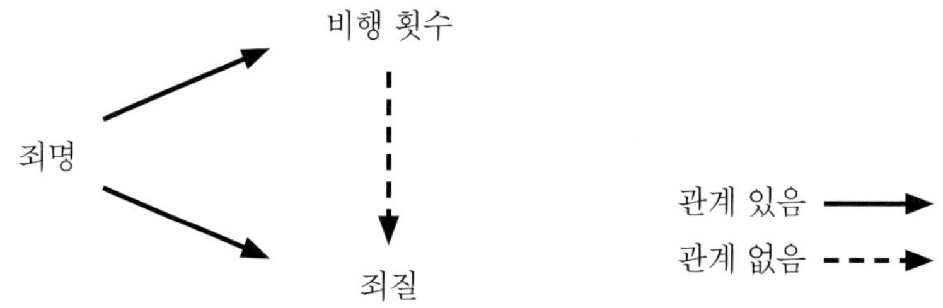


(2) 매개변수

매개변수는(intervening variable)는 제3의 변수가 두 변수를 중간에서 연결시켜서 두 변수가 간접적으로 관계를 가지도록 한다. 독립변수와 종속변수의 관계는 추정되지만 구체적으로 어떻게 관련되는지가 명확하지 않을 때 매개변수를 도입함으로써 두 변수 간의 관계를 보다 명확하게 알 수 있다.

예를 들어, 학력(독립변수)과 소득 수준(종속변수)이 직업의 종류(매개변수)라는 매개변수를 통해 간접적으로 관련된 경우이다. 통계절차는 학력과 소득 수준 간의 관계가 추정되었다면, 학력과 직업의 종류 간의 관계 그리고 직업의 종류와 소득 수준 간의 관계를 순차적으로 점검하는 과정을 거치게 된다. 매개관계는 제3의 변수의 작용에 의해 원래의 관계가 사라지는지(가식적 관계)를 점검하는 것이 아니라, 원래의 관계에 대한 보다 명확한 정보를 얻고자 하는 것에 목적이 있다. 독립변수와 종속변수 사이에 매개변수의 작용이 있다면 종속변수에 대한 독립변수의 작용은 간접적인 효과라는 것을 알 수 있다.

〈보기 3〉에서 비행청소년의 '죄명'에 따른 '형기'의 차이는 '비행 횟수'에 의해 연결되어 있다. 즉, 죄명에 따라 비행의 횟수가 차이가 나며, 비행의 횟수는 형기의 차이를 초래하는 일련의 과정으로 이해할 수 있다. 여기서 비행 횟수는 매개변수이다.

<보기 3> 매개변수

다음에서 비행청소년의 죄명과 형기는 관련이 있는 것으로 추정되었다. 그런데 비행 횟수라는 변수가 개입되었을 때 죄명과 비행 횟수 그리고 비행 횟수와 형기의 관계가 나타났다. 이때 죄명과 형기는 직접적인 관계가 있다기보다는 제3의 변수인 비행 횟수가 두 변수를 중간에서 연결시켰으므로 원래 두 변수는 간접적인 관계라고 할 수 있다. 이때 둘 사이에 놓인 변수(비행 횟수)를 매개변수라 한다.

죄명 → 비행 횟수 → 형기

### (3) 조절변수

조절변수(moderating variable)는 독립변수가 종속변수에 미치는 영향력을 조절하는 변수를 이른다. 원래의 관계가 제3의 변수의 조건에 따라 다르게 변화하게 될 때 제3의 변수를 조절변수라고 한다. 조절변수를 통제하여 분석을 하면 두 변수 간의 원래의 관계가 조건이나 상황들에 따라 어떻게 달라지는지를 알 수 있다. 예를 들어, 학력 수준(독립변수)과 성역할 태도(종속변수) 간의 관련성은 성별(조절변수)을 통제할 때 남자들은 무관하고, 여자들의 경우에는 관련이 있는 것으로 나타났다면 학력 수준이 성역할 태도에 미치는 영향력은 성별에 따라(조절변수의 범주에 따라) 다르게 작용하게 된다는 것을 알 수 있다. 또 다른 예로, 빈곤에 따른 학업성취력의 저하가 학습 멘토링 프로그램의 참여 여부에 따라 달라진다면, 이때 학습 멘토링 프로그램은 조절변수가 된다.

〈보기 4〉에서 관계가 있는 것으로 추정되었던 비행청소년의 죄명과 비행 횟수의 관계에 성별을 도입하였을 때 죄명과 비행 횟수의 관계가 남자청소년과 여자청소년에게 다른 결과가 나왔다면, 원래의 관계인 죄명과 비행 횟수는 성별의 조건에 따라 달라진다고 볼 수 있다. 이때 성별을 조절변수라고 한다. 성별은 죄명이 비행 횟수에 미치는 영향을 조절하는 역할을 하는 것이다.

<보기 4> 조절변수

다음에서 비행청소년의 죄명과 비행 횟수는 관련이 있는 것으로 보였다. 그러나 성별이라는 변수가 개입하였을 때 남자 비행청소년의 경우 여전히 관련이 있는 것으로 나타났지만 여자 비행청소년의 경우에는 죄명과 비행 횟수의 관계는 통계적인 유의성이 사라졌다. 죄명과 비행 횟수의 관계는 여성 혹은 남성이라는 범주에 따라 차이를 보이고 있는데, 이때 성별은 조절변수가 된다.

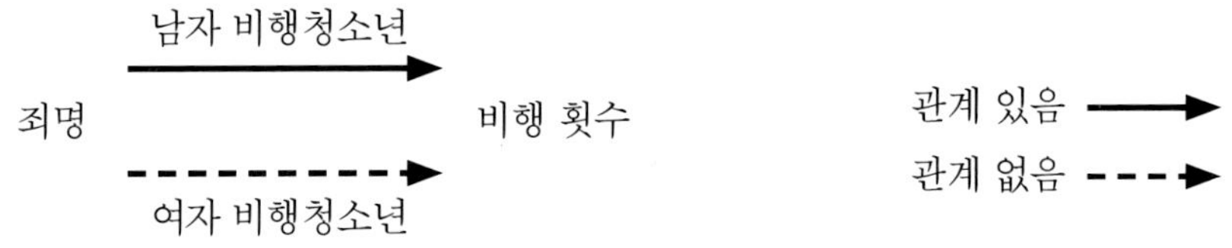


## 2) 다중회귀분석

다중회귀분석(multiple regression)은 두 개 이상의 독립변수와 하나의 종속변수 간의 인과관계를 검정하는 데 적합한 통계기법이다. 일반적으로 회귀분석 모형이라 함은 다중회귀분석 모형을 이르며 여러 개로 구성된 독립변수군과 하나의 종속변수의 관계를 분석하는 회귀분석을 다중회귀분석이라 한다.

다중회귀분석은 독립변수들과 종속변수들이 등간 혹은 비율 변수 수준이어야 하며, 주요 독립들과 종속 변수들이 정규분포를 이루고 있어야 한다. 아울러 각각의 독립변수들과 종속변수 간에 선형관계가 있다는 가정이 충족되어야 하며, 이의 점검을 위해 다중상관(multiple R)을 회귀분석에 앞서 실행하게 된다.

앞에서 살펴보았듯이, 단순선형회귀분석에서는 종속변수에 영향을 미칠 것으로 추정한 하나의 독립변수가 종속변수에 대해 어느 정도의 설명력이 있는지를 보여 준다. 그러나 사회현상이 하나의 원인에 의해 발생하는 것은 아니므로 종속변수와 관계될 것으로 추정되는 여러 요인을 종합적으로 검토할 필요가 있다. 다중회귀분석은 종속변수에 영향을 미칠 것으로 추정되는 여러 변수의 영향을 동시에 검정하는 데 유용하다.

다중회귀분석은 많은 정보를 알려 주는 통계기법이라고 할 수 있다. 여러 개의 독립변수 중에서 어떤 변수가 종속변수와 통계적으로 유의한 관계가 있는지를 알 수 있으며, 유의한 관계가 있는 것으로 나타난 독립변수들과 종속변수로 구성된 회귀방정식을 만들게 된다. 회귀방정식은 각각의 독립변수와 종속변수 간의 관계의 정도(강도)와 관계의 방향을 알 수 있다. 또한 여러 개의 독립변수로 구성하여 만들어진 모델로 종속변수의 변화량에 대한 예측력(설명력)이 어느 정도인지도 알 수 있다.

다중회귀분석 결과에 대한 통계적 해석은 단순선형회귀분석과 유사한데 주요 통계치는 다음과 같다. 우선 회귀모형의 결과를 요약하는 $R^2$의 값은 수개의 독립변수들과 하나의 종속변수로 구성된 회귀모형이 가지는 종속변수에 대한 총 설명력을 나타낸다. 회귀계수(B)와 표준화된 회귀계수(베타, $\beta$) 역시 중요한 통계치이다. 회귀분석 결과 산출된 회귀계수(B)는 회귀방정식을 구성하는 중요한 요인인데, 회귀계수(B)는 독립변수가 1단위 변화할 때마다 종속변수가 어느 정도 변화하는지를 나타낸다. 한편, 표준화된 계수(베타, $\beta$)는 독립변수가 종속변수의 변량을 어느 정도나 예측할 수 있는지를 알려 준다.

다중공선성(multicollinearity)은 다중회귀분석을 하는 연구자가 자주 직면하는 문제이다. 다중회귀분석에서는 독립변수가 여러 개이므로 독립변수들 간의 상호관계를 점검하는 것이 선행되어야 한다. 독립변수들 간의 상호관계가 강한 경우를 '다중공선성'이 존재한다고 하며, 독립변수들 간의 다중공선성 관계는 종속변수에 대한 예측을 나타내는 회귀계수의 정확도를 떨어지게 한다. 즉, 독립변수의 영향력이 실제보다 과소평가되어 중요한 독립변수들이 의미가 없는 것처럼 나타나게도 한다. 따라서 독립변수들 간에 다중공선성이 확인되었다면, 상관관계가 높은 독립변수들을 합하여 하나의 변수로 만들거나, 상관관계가 높은 독립변수들 중에서 연구자가 가장 적합하다고 생각하는 하나의 변수만을 선택하여 사용하거나, 이론에 따라 독립변수들 간의 인과관계를 설정하는 통로분석모델(path analysis model)을 만들어서 사용하는 방법이 권장된다(오택섭, 최현철, 2003: 59).

〈보기 5〉는 부부관계 요인들(독립변수들)과 배우자폭력의 정도(종속변수)에 관한 다중회귀분석으로 산출한 회귀방정식이다. 회귀방정식이 알려 주는 바는 부부간의 의사소통이 1단위씩 상승할 때마다 배우자로부터의 신체적 폭력의 정도는 1.5단위씩 감소하게 되며, 부부간 갈등의 정도가 1단위씩 상승할 때마다 부부간 신체적 폭력은 2.0씩 증가하게 되고, 결혼안정성이 1단위씩 증가할 때마다 부부간 신체적 폭력은 3.4씩 감소하게 된다는 것이다.

<보기 5> 회귀방정식 $Y' = 23.05 - 1.5(X_1) + 2.0(X_2) - 3.4(X_3)$

- $Y'$: 세 개의 독립변수를 통해 예측된 배우자폭력 정도 점수
- $X_1$: 부부간 대화 정도의 특정 점수
- $X_2$: 부부간 갈등 정도의 특정 점수
- $X_3$: 결혼안정성 정도의 특정 점수
- 23.05: 상수(회귀선이 $y$축에서 만나는 점)
- 회귀계수: 1.5, 2.0, 3.4

### 사회복지현장에서의 적용(다중회귀분석)

학교폭력 예방 프로그램의 효과와 관련하여 조사자는 학생들의 '폭력에 대한 태도'의 변화에 '프로그램 참여 횟수' '프로그램에 대한 만족도'가 미치는 영향을 분석하기도 한다.

다중회귀분석을 사용한다면 조사자는 등간척도(또는 비율척도)로 측정된 두 개 이상의 독립변수(프로그램 참여 횟수: 1~20회, 프로그램에 대한 만족도: 0~50점)이 등간척도(또는 비율척도)로 측정된 한 개의 종속변수(폭력에 대해 허용적인 태도의 동조 정도: 0~40점)에 미치는 영향을 분석하게 된다.

조사자는 먼저 변수들 간의 상관관계분석을 통해 각각의 독립변수들이 종속변수와 선형의 상호관계가 존재하는지를 확인하고, 모델적합도의 유의도 검증이 유의한 것으로 나왔다면, 마지막으로 각각의 독립변수들과 종속변수와의 관계에 관한 회귀계수 분석을 통해 유의도를 검증해야 한다.

만약 표준회귀계수를 이용한 회귀방정식이 $Y' = 5.15 - 1.20(X_1) - 2.71(X_2)$로 나왔고, 유의확률이 $(X_1)$은 0.02, $(X_2)$는 0.004로 나왔다고 가정해 보자. 이는 독립변수인 '프로그램 참여 횟수'$(X_1)$의 표준편차 1단위가 변화할 때 종속변수인 '폭력에 대한 허용적인 태도의 정도'는 1.20만큼 감소하게 되고, 독립변수인 '프로그램에 대한 만족도'$(X_2)$의 표준편차 1단위가 변화할 때 종속변수인 '폭력에 대한 허용적인 태도의 정도'는 2.71만큼 감소하게 된다는 것을 의미한다. 따라서 조사자는 학생들의 학교폭력 예방 프로그램에의 참여 횟수와

프로그램에 대한 만족도는 폭력에 대해 허용적인 태도를 변화시키는 데 영향력이 있는 것으로 해석하게 된다.

### 3) 로지스틱 회귀분석

회귀분석의 한 유형으로 로지스틱 회귀분석(logistic regression analysis)은 많이 사용되고 있는 통계기법이다. 하나의 변수가 두 집단으로 나누어졌을 때 두 집단의 구분되는 특성을 파악하고자 할 때 사용되는 **전통적인 분류모형**이다. **분류모형은 새로운 자료가 특정한 집단에 속할 확률이 어느 정도나 되는지에 관한 정보를 제공**하게 된다.

로지스틱 회귀분석은 두 개의 모집단(예: 수급자집단, 비수급자집단)으로 나뉜 상황에서 연구대상이 어떠한 모집단에 속하는지를 예측하는 분류목적으로 주로 사용된다. 즉, 연구대상의 특성이 어떠한 모집단에 더 가까운지를 파악할 목적으로 사용되므로 분류모형이라고 하며, 이어서 소개될 판별분석과 함께 대표적인 분류모형이다.

로지스틱 회귀분석은 주요 변수가 두 개의 범주로 구성된 범주형 변수에 특히 유용하다. 종속변수가 이분형(두 범주의 값) 변수인 경우 로지스틱 회귀분석에서 산출한 승산비(odds ratio)로 종속변수가 발생할 가능성을 예측하게 된다. 원래 회귀분석은 종속변수의 측정수준이 등간변수 혹은 비율변수이어야 하지만 종속변수가 두 개의 값을 가지는 변수인 경우에는 로지스틱 회귀분석을 사용할 수 있다. 또한 독립변수가 명목수준의 변수인 경우에도 가능하다. 이때 독립변수가 두 범주라면 0과 1을 가지는 더미변수로 변환된다.

또한 로지스틱 회귀분석은 예측변수가 정규분포를 이룬다고 가정할 수 없는 상황에서 적용될 수 있다. 예측변수의 분포에 대하여 어떠한 가정도 요구되지 않는다는 점에서 로지스틱 회귀모형은 유용하다. 로지스틱 회귀모형은 선형관계를 유지하지 못하고 있으므로 비선형 회귀모형(nonlinear regression)이라고 부르기도 한다.

로지스틱 회귀분석에서는 예측변수(독립변수)에 의해 종속변수(기준변수) 값의 범주 중 집단 1에 속할 확률과 집단 2에 속할 확률이 어느 정도나 되는지를 예측하게 된다. 다원분석 수준에서 사용되는 경우 로지스틱 회귀모형에 사용되는 예측변수는 둘 또는 그 이상의 변수로 구성할 수 있다. 예를 들어, 비행청소년의 재범 여부(종속변수: 재범했다, 재범하지 않았다)가 학교 관련 요인들과 관련이 있는지를 알아보고자 할 때, 학교 관련 요인들(내신등급, 징계 횟수, 교사와의 친밀도 정도 등) 중 어느 요인이 통계적으로 유의한 관련성이 발견되었다면, 이 요인에 의한 재범가능성은 어느 정도인지를 오즈(odds, 승산비)를 통해 예측할 수 있다.

로지스틱 회귀분석은 변수 간의 상관관계를 측정할 수 있으나, 두 변수 간의 인과관계를 해석하기에는 충분하지 않다. 로지스틱 회귀분석은 예측변수를 통해 기준변수의 발생가능성이 어느 정도나 되는지를 예측한다는 점에서 앞에서 설명한 선형회귀분석, 그리고 이어서 설명할 판별분석과 통계의 원리는 유사하다. 다만 종속변수가 발생할 가능성을 0~1 사이에 두고 예측하게 된다.

로지스틱 회귀분석에서 종속변수가 발생할 가능성은 오즈(승수 또는 승산)에 의해 측정된다. 승산은 두 집단 중 어느 한 집단에 속할 확률을 p라고 한다면, 나머지 다른 한 집단에 속할 확률은 1-p가 된다.

### 사회복지현장에서의 적용(로지스틱 회귀분석)

학교폭력에 관한 실태조사에서 명목척도로 구성된 종속변수 '학교폭력 가해 경험 여부'에 영향을 줄 것으로 추정되는 두 개 이상의 독립요인과의 관계에 관해 조사할 수 있다. 조사자는 '폭력에 대한 태도'와 '의사소통기술'에 따라 학교폭력 가해자가 될 가능성이 어느 정도나 되는지를 예측할 수 있다.

이 경우 종속변수(또는 분류변수)가 두 범주로 된 명목변수이므로 로지스틱 회귀분석을 활용할 수 있다. 이때 조사자는 등간척도(또는 비율척도) 또는 명목척도(또는 서열척도)를 예측변수로 사용할 수 있다. 예측변수(폭력에 대한 허용적인 태도의 동조 정도: 0~40점, 의사소통기술: 0~50점)와 분류변수(학교폭력 가담 여부: 가담, 비가담)에 대한 로지스틱 회귀분석 결과, 폭력에 허용적인 태도의 동조 정도에 대한 회귀계수가 0.47이고 유의도는 0.03으로 유의한 것으로 나왔고, 의사소통기술에 대한 유의도는 통계적으로 유의하지 않은 것으로 나왔다고 하자.

여기서 예측변수 중에서 관련이 있는 것으로 나타났던 '폭력에 대한 태도'의 회귀계수 값인 0.47에 대신 자연로그의 역함수 $e^{0.47} = 1.60$을 사용하게 되는데, 이는 학교폭력에 허용적인 태도에 대한 동조 정도가 1단위 오르면 학교폭력에 가담할 가능성은 60.0%씩 증가하게 된다는 것을 의미한다. 따라서 조사자는 학교폭력에 허용적인 태도가 어느 정도인지에 따라 학교폭력 가해행위에 가담할 확률을 예측하게 된다.

### 4) 판별분석

판별분석(discriminant analysis)은 회귀분석의 한 유형이며 앞서 설명한 로지스틱 회귀분석과 비슷한 원리로 사용된다. 즉, 연구대상이 어떠한 모집단에 속하는지를 예측하거나 연구대상이 어떠한 모집단에 더 가까운지를 파악하는 분류의 목적으로 사용되는 통계적 분석방법이라는 점에서 로지스틱 회귀분석처럼 분류모형이다. 둘 이상의 서로 다른 집단에서 추출된 자료들의 집합에서 이들 자료가 어떤 집단에서 나온 자료인지를 판별하는 기준을 찾는 통계적 분석방법이다(심송용, 2012: 405).

판별분석에서는 집단을 잘 구분할 수 있는 적절한 판별변수(독립변수)를 선정하는 것이 연구자에게 주어진 중요한 역할이다. 예를 들어, 작가들의 글쓰는 방법을 표시해 놓았는데 일부는 펜을 사용하고 일부는 컴퓨터를 사용한다. 이때 어떤 작가가 펜을 사용할 것인지, 아니면 컴퓨터를 사용할 것인지를 예측해 내는 것이 판별분석이다(Babbie, 2001, 2007: 663-665). 또는 종속변수가 세 개 이상의 값(집단)으로 구성된 경우(예: 지지정당, 지지후보, 선호하는 학교, 선호하는 상품 등) 어느 집단에 속할 것인지를 판별변수를 통해 예측하게 된다.

판별분석은 종속변수(기준변수)가 명목 또는 서열 수준 그리고 독립변수(예측변수)들은 등간 혹은 비율 변수인 경우에 사용이 가능하다. 판별분석은 독립변수들의 측정수준이 등간변수 이상이어야 하고, 종속변수의 범주가 2~3개 정도의 범주로 구성된다는 점에서 종속변수가 2개의 범주로만 구성되는 로지스틱 회귀분석과는 다르다. 즉, 판별분석은 서열변수나 명목변수를 예측변수로 사용할 수 없으나 로지스틱 회귀분석은 더미변수를 이용하여 서열변수나 명목변수도 예측변수로 사용할 수 있다. 또한 독립변수들이 정규분포를 이루고 있어야 한다는 점에서도 분포에 대한 가정을 하지 않는 로지스틱 회귀분석과는 요구되는 가정이 다르다.

판별분석에서 종속변수의 범주는 프로그램의 만족도(매우 만족한 집단, 보통인 집단, 불만족한 집단) 등과 같이 몇 개의 범주로 구분된다. 달리 말해, 특정한 독립변수의 측정에 근거하여 기준변수 값의 어느 범주에 속할 것인지를 예측하고, 기준변수의 어떤 값의 범주에 속한 사람들이 다른 값의 범주에 속한 사람들과 어떻게 다른지를 알아내는 데 사용된다(Weinbach & Grinnell, 2004: 279).

판별분석은 개별 예측변수들의 중요도에 따라 값에 가중치를 넣어 구성한 함수인 판별함수(discriminant function)를 만들게 된다. 판별함수를 기준으로 집단의 실제분류와 집단의 예측분류를 서로 비교하여 판별함수에 의한 예측들이 얼마나 정확한지를 검정하게 된다(김영종, 2007: 302). 독립변수들(예측변수들)이 종속변수(기준변수)와 밀접하게 관련되어 있을수록 종속변수의 어느 범주에 속하게 될 것인가에 대한 판별예측은 보다 정확해질 수 있다.

**사회복지현장에서의 적용(판별분석)**

학교폭력에 관한 실태조사에서 명목척도로 구성된 종속변수 '친구관계 유형'과 관련이 있을 것으로 추정되는 등간척도(또는 비율척도)로 측정한 두 개 이상의 독립변수(또는 판별변수)의 관계에 관해 조사할 수 있다. 조사자는 '폭력에 대한 태도'와 '의사소통기술'에 따라 친구관계에서 유형이 다른 집단들 간의 차이를 잘 구별해 줄 수 있는 판별변수들을 찾아내는 통계방법을 활용할 수 있다.

판별분석을 이용하고자 한다면, 판별변수(폭력에 대한 허용적인 태도의 동조 정도: 0~40점, 의사소통기술: 0~50점)와 종속변수(친구관계 유형: 좋은 편이다, 보통이다, 나쁜 편이다)에 대한 판별분석 결과, 판별변수들의 유의도 검증에서 '폭력에 허용적인 태도의 동조 정도' 그리고 '의사소통의 정도' 모두 통계적으로 유의미한 것으로 나왔으면, 판별함수 계수(회귀분석의 계수인 베타에 해당)를 통해 각각의 판별변수들의 영향력의 크기를 비교할 수 있다. 또한 친구관계 유형에 관한 판별점수 그래프를 통해 개별 응답자의 판별점수와 평균값을 확인할 수 있다.

판별분석을 통해 조사자는 영향력이 있는 판별변수들(폭력에 대한 태도, 의사소통기술)에 따라 친구관계 유형(좋은 편이다, 보통이다, 나쁜 편이다)의 어디에 속하게 될지를 분류하게 된다.

### 5) 요인분석

요인분석(factor analysis)은 여러 개의 변수를 하나의 집단으로 묶을 수 있는지를 알고자 할 때 주로 사용된다. 요인분석은 서로 관련되어 있는 항목들을 선별하여 묶는 한편, 관련이 없거나 적은 항목들은 제거해 나가는 자료축약(data reduction)에 자주 활용된다.

요인분석은 상관관계가 깊은 여러 변수 간의 공통요인을 발견하는 데 사용되는 통계기법으로서, 변수들 간의 인과관계를 분석하는 것이 아니라 공통요인을 찾아내는 방법이기 때문에 독립변수와 종속변수의 구분이 없다. 또한 변수들의 수는 여러 개가 있어야 하고, 등간 또는 비율 척도의 두 개 이상의 여러 개의 변수여야 한다(최현철, 2007: 327).

요인분석은 척도를 구성하기에 적합한 여러 개의 항목 중 적절한 항목을 선택하는 과정으로 많이 활용되고 있다. 이때 요인분석은 측정도구의 타당성을 평가하는 데 활용된다. 예를 들어, 지능을 구성하는 여러 항목은 창의성, 문제 푸는 능력, 판단력 등과 같은 하위요인들로 구성되며, 각각의 하위요인들은 지능을 구성하는 하위척도가 된다. 그래서 요인분석을 통해 척도의 구성타당도를 평가할 수 있다. 또한 조사대상자가 일관되게 같은 응답을 한 항목들은 같은 종류의 지표(또는 척도)를 측정하는 항목으로 구성할 수 있다. 즉, 요인분석을 통해 여러 항목 중 상관관계를 보이는 것들을 모아 하나의 요인으로 묶어 나가게 된다. 하나의 요인으로 묶인 항목들은 공통의 특성(하나의 현상이나 특성)을 나타낼 수 있는 척도로 만들게 된다.

### 사회복지현장에서의 적용(요인분석)

학교폭력에 관한 실태조사에서 조사자는 '폭력에 대한 태도'를 측정하기 위해 구성한 여러 개의 항목을 몇 가지 유형의 요인으로 묶어서 사용하고자 한다. 또한 각 항목 중 관련성이 적은 항목은 제외하는 것과 척도의 타당성을 높이려는 목적을 동시에 가질 수 있다.

요인분석을 실행하였다면 조사자는 우선 상관관계 행렬표를 통해 변수들의 상관관계 계수를 분석하고, 인자 행렬표를 통해 공통인자의 수를 분석해야 하며, 공통인자들의 인자 적재치 분석을 통해 각각의 공통인자에 속한 항목들 중에서 적절한 항목들만을 선택하게 된다.

예를 들어, 폭력에 대한 태도를 구성하는 항목들이 다음의 아홉 가지였다고 하자. ① 나의 나쁜 습관을 바로잡는 데 체벌이 효과적이다. ② 체벌 없이 아동을 지도하는 것은 매우 어렵다. ③ 어머니가 달리 취할 만한 교육방법이 없을 때는 사용해도 좋다. ④ 때로는 체벌이 백 마디 말보다 효과적이다. ⑤ 체벌은 좋지 않지만 어쩔 수 없는 경우가 많다. ⑥ 문제를 간단히 해결하는 데는 말보다는 주먹이 낫다. ⑦ 사소한 일에서는 법적인 해결보다는 폭력을 통해서 해결해야 한다. ⑧ 싸움을 먼저 걸어 온 사람을 때리는 것은 괜찮다. ⑨ 나쁜 사람을 심하게 때려 주는 것은 나쁘지 않다. 이처럼 아동의 체벌과 관련된 항목들(변수들)로 구성되었다고 하자.

요인분석을 통한 통계처리 결과 ①~⑤까지 상관관계가 높으며, ⑥~⑨까지 상관관계가 높은 것으로 나타났다. 이 경우 9개의 항목을 두 개의 요인으로 묶을 수 있다. 즉, ①~⑤까지는 '체벌의 효능감'을 측정하는 척도를 구성하는 항목들로, ⑥~⑨까지는 '폭력에 대한 허용 정도'를 측정하는 척도를 구성하는 항목들로 묶을 수 있다.

### 6) 경로분석

경로분석(path analysis)은 인과적 관계가 있다고 추정되는 세 변수 이상의 변수의 인과관계를 몇 단계로 구분하여 분석함으로써 인과관계의 경로과정을 이해하는 데 유용하다. 경로분석은 어떤 모델에서 상호 관련된 가설의 구조를 나타내는 일련의 구조방정식으로부터 출발한다(Thomson Learning Korea, 2007: 402). 경로분석은 비모수검정으로서 상관관계를 나타내는 자료들로 모델이 구성되므로 엄격한 인과관계에 대한 결론을 내리지는 못한다. 다만 조사자가 설정한 특정한 인과모델이 적절한지에 대한 추정을 가능하게 한다(김영종, 2007: 293).

경로분석에서는 회귀분석의 독립변수에 해당하는 변수를 외부변수라고 하고, 회귀분석의 종속변수에 해당하는 변수를 내부변수라고 하는데, 내부변인과 외부변인 모두 등간 또는 비율 변수일 때 가능하다. 경로분석을 위해서는 인과모델을 구성하기 위해 명확하게 정의된 일단의 변수가 있어야 한다. 또한 이러한 변수들이 어떻게 인과적으로 관련될 것인지에 대한 조사자의 가정들이 있어야 한다. 아울러 외부변인들이 모델에 포함된 변수들에 주는 영향에 대한 가정이 필요하다(김영종, 2007: 294).

경로분석에서 요구되는 가정은 다음과 같다. 첫째, 외부변인(독립변수), 내부변인(종속변수) 모두 등간 혹은 비율 변수이어야 한다. 둘째, 영향력의 방향이 한쪽 방향이어야 한다. 즉, 외부변인에서 내부변인으로, 내부변인에서 내부변인으로 가는 영향력의 방향이 한 방향이어야 한다. 셋째, 변인들 간의 인과관계가 전부 설정되어야 한다. 다시 말해, 변인들 간의 통로가 전부 연결되어야 한다. 마지막으로 분석단계별로 내부변인의 수는 1개이어야 한다.

경로분석은 회귀분석을 통해 독립변수들 간의 관계의 정도와 관계의 방향을 분석한다. 회귀분석이 여러 개의 독립변수들이 종속변수에 영향을 미친다고 보는 데 비해, 경로분석은 몇 단계의 회귀분석과정을 통해 독립변수들 간의 인과관계를 분석하는 과정을 거치게 된다. 따라서 관계의 방향은 종속변수를 향하여 한 방향이어야 모델이 적합한 것으로 볼 수 있다. 또한 경로모델을 위한 몇 단계의 회귀분석과정을 통해 독립변수가 종속변수에 대해 간접효과(indirect effect)를 가지는지, 또는 허위적 관계(spurious relationship)인지에 대한 정보도 확인할 수 있다.

경로분석은 외부변인들이 내부변인들에게 미치는 영향과 내부변인들 간에 미치는 영향을 검정함으로써 변수들 간의 인과관계의 방향을 알 수 있다. 즉, 독립변수들 간에 인과관계가 있음을 검정하는 몇 단계를 거침으로써 종속변수에 이르게 되는 과정을 단계적으로 이해할 수 있다는 장점을 가지고 있다.

### 사회복지현장에서의 적용(경로분석)

학교폭력 예방 프로그램에 관한 평가조사에서 학생들의 '폭력에 대한 태도'가 '프로그램 참여 횟수' '프로그램에 대한 만족도'와 어떻게 인과관계를 형성하는지에 대해 알고자 한다면 경로분석을 이용할 수 있다. 회귀분석의 과정을 몇 단계 거침으로써 인과관계의 방향을 결정하기 때문에 독립변수들(외부변수들)이 종속변수(내부변수)에 이르게 되는 과정을 단계적으로 알 수 있다.

조사자는 등간척도(또는 비율척도)로 측정된 두 개 이상의 독립변수(프로그램 참여 횟수: 1~20회, 프로그램에 대한 만족도: 0~50점)가 등간척도(또는 비율척도)로 측정된 한 개의 종속변수(폭력에 대해 허용적인 태도의 동조 정도: 0~40점)에게 영향을 미치는 과정을 분석하게 된다.

조사자는 먼저 첫 번째 통로분석모델('프로그램 참여 횟수'와 '프로그램 만족도' 간의 회귀분석)을 통해 모델의 적합도와 유의도를 검증하게 된다. 다음은 두 번째 통로분석모델('프로그램 참여 횟수'와 '프로그램 만족도'가 '폭력에 대한 태도'에 미치는 영향력에 관한 회귀분석)을 통해 모델의 적합도와 유의도를 검증하게 된다. 마지막으로, 조사자는 변수들 간의 인과관계에 관한 경로모형을 보여 주게 되는데, 이때 변수들 간의 관계는 다음과 같이 통로계수(회귀분석의 베타계수)를 함께 제시하게 된다.

다음은 회귀분석모형과 경로분석모형을 비교한 것이다.

• 회귀분석모형

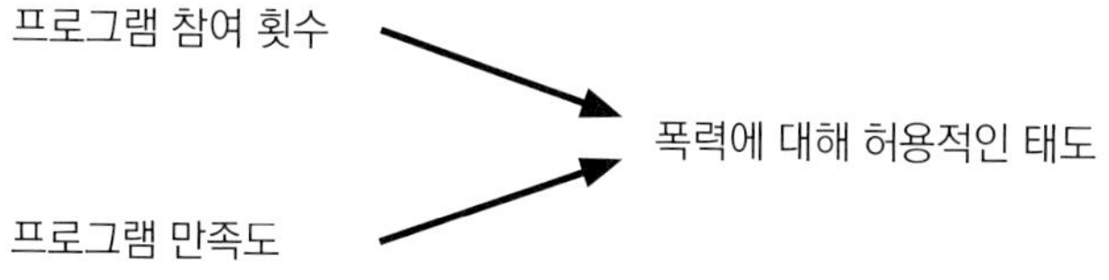


• 경로분석모형

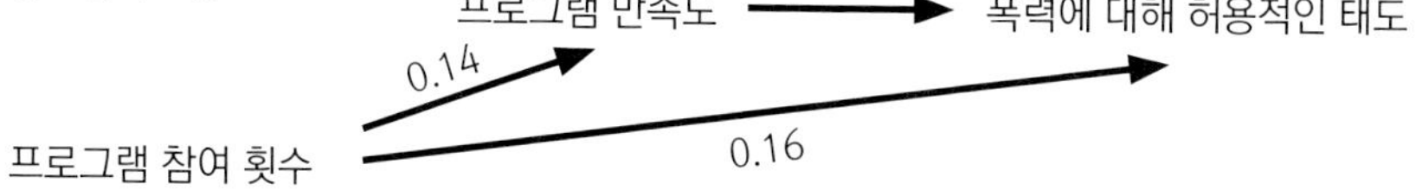

## 5. 조사보고서 작성

사회복지 연구조사에서의 마지막 과정은 수집된 자료를 분석하고 결론을 도출한 후 이를 보고서나 논문으로 작성하는 것이다. **조사보고서**란 연구자가 이루고자 하는 조사의 목적을 달성하기 위해 조사결과에서 발견된 사항들과 이를 통해 추론된 내용을 바탕으로 조사문제, 조사대상, 조사방법, 조사절차 등을 체계적으로 정리하여 학계나 현장실무자, 연구결과에 관심 있는 사람들에게 제시하는 문서를 지칭한다. 보고서를 작성하는 이유는 조사연구가 제기하는 문제들에 대한 해답을 필요로 하는 사람들에게 나름대로 조사연구의 경험적인 결론을 제시하는 것이다(김영종, 2007). 연구자가 이 단계를 논리적이고 분명한 표현으로 이끌어 내지 못하면 수집한 자료로부터 얻어진 의미 있는 결과를 제시하여 결론을 공유하는 데 있어 설득력을 확보할 수 없다. 따라서 연구자가 과학적 절차의 최종단계를 성공적으로 마무리하기 위해서 행해야 하는 중요한 과업 중 하나가 서론, 본론, 결론으로 체계적 구성을 갖춘 보고서를 작성하는 일이다.

보고서 작성 시 지켜야 할 주된 원칙들은 다음과 같다. 보고서는 연구목적에 합당해야 하며, 응답자에 대한 비밀보장 등을 포함하여 연구자의 연구윤리가 준수되어야 하고, 체계적이고 논리적으로 전개되어야 하고, 문장은 정확 · 명료 · 간결해야 하며, 통계분석 결과는 요약하여 보고자료의 형태로 일반화해야 하고, 연구목적과 반대되는 결과가 도출되었다고 하더라도 보고서에 포함시켜야 한다(사경환, 이정미, 2019: 243).

다음은 연구자가 조사연구의 최종단계를 성공적으로 마무리하도록 도와주는 보고서 작성 시 유의사항, 조사보고서의 기본 양식과 내용, 인용법을 살펴보고자 한다.

### 1) 보고서 작성 시 유의사항

연구를 하는 과정은 복잡한 일련의 과정을 요구한다. 때로는 연구과정에서 범한 실수로 인해 연구결과의 객관성을 확보하는 데 문제가 발생할 수도 있다. 이를 방지하기 위해서는 연구보고서를 공표하기 전에 보고서의 전개방식에 문제가 없는지에 관한 지속적인 확인 작업이 필요하다. 공표된 보고서에서 발견되는 가장 흔한 실수는, 첫째, 신뢰도와 타당도의 유효성이 떨어지는 측정도구를 사용하고, 둘째, 연구계획이 구체적이지 않거나 적절하지 못하며, 셋째, 표본추출과정이 적절하지 못하였으며, 넷째, 자료분석의 결과를 부정확하게 해석하는 경우이다(Wiersma & Jurs, 2005: 438). 이는 보고서 작성 전에 충분한 검정의 절차를 거치지 않았기 때문에 발생한 오류라고 할 수 있다. 따라서 보고서는 논리적인 구성을 토대로 적합한 측정도구의 사용 여부, 과학적 절차에 대한 부합 여부, 표본 확보의 결함 여부, 자료분석의 정확도 여부라는 네 가지 차원에서 지속적인 확인 작업이 필요하며, 이는 보고서 작성 이전에 고려되어야 한다.

**보고서 작성 시 유의사항**

- 연구계획이 과학적 절차에 부합되는가?
- 신뢰도와 타당도가 검정된 적합한 도구가 사용되었는가?
- 표본 확보에 따른 결함이 존재하는가?
- 자료분석이 정확히 해석되었는가?

## 2) 조사보고서의 기본 양식과 내용

연구의 마지막 단계는 보고서를 작성하고 이를 공표하는 것이다. 보고서를 작성하는 이유는 연구자가 앞서 서론에서 밝힌 연구문제에 대한 해답을 찾고 이를 공표함으로써 같은 관심을 갖고 있는 사람들에게 나름대로의 경험적인 결론을 제시하여 공유하고자 하는 것이다. 따라서 보고서 내용이 명확한 절차를 따라 기술되어야만 결론 역시 신뢰성을 확보할 수 있기 때문에 기본 양식을 갖추어야 하는데, 보고서의 기본 양식을 구성하는 내용은 다음과 같다.

보고서의 기본 내용은 연구 배경과 목적 그리고 전문분야에 따라 연구 수준과 내용이 다양하게 달라질 수 있기 때문에 그에 적합한 내용들로 구성하는 것이 바람직하다. 양적조사연구의 보고서 양식은 일반적으로 다음과 같은 내용들을 포함하고 있다.

**보고서의 기본 내용**

Ⅰ. 서론
  1. 문제제기 및 연구목적
  2. 연구문제
Ⅱ. 이론적 배경 및 선행연구 검토
Ⅲ. 연구방법
  1. 표본과 표집방법
  2. 변수의 측정방법
  3. 자료수집
  4. 분석방법
Ⅳ. 조사결과(또는 주요 발견사항)
Ⅴ. 결론 및 제언
  * 참고문헌

**보고서의 기본적인 구성내용은 문제제기 및 연구목적, 이론적 배경 및 선행연구 검토, 연구방법, 조사결과, 결론 및 제언**으로 나누어지며 각 단계에 고려되어야 할 사항은 다음과 같다(Wiersma & Jurs, 2005: 439-442).

### (1) 서론

연구를 시작하는 도입부(서론)에서는 연구를 하게 된 배경을 진술하고 연구의 목적을 구체적이고 명확히 밝힘으로써 연구의 방향을 제시해야 한다. 연구문제와 연구목적에 관한 진술은 독자를 위해 분명하고 쉽게 전달되어야 하며 다음과 같은 내용이 포함되어야 한다.

**서론에 포함될 내용**

- 연구의 문제는 무엇이며 그것이 왜 중요한가? 연구하려는 목적은 무엇인가?

### (2) 이론적 배경 및 선행연구 검토

앞서 제시한 연구문제와 관련된 이론적 배경과 선행연구의 검토결과를 제시해야 한다. 검토를 적절히 포괄적으로 제시하기 위해서는 작문실력이 요구된다. 검토한 선행연구를 본문에 인용하였다면, 본문에 출처를 표기하고 참고문헌 목록에도 제시하여야 한다. 문헌검토의 과정을 통해 연구의 범위를 보다 명확히 하고 앞서 제시한 연구문제에 관련한 잠정적 해답으로서 가설을 설정할 수 있다. 문헌검토 단계에서 명심해야 할 내용들은 다음과 같다.

**문헌검토에서의 고려사항**

- 본 연구에서 참고하고 있는 문헌의 결과에 논리적 흐름이 있는가? 즉, 잘 구성되어 있는가?
- 연구자는 문헌을 검토함에 있어서 자료의 결과를 '하나로 통합'하여 연구문제 및 연구가설과 관련됨을 보여 줄 수 있는가?
- 연구자는 기존 문헌을 요약 혹은 검토로 적당히 종결하여, 문맥의 전개와 상관없이 불쑥 결론을 내리고 있지는 않는가?
- 문헌검토에서 인용된 결과가 어떻게 통합되고 연구문제와 관련되고 함축적 의미를 갖고 있는지에 대해 연구자의 의견(관점)이 반영되었는가?
- 연구자는 참고문헌의 저자, 출판날짜 등을 정확히 기재하였는가?

### (3) 연구방법

보고서를 평가할 때 가장 중요한 부분은 연구방법이라 할 수 있다. 연구방법은 서론에서 밝힌 연구의 목적과 가설 및 연구문제에 대한 해답을 도출하기 위해 어떠한 절차 속에서 연구가 수행되었는지에 관한 일련의 과정을 보여 줄 수 있기 때문이다. 이러한 의미에서 연구자는 보고서를 읽는 독자를 이해시킬 수 있도록 조사설계에 관한 명료하고 구체적인 방법과 절차를 분명하게 제시해야 한다.

**연구방법에 포함할 내용**

- 조사설계에 따른 표본추출 방법과 과정을 정확히 설명하였는가?
- 조사기간 및 자료수집 시기에 관한 구체적 과정을 설명하였는가?
- 본 연구에 적합한 조사도구에 관한 설명이 기재되었는가?
- 가설 및 연구문제를 검정하기 위하여 어떠한 통계절차를 활용하였는지에 관한 자료분석 방법을 기재하였는가?

### (4) 조사결과

조사결과는 수집한 자료를 적절한 통계기법을 활용하여 분석하며, 그 결과를 해석하는 것이다. 연구문제 및 연구가설에 관한 해답을 찾는 과정이며, 결론 및 제언의 근거를 만드는 과정이기도 하다.

결함이 있는 연구의 대부분은 평균과 같은 통계치가 빠져 있거나, 표준편차가 전혀 제공되지 않거나, 부적절하게 보고된 데이터를 사용하는 등 정확도 결여에 원인이 있다(Bracey, 1989: 20-22). 따라서 연구결과와 관련된 정확도를 체크하는 것은 중요하며 다음과 같은 사항을 체크해야 한다.

조사결과는 앞서 연구자가 제시한 연구 문제 및 가설에 대한 해답으로 제시되는 부분이므로 조사보고서 작성에서 가장 중요한 부분을 차지한다고 할 수 있다. 따라서 그림 및 표를 제시하여 독자로 하여금 조사연구 결과를 한눈에 보기 쉽게 제시해 주는 것이 효과적이며 가독성을 높이는 방법이기도 하다. 조사연구의 결과에 대한 해석은 분명하고 명확하게 제시되어야 하며 통계분석 뒤에 바로 나와야 한다. 만약 이 단계에서 연구문제에 대한 해답을 명확히 제시하지 못한다면 보고서의 신뢰도와 타당도를 확보할 수 없다. 나아가 당초에 계획했던 연구목적을 성공적으로 달성하였다고 보기 어렵다.

**자료분석 및 해석에서의 고려사항**

- 결과가 잘 구성되고, 분명히 밝혀지고, 제시되어 혼돈이 없는가? (예: 표가 적절히 그리고 과부화된 정보 없이 사용되었는가?)
- 결과를 발표할 때 수용할 만한 포맷(format)이 사용되었는가? (예: 표 혹은 도표에 제목이 적절히 붙여졌는가?)
- 분석에 기반을 두어 결과가 도출되었는가? (예: 평균에 의해 가설이 검정되려면 t값, 유의도, 평균 등에 관한 정보에 입각해야 한다.)
- 결과가 포괄적인가? 가설이 검정되었다면 모든 가설에 맞는 결과가 있는가?
- 결과의 조건에 대한 적절한 정보가 제시되었는가? 즉, 결과가 내적타당성을 확보할 수 있는가? 확실하게 이해될 수 있는가?
- 결과가 혼돈스럽지 않는가? 결과가 명확한가?

### (5) 결론

결론 부분은 연구보고서의 결정체라고 할 수 있다. 결론은 전체 보고서의 종결을 제공할 뿐만 아니라 연구의 내적타당도와 외적타당도를 보여 주어야 한다. 결론부분을 제시할 때의 기본적인 고려사항은 다음과 같다.

조사연구가 지금까지 제시된 구성양식에 따라 보고서로 작성되어 공표되었다 하더라도 그 자체는 그 연구가 잘되었거나 잘 보고되었다는 것을 보증하는 것은 아니다. 따라서 연구자는 연구의 계획단계에서부터 종결단계에 이르기까지 각 단계에서 발생할 수 있는 제한점 및 오류에 대한 고려사항을 충분히 숙지하여 과학적 연구절차의 전 단계에 걸쳐 투명성과 정확성을 높일 수 있도록 최선을 다해야 한다.

**결론에서의 고려사항**

- 단순히 결과를 다시 반복하여 진술하고 있지는 않는가?
- 어떤 결론이 어떤 결과에 의해 도출되었는지가 분명히 서술되어 있는가?
- 연구의 제한점을 밝히고 있는가?
- 본 연구에서 다루고 있는 중요한 주제가 다루어지고 있는가?
- 연구의 일반화가 전달될 수 있는가? 그렇다면 그 일반화가 이치에 맞는다는 근거를 제시할 수 있는가?
- 결론이 참고문헌에 있는 문헌과 연결되어 도출되었는가? 즉, 연구의 결론이 다른 연구자들의 결론과 일치하고 있는가? 그렇지 않다면 주어진 설명들이 모순될 가능성을 내재하고 있는가?
- 전체 보고서 내용의 적절한 종결로 끝맺음을 하고 있는가?

## 3) 인용법

참고문헌의 인용법 중 미국심리학회에서 규정한 APA 방식을 토대로 일반적인 가이드라인을 제시하고자 한다. APA 방식(American Psychological Association style)이란 미국심리학회에서 규정한 논문작성의 규칙을 말하는데, 현재 미국을 비롯하여 전 세계적으로 가장 많이 사용되는 논문작성 규칙이다.

### (1) 직접인용과 간접인용

인용은 직접인용과 간접인용으로 분류할 수 있다. 직접인용의 경우는 있는 그대로를 인용하는 경우인데 이는 제3자의 저술내용을 그대로 인용하거나 법률이나 조문 그리고 공문을 그대로 인용함을 의미한다. 따라서 직접인용을 사용하고자 할 때는 원문이 표기법과 내용이 조금도 틀림없이 그대로 옮겨져 표기되어야 한다. 간접인용의 경우는 원문을 그대로 옮기는 것이 아니라 원문의 내용을 요약하거나 원문의 뜻이 내포하고 있는 함축적인 내용을 연구자의 언어로 재구성하여 표현하는 인용법을 말한다. 직접인용법과 간접인용법의 예는 다음과 같다.

직접인용은 짧은 인용과 긴 인용이 있는데, 다음 글상자의 예시 1과 같이 3줄 미만의 짧은 인용의 경우 인용문의 앞과 뒤에 " " 표시를 한다. 예시 2와 같이 3줄 이상의 긴 인용문의 경우에는 본문에서 별도의 문단으로 표시하며 본문보다 작은 글자크기(최하 8포인트)로 표기하고 좌우로 3글자씩 들여쓰기를 한다.

간접인용의 경우 그다음 글상자의 예시 1과 2와 같이 인용된 저서나 저자명이 본문에 나타나는 경우 괄호 속에 연도와 경우에 따라서 해당 페이지 수를 표기한다. 예시 3의 경우처럼 여러 문헌을 한꺼번에 인용하는 경우에는 ; 표시를 활용한다. 저자가 3~5인인 경우, 본문의 첫 인용은 저자 모두를 표기하고 그 이후 인용은 예시 4와 예시 5처럼 첫 번째 저자만을 표기하는데, 국문일 경우에는 '홍길동 외', 영문일 경우 'et al.'로 표기한다. 저자가 6인 이상인 경우 본문의 첫 인용에서부터 예시 4 혹은 예시 5와 같이 표기한다. 간접인용의 완전한 출처는 논문의 뒷부분에 첨가되는 참고문헌 목록에 정확히 제시되어야 한다(American Psychological Association, 2010: 276).

**간접인용법의 예**

- **APA 예시 1**: 이러한 맥락에서 홍길동(2006)은……
- **APA 예시 2**: 이러한 맥락에서 홍길동(2006: 126)은……
- **APA 예시 3**: 최근의 연구(홍길동, 2006; Richmond, 2005; Zeller, 2003)에 의하면……
- **APA 예시 4**: 홍길동 외(2006)
- **APA 예시 5**: Richmond et al. (2003)

직접인용법의 예

- **APA 예시 1**: 그는 "우리 사회가 당면한 노인의 고령화와 저출산의 시대의 도래는……." (홍길동, 2006. p. 126)이라고 했다.
- **APA 예시 2**: 홍길동(2006)은 사회복지사가 갖추어야 할 사회복지 정체성에 대해 다음과 같이 언급하였다.

> 사회복지실천은 가치, 지식, 기술을 기반으로 하기 때문에 사회복지사는 전문적 자질 향상을 위해 사회복지 정체성은 중요히 다루어져야 한다(p. 77).

(2) 참고문헌 기재법

본문에 인용된 참고문헌은 반드시 본문 뒤편의 참고문헌 목록에 기재되어야 한다.

국문의 참고문헌일 경우에는 저자명의 가나다순으로 표기하며, 기타 외국어인 경우는 알파벳순으로 기재한다.

**① 단행본의 경우**

저자명(성을 앞에, 이름을 뒤에), 발행 연도(괄호 속에 표기), 서명(영문의 경우 이탤릭체로), 판수(초판은 표시하지 않음), 출판지: 출판사명.

예 1 홍길동(2006). **사회복지조사론**. 서울: 지원사.

예 2 Eliasoph, N. W. (1998). *Avoiding Politics*. New York: Cambridge University Press.

**② 학술지의 경우**

저자명(성을 앞에, 이름을 뒤에), 발행 연도(괄호 속에 표기), 논문제목(영문의 경우 첫 단어의 두문자만 대문자로), 잡지명(영문의 경우 이탤릭체로), 권호, 면수.

예 3 이몽룡, 성춘향(2006). 정신지체아 부모를 위한 여가프로그램에 관한 연구. **사회복지연구**, 34(4), 1-25.

예 4 Wright, S. M., & Erik, M. J. (2006). Rethinking, Once Again, the Concept of Class Structure. *Mental Retardation, 67*, 42-73.

③ **학위논문의 경우**

저자명(성을 앞에, 이름을 뒤에), 발행 연도(괄호 속에 표기), 논문제목, 학위수여기관 및 학위성격.

> 예 5 홍길동(2009). 학생복지실태와 학교사회복지사의 정체성 확립에 관한 연구. 이화여자대학교 대학원 박사학위논문.

④ **번역서의 경우**

원저자명(출판 연도). 번역본 제목(원본제목). (번역자 역). 번역본 출판사항. (원본 출판연도).

> 예 6 American Psychological Association (2013). APA 논문작성법[*Publication manual of the American Psychological Association* (6th ed.)]. (강진령 역). 서울: 학지사. (원본 출판 2010년).

지금까지 살펴본 바와 같이 인용법은 직접인용과 간접인용으로 나누어지므로 연구자는 직접인용인지 혹은 간접인용인지에 따라 인용법을 달리해야 한다. 한편, 참고문헌은 본문에 인용한 참고문헌이 단행본, 학술지논문, 학위논문인지에 따라 다른 형식으로 기재해야 한다.

## 참고문헌

김영종(2007). 사회복지조사방법론. 서울: 학지사.
문창권, 송학준, 문영필, 손종웅, 김길후, 김범수(2019). SPSS 첫걸음 단계별 분석. 서울: 북넷.
사경환, 이정미(2019). 사회조사분석사 2급 2차 실기필답형. 서울: 퀘스천랩.
심송용(2012). 통계적 자료분석-SPSS를 중심으로-. 서울: 교우사.
오택섭, 최현철(2003). 사회과학 데이타 분석법 ②. 경기: 나남출판.
이학식, 임지훈(2015). SPSS 22 매뉴얼. 서울: 도서출판 집현재.

채구묵(2007). 사회과학 통계분석. 경기: 양서원.

최현철(2007). 사회통계방법론. 경기: 나남.

황해익, 손연숙, 최혜진, 손원경(2016). 쉽게 배우는 SPSS자료분석. 경기: 공동체.

American Psychological Association (2013). APA 논문작성법[*Publication manual of the American Psychological Association*(6th ed.)]. (강진령 역). 서울: 학지사. (원저는 2010년에 출판).

Babbie, E. (2007). 사회조사방법론(*The practice of social research*). (고성호, 김광기, 김상욱, 민수홍, 유홍준, 이성용, 이정환, 장준오, 정기선, 정태인 공역). 경기: 도서출판 그린. (원저는 2001년에 출판).

Bracey, G. (1989). Why so much education research is irrelevant, imitative, and ignored. *American School Board Journal, 176*(7), 20-22.

Heiman, G. W. (2003). *Basic Statistics: for the behavioral science*. USA: Houghton Mifflin Company.

Thomson Learning Korea(Knoke, D., Bohrnstedt, G. W., & Mee, A. P.). (2007). 사회통계학: 원리와 실제(*Statistics for Social Data Analysis*). (장상희, 이상문 공역). 서울: 박영사. (원저는 2002년에 출판).

Weinbach, R. W., & Grinnell, R. M. (2004). 사회복지사를 위한 통계(*Statistics for Social Workers*). (박봉길, 최종백 공역). 경기: 양서원. (원저는 2004년에 출판).

Wiersma, W., & Jurs, S. G. (2005). *Research methods in Education* (8th ed.). USA: Person Education Ind.

제13장

# 척도의 특성과 개발

사회과학은 사회에서 발생하는 다양한 현상을 관찰하고 분석하는 학문이다. 사회현상을 분석하기 위해서는, 우선 사회현상을 정량적으로 측정하고 기술하는 방법이 필요하다. 인간의 심리와 행동, 법, 정치, 경제 등 사회현상을 표준적이며 합리적인 방법으로 측정하기 위해서 과학적인 방법을 활용하여 개발된 척도를 사용한다. 이 장에서는 사회과학에서 활용하는 척도의 특성과 실제 개발 과정을 설명한다.

## 1. 척도의 특성과 종류

사회복지현장에서 클라이언트를 위해 척도를 사용해야 할 경우가 많다. 척도가 필요한 경우, 이미 신뢰도와 타당도가 입증된 표준화된 척도를 사용하는 것이 신뢰도와 타당도 측면에서 바람직하다. 단, 표준척도라 할지라도 모든 상황에 적용될 수 있는 것은 아니다. 연구자와 실천가는 자신이 처한 상황의 특수성을 충분히 고려하여 척도가 자신의 상황에 맞는지 신중하게 평가하여야 한다.

한편, 사회복지현장의 과제가 확대되고 다양화하면서 더욱 다양한 척도가 필요하게 되었고, 때로는 현장의 상황에 적절한 척도가 존재하지 않는 경우가 있다. 적절한 척도가 존재하지 않을 경우, 부득이하게 연구자나 사회복지사는 척도를 직접 개발하여 사용해야 한다. 이 절에서는 현장에서 척도를 개발할 때 거쳐야 할 필수적인 과정들을 설명한다. 척도 개발과정에 대한 이해는 척도 개발뿐만 아니라 척도의 올바른 사용에도 도움이 된다.

## 1) 문항 및 척도구성

문항은 척도를 구성하는 개별적인 질문을 의미한다. 하나의 척도는 복수의 문항으로 구성되어 있다. 척도 개발의 첫 단계는 적절한 문항을 만드는 것으로 시작되며, 문항은 다음의 요건들을 갖추는 것이 중요하다.

### (1) 적절한 문항의 요건

**① 문항은 동일한 의미로 해석되어야 한다**

문항은 조사대상자가 동일한 의미로 해석할 수 있어야 한다. 동일한 형태의 질문이라 할지라도 응답자는 자신의 입장에서 질문을 재해석하는 과정을 거친다. 따라서 응답자들의 입장에 따라 다른 응답이 나올 수 있는 것이다. 이러한 경우 척도의 신뢰도가 훼손된다. 예를 들어, '지하철 9호선 이용에 불편한 점은 무엇입니까?'라는 질문을 제시한다면, 장애인들은 '지하철에 대한 접근성'을, 통근자들은 '출퇴근 시간의 과도한 승객 수'를 꼽을 것이다. 이러한 경우 문항을 더욱 구체적으로 만들 필요가 있다. '지하철 9호선의 접근성을 어떻게 평가하시겠습니까?' 또는 '출퇴근시간에 지하철 배차시간이 적절하다고 생각하십니까?'라는 질문은 더욱 구체적이며 적절하다 할 수 있다.

**② 문항은 간단해야 한다**

문항은 조사대상자가 문항의 의미를 충분히 이해할 수 있는 한 간단한 것이 좋다. 문항이 길어지면 조사대상자가 응답을 기피하는 경향이 생긴다. 응답 중에도 혼동을 초래할 가능성이 높고, 조사시간이 길어지면서 비용이 증가하는 결과를 초래할 수 있다. 간단한 문항은 조사시간을 줄이고 분석을 쉽게 한다. 단, 지나치게 간단하게 작성하여 문항의 의미를 훼손해서는 안 된다.

**③ 문항은 조사대상자가 쉽게 이해할 수 있어야 한다**

문항의 난이도는 문항을 구성하는 언어, 질문의 내용 등과 관련이 있으며, 난이도는 조사대상자의 연령, 학력 등의 여건을 고려하여 결정되어야 한다. 조사대상자가 충분히 이해할 수 있는 정도의 언어와 내용을 갖추는 것이 바람직하다. 조사대상자들이 이해할 수 없는 언어로 만들어진 문항은 오차를 유발한다. 부득이하게 추상적 개념을 질문지에 포함하여야 할 경우, 질문지 안에 개념에 대한 설명을 추가하는 것이 바람직하다. 초등학생들의 정신건강을 조사하는 경우 우울증 같은 추상적인 용어들을 적절한 설명 없이 사용하면 아이들이 오해하여 그릇된 응답을 할 가능성이 있다. 다만 용어 설명과 질문이 뒤섞여 혼동을 초래해서는 안 된다.

**④ 이중질문을 하지 않는다**

이중질문(double-barrelled question)은 하나의 질문형태를 가지면서 실제로 두 개의 질문을 포함한 경우이다. 예를 들어, 청소년에게 '지난 한 주 동안 술과 담배를 사용한 적이 있습니까?'라는 질문을 하고 '예'와 '아니요'라는 항목을 제시하면 많은 응답자는 혼동을 느낀다. 응답자들 중 술과 담배 중 하나만 사용하는 경우 응답을 하기 곤란하다. 하나의 문항은 하나의 질문으로 구성되어야 응답자가 혼동 없이 하나의 답변을 선택할 수 있다. 앞의 경우, '지난 한 주 동안 술을 사용한 적이 있습니까?'와 '지난 한 주 동안 담배를 사용한 적이 있습니까?'라는 두 개의 독립적인 질문으로 만드는 것이 바람직하다.

**⑤ 문항은 조사대상자의 다양성을 고려한다**

사회복지조사에서 사용하는 척도는 사회적 소수자와 약자에 대한 배려가 있어야 한다. 사회복지분야에서 척도를 개발하거나 선택하여 사용할 때 조사대상자의 다양성이 고려되어야 하며, 특히 사회적 소수자들이 겪을 수 있는 경험과 감정을 배려해야 한다. 성적 소수자들의 경우 그들이 경험할 수 있는 사회적·문화적 차별의 고통을 고려하여 문항의 언어 선정에 주의를 기울여야 한다. 학대나 방임을 경험한 아이의 경우 고통스러운 과거의 기억을 상기시키거나 확대하지 않도록 많은 주의를 기울이는 것이 바람직하다.

### (2) 척도구성

효과적인 척도를 개발하기 위해서는 개별적인 문항들이 앞서 제시한 요건들을 충족시킬 뿐만 아니라, 전체 문항들을 효율적으로 구성해야 한다. 척도를 구성하는 문항들은 서로 특별한 관계없이 독립적으로 존재할 수 있지만, 하나의 공통된 개념을 측정하는 문항 집단에 속해서 부분적인 역할을 하기도 한다. 척도 문항을 일정한 틀 속에 구성하는 방법을 **척도구성**(scaling)이라고 한다. 척도구성의 다양한 기술적 방법이 존재하며, 이 장에서는 척도구성법 중 널리 사용되는 리커트 척도법, 거트만 척도법, 서스톤 척도법을 간단히 소개한다.

### ① 리커트 척도구성

리커트 척도구성법(Likert scaling)은 가장 널리 사용되는 척도구성법이다. 리커트 구성법은 보통 두 개의 극단적인 선택지(예: 매우 만족스럽다. 매우 불만족스럽다)를 만든 후 다시 정도가 조금 약한 두 개 또는 네 개의 선택지(예: 만족스럽다, 약간 만족스럽다, 약간 불만족스럽다, 불만족스럽다)를 추가한다. 그리고 마지막에 중간 선택지(보통이다)를 추가할 수 있다. 각각의 선택지 번호에 설명을 첨가한다. 리커트 척도는 개발하기 쉽고 사용하기도 쉬운 장점을 가지고 있다.

한 가지 주의할 점은 리커트 척도는 반드시 5점 척도로 구성해야 한다는 오해이다. 리커트 척도는 3점, 4점, 5점, 7점, 9점, 10점 등 개발자가 자유롭게 개발하여 사용할 수 있다. 이전에는 5점 척도를 많이 사용하였지만, 최근에는 7점 척도를 사용하는 경우가 많다.

**예 리커트 척도를 이용한 소비자 만족도조사**

1. 상담원의 상담태도를 어떻게 평가하십니까?
   1. 매우 불만족스럽다　　2. 약간 불만족스럽다　　3. 보통이다
   4. 약간 만족스럽다　　5. 매우 만족스럽다
2. 상담원의 상담내용을 어떻게 평가하십니까?
   (매우 불만족스럽다)　　(보통이다)　　(매우 만족스럽다)
   1 —— 2 —— 3 —— 4 —— 5 —— 6 —— 7

리커트 척도는 각 문항의 모든 선택지가 **일정한 간격의 심리적 차이**를 가진다고 가정한다. 앞의 예시 1에서 1번 선택지(매우 불만족스럽다)와 2번 선택지(약간 불만족스럽다)의 심리적 차이는 3번 선택지(보통이다)와 4번 선택지(약간 만족스럽다)의 심리적 차이와 동일하다는 것을 전제한다.

리커트 척도법은 많은 장점을 가지고 있지만, 단점 또한 있다. 단점 중 하나는 조

사대상자들이 문항을 해석하고 선택하면서 주관적인 해석을 할 수 있다는 것이다. 앞의 예에서 1번 문항에서 '매우 불만족스럽다'와 '조금 불만족스럽다'를 해석할 때 개인마다 다른 해석을 할 수 있다. 동일한 상담원의 동일한 서비스를 받은 후에 이전에 매우 만족스러운 서비스를 받아 온 소비자는 '매우 불만족스럽다'고 응답할 가능성이 있다. 반대의 경우, 이전에 불만족스러운 경험이 많았던 소비자는 '조금 불만족스럽다'라고 응답할 가능성이 높다. 이러한 경우는 모든 문항이 동등한 가치를 가진다는 가정에 위배되며, 항목들을 합산하여 총점을 이용하거나 항목끼리 비교하면 오차가 발생한다. 이 외에도 응답자들은 대체로 극단적인 선택을 피하는 경향이 있는데, 이러한 경향 또한 오류의 원인이 되기도 한다.

**② 거트만 척도구성**

리커트 이외에 자주 사용되는 척도구성법으로 거트만 척도구성(Guttman scaling)과 서스톤 척도구성(Thurstone scaling)이 있다. 거트만 척도구성은 서열척도의 특성을 가지고 있다. 선택지의 동등한 가치를 가정하는 리커트 척도구성법과 달리 선택지들 사이에 **일정한 서열이 존재한다고 가정**한다. 다음의 예는 거트만 척도의 대표적인 사례인 Bogardus의 사회적 거리척도(Social Distance Scale)이다. 이 척도는 응답자가 다양한 사회구성원과 어느 정도 가까운 관계를 형성하기 원하는가를 측정하기 위해 개발되었다. 거트만 척도의 특성상 만약 응답자가 높은 수위의 질문에 동의한다면 나머지 낮은 수위의 모든 질문에 동의하게 된다.

사례: 거트만 척도구성: Bogardus Social Distance Scale

| | |
|---|---|
| 가장 낮은 수위 | 당신은 이민자가 당신의 나라에 정착하도록 허락하시겠습니까? |
| ↕ | 당신은 이민자가 당신의 도시에 정착하도록 허락하시겠습니까? |
| | 당신은 이민자가 당신의 동네에 정착하도록 허락하시겠습니까? |
| | 당신은 이민사가 당신의 옆집에 정착하도록 허락하시겠습니까? |
| 가장 높은 수위 | 당신은 자녀들이 이민자와 결혼하도록 허락하시겠습니까? |

③ **서스톤 척도구성**

서스톤 척도구성(Thurstone scaling)은 등간/비율 척도의 특성을 가지고 있다. 거트만 척도구성처럼 문항 간의 서열이 존재할 뿐만 아니라, 선택지 사이의 거리(가치)가 동일하다는 것이 특징이다(등간성). 일반적으로 사회과학에서 사용하는 척도가 등간성을 획득한다는 것은 쉽지 않다. 서스톤 척도구성은 측정의 정밀성을 확보하기 위해 통계기법을 사용하는데 요인분석을 주로 사용한다. 다음은 이타주의 정도를 평가한 항목의 예이다. 각 항목은 비중치와 유사한 척도치를 가진다. 제시된 문항의 경우, 응답자가 찬성한 문항의 척도치를 합산한 후에 평균치를 이용한다.

**예 서스톤 척도구성: 이타주의 평가**

| 문항 | 척도치 | 찬성 |
|---|---|---|
| 1. 사회 전체를 위해 개인의 행복을 희생시키는 것은 옳은 일이다 | 4.5 | |
| 2. 아동복지시설이 우리 동네에 신축되는 것은 반가운 일이다. | 5.4 | ○ |
| 3. 주말에 자원봉사를 하는 것이 그 시간에 돈 버는 것만큼 즐거운 일이다. | 9.2 | ○ |
| 4. 소득이 많을수록 높은 비율의 소득세를 내는 것은 바람직한 일이다. | 3.8 | |
| 5. 장애인의무고용제도는 사회를 발전시키는 데 기여한다. | 6.7 | ○ |
| 6. 건강보험 적자분을 세금으로 메우는 것은 옳은 일이다. | 4.2 | |
| 7. 농어촌 출신 고등학생들의 대학 우선입학제도는 바람직한 일이다. | 5.6 | |

## 2) 문항 검토와 사전검사

높은 **신뢰도**와 **타당도**를 가진 척도를 개발하는 것은 쉬운 과정이 아니다. **척도의 질**(quality)은 여러 가지 외적/내적 요인에 의해 영향을 받게 된다. 척도를 위한 문항이 준비되면, 현장에서 사용하기 전에 반드시 척도의 질을 검토해야 한다. 사전 검토과정에서 발견된 문제점은 수정과정을 거치게 된다. 이러한 수정과정은 수차례 반복될 수 있으며, 좋은 척도 개발을 위해서는 필수이다.

### (1) 문항 검토

문항의 검토는 새로 개발한 척도를 사용하기 전에 이론과 경험에 비추어 충분한 신뢰도와 타당도를 갖추었는지 검사하는 단계이다. 문항 검토는 큰 비용과 시간이 필요하지 않으면서, 실제 사용단계에서 발생할 수 있는 문제점을 예방할 수 있다는 장점이 있다. 문항 검토는 전적으로 이론과 검사자의 경험에 의존하기 때문에 척도 개발과 평가에 대한 전문 지식을 가진 연구자가 하는 것이 바람직하다. 문항 검토는 전문가와 현장의 실천가들이 다음의 사항들을 검사한다.

- 척도의 항목들이 측정하고자 개념을 측정할 수 있는가?
- 문항들이 명확하고 간결하게 구성되어 있는가?
- 필요한 항목들이 누락되지 않았는가?

(2) 사전검사

사전검사는 척도 개발뿐만 아니라 연구모형 개발, 프로그램 개발/평가 등 사회복지연구와 사회복지실천의 모든 분야에서 필요한 과정이다. 사전검사는 소수의 조사대상자를 모집해서 척도를 사용한 뒤, 척도가 원래의 취지대로 기능을 하는지 또는 결함을 가지고 있는지 검토하는 것이다. 사전검사는 문항 검토와 척도 완성의 중간단계에 해당된다. 사전검사가 필요한 이유는 다음과 같다.

척도 및 프로그램 개발은 많은 시간과 비용이 필요하다. 충분한 사전 준비(이론적 검토)에도 불구하고 새로 개발한 척도나 프로그램은 오류를 포함할 가능성이 있다. 그런데 개발이 완료된 상태에서 오류를 발견하면 오류를 수정하기 위해 많은 추가비용이 발생한다.

척도는 최종적으로 현장의 클라이언트의 복지를 위해 사용하는 것이다. 만약 척도가 오류를 가지고 있다면 클라이언트에게 피해를 초래할 수 있다. 이와 같은 이유로 척도는 개발단계에서 사전검사를 거쳐 사용하기 전에 오류를 최소화하는 것이 바람직하다. 한 가지 유의할 점은 사전검사 단계까지 문항 수를 충분히 두어야 한다는 것이다. 많은 경우 원래의 척도에서 충분한 문항을 가지고 검사를 시행한 후, 신뢰도와 타당도에 도움이 되지 않는 문항들을 탈락시켜 나가는 방법을 사용한다. 사전검사과정에서는 다음의 사항들을 점검한다.

- 조사대상자들이 충분히 척도의 내용을 이해할 수 있는가?
- 검사에 걸리는 시간이 적합한가?

- 척도의 신뢰도와 타당도가 적합한가?

1번과 2번 항은 검사 즉시 특별한 분석기술을 사용하지 않고도 확인할 수 있다. 하지만 3번 항은 신뢰도와 타당도를 평가하기 위한 분석기술이 필요하다. 신뢰도와 타당도를 평가하는 방법은 뒷부분에서 설명한다.

## 3) 신뢰도와 타당도 평가

### (1) 신뢰도의 평가

**신뢰도**는 측정도구가 반복적인 측정과정에서 어느 정도 유사한 측정결과를 도출하는가를 의미한다. 동일한 개념을 측정한다면, 좋은 측정도구는 동일한 측정결과를 도출해야 한다. 신뢰도의 평가는 동형검사와 내적일관성검사로 구분된다.

#### ① 동형검사

동형검사는 하나의 측정도구를 2회 이상 반복하여 측정결과가 어느 정도 유사한지 검사하는 방법이다. 반복된 측정검사 결과가 유사할수록 측정도구의 신뢰도는 높다고 평가할 수 있다.

##### ■ 검사-재검사법

검사-재검사법(test-retest method)은 동일한 대상에게 동일한 측정도구로 사용하여 일정한 시간 차이를 두고 측정을 반복하는 방법이다. 검사와 재검사의 결과 사이에 상당한 상관관계가 있다면 척도의 신뢰도가 높다고 볼 수 있다.

- 장점: 비교적 검사법의 실행이 쉽다.
- 단점: 첫째, 검사와 재검사 사이의 시간 동안 대상자의 상태가 변할 수 있다. 예를 들어, 스트레스 환자가 일정한 휴식을 취한 후 상태가 호전되어 재검사에서 스트레스 지수가 감소할 수 있다. 검사와 재검사 사이의 적절한 시간 간격을 정하는 것이 중요하다. 둘째, 대상자가 첫 검사에서 얻은 경험(학습효과)으로 인해 신뢰성이 저하될 수 있다. 대상자가 첫 검사에서 검사의 목적과 방법을 이해한 후 연구자가 원하는 것 또는 사회적으로 바람직한 내용으로 대답

하려 할 수 있다(social desirability bias).

■ 복수양식법

복수양식법(multiple forms technique)은 유사양식법의 명칭으로 불리기도 한다. 거의 동시에 유사한 두 개의 척도(주된 척도와 유사 척도)를 동일한 대상에게 사용하고 그 결과를 비교하여 주된 척도의 신뢰도를 측정하는 방법이다. 두 척도의 검사 결과가 유사할수록 신뢰도가 높다고 평가한다.

- 장점: 검사 사이에 실질적인 시간 간격이 존재하지 않기 때문에 검사-재검사법의 단점을 극복할 수 있다.
- 단점: 두 개의 척도를 마련하기 위해 많은 시간과 비용이 필요하다.

■ 상호평가기법

상호평가기법(inter-rater method)은 동일한 척도를 복수의 평가자가 동시에 작성하여, 결과들의 상관관계를 평가하는 방법이다. 높은 상관관계는 높은 신뢰도를 암시한다. 방법이 간단하고 비용이 적어서 널리 쓰이고 있다.

- 장점: 복수의 검사들 사이에 시간 간격이 존재하지 않는다.
- 단점: 척도를 사용하는 평가자 개인의 경험과 능력이 평가결과에 영향을 미칠 수 있다. 따라서 평가를 시작하기 전에 척도 사용법에 대한 충분한 사전 교육이 이루어져야 한다.

(2) 내적일관성검사

척도가 일관된 측정결과를 도출하기 위해서 척도를 구성하는 항목들 사이의 동질성이 중요하다. 내적일관성검사는 척도 내의 문항들이 어느 정도 동질성을 가지고 있는가를 측정하는 방법이다.

**① 반분법**

반분법(split-half method)은 하나의 척도를 반으로 나누어서 유사한 두 개의 척도로 만들어 검사를 시행하는 방법이다. 두 척도의 상관관계가 높을수록 척도의 신뢰도가 높다.

- 장점: 복수양식법과 유사하게 두 개의 척도를 거의 동시에 검사할 수 있다.
- 단점: 하나의 척도를 나누어 유사한 두 개의 척도를 만드는 과정에서 오류가 발생할 수 있다. 두 개의 척도가 실제로 유사하지 않을 가능성이 있다. 척도가 올바르게 반분되지 못해 두 개의 척도가 유사하지 않을 경우 검사결과를 신뢰할 수 없다.

**② 알파계수방법**

알파계수(Cronbach's alpha)방법은 사용하기 쉽고 높은 신뢰성으로 가장 널리 쓰이는 방법이다. 하나의 척도에서 무작위로 여러 항목을 선정하여 두 개의 새로운 척도를 만든다. 이러한 과정을 반복하면서 두 개의 척도로부터 모든 상관계수를 구하고 상관계수들의 평균값을 신뢰도로 사용한다.

- 장점: 첫째, 컴퓨터를 이용하여 정확하게 손쉽게 계산할 수 있다. 둘째, 하나의 지수로 신뢰도를 판단할 수 있다.

### (3) 타당도의 평가

**타당도**는 개발한 척도가 원래 측정하고자 의도한 요인을 정확하게 측정하는가의 수준을 의미한다. 예를 들어, 우울증 척도라면 우울증을 정확하게 진단해야 하며, 다른 유사한 증세를 진단해서는 안 된다는 것이다. 대체로 내용타당도, 기준타당도, 구성타당도로 구분되며, 각 타당도마다 특성과 측정방법이 다르다.

**① 내용타당도**

내용타당도(content validity)는 척도가 개념을 측정하기 위해 필요한 문항들을 모두 포함하고 있는가를 평가하는 것이다. 기존의 연구와 이론을 근거로, 척도는 목표 개념을 포괄적으로 측정할 수 있어야 한다. 내용타당도의 평가에서는 주로 전문가들이 척도의 문항을 읽어 보고 필요한 항목이 빠져 있는지 또는 불필요한 항목이 포함되어 있는지를 검사한다. 내용타당도의 검사는 통계적 분석을 요구하지는 않고, 항목의 내용 검사만으로 이루어지기 때문에 검사가 주관적일 가능성이 있다.

### ② 기준타당도

기준타당도(criterion validity)는 연구자의 척도가 유사한 척도와 어느 정도 유사한 결과를 도출하는지 검사하는 것이다. 기준타당도는 타당도의 측정방법에 따라 다시 세 가지로 구분된다.

- **동시 타당도**(concurrent validity): 목표 척도와 유사 척도를 동시에 사용하여 두 척도가 얼마나 유사한 결과를 도출하는지 검사한다. 예를 들어, 연구자가 1시간 이상 소요되는 표준 우울증 검사를 대신하여 현장에서 신속하게 사용할 수 있는 약식 우울증 검사를 개발하였다고 가정하자. 연구자가 새로 개발한 약식 우울증 검사의 타당도를 점검하기 위해 이미 타당도를 인정받은 표준 우울증 검사와 동시에 시행하고 두 검사의 결과를 비교하는 것이 동시타당도의 점검이다. 만약, 두 검사의 결과가 상당한 상관관계를 가진다면, 새로운 약식 우울증 검사는 동시타당도를 획득한다.
- **예측타당도**(predictive validity): 동시타당도와 유사하지만, 시간적 차이가 있다는 것이 다르다. 현재 척도의 측정결과가 미래의 유사한 개념의 측정결과와 얼마나 상관관계가 있는지 검사하는 것이다. 예를 들어, 대학입학시험은 수험생들의 고등학교에서의 지적 능력(현재의 지적 능력)을 측정하지만, 동시에 대학 입학 이후 학업수행 능력(미래 능력)을 어느 정도 예측할 수 있다. 두 가지 모두 학생들의 지적 능력과 상당한 관련이 있기 때문이다. 입학시험 점수를 척도로 사용할 경우, 입학시험 점수와 대학에서의 학점이 상당한 상관관계를 이룬다면, 대학입학시험의 예측타당도가 높다고 할 수 있다.
- **판별타당도**(discriminant validity): 척도가 측정하고자 하는 개념과 유사 개념을 구분하는 정도를 의미한다. 연구 척도와 비교 척도 사이의 상관관계가 낮을수록 판별타당도가 높은 것이다. 예를 들어, 청소년의 공격적 성향을 측정하기 위해 새로운 척도를 개발하였다면, 새로운 척도는 청소년의 적극적 성향을 측정하는 척도와 낮은 상관관계를 가져야 한다. 공격적 성향과 적극적 성향은 표면적인 유사성을 가지지만, 두 개념은 분명히 독립적 개념이기 때문에 높은 판별타당도를 가진 척도는 두 개념을 구분할 수 있어야 한다.

**③ 구성타당도**

구성타당도(construct validity)는 이론적 토대에서 만들어진 측정도구가 실제 자료와 얼마나 잘 부합하는가를 보여 주는 타당도이다. 이론적 토대와 측정도구의 관계를 검토한다는 측면에서 내용타당도와 매우 유사하지만, 실제 자료와 통계적 기법을 이용해 측정도구의 타당도를 조사한다는 것이 차이가 있다. 이러한 경우 사용되는 통계기법 중 대표적인 기법이 요인분석이다.

## 4) 요인분석

앞서 설명하였듯이, 척도의 타당도를 진단하기 위해 요인분석(factor analysis) 기법을 주로 활용한다. 요인분석의 이해는 척도의 원리를 이해하는 데 필수적이므로 요인분석의 중심 개념들을 설명하고자 한다.

### (1) 요인분석의 목적

요인분석은 직접 관찰할 수 없는 변수를 여러 개의 직접 측정할 수 있는 변수들을 이용하여 측정하는 분석법이다. 직접 관찰할 수 없는 변수는 **요인**(factor) 또는 **잠재변수**(latent variable)라고 불리며, 요인을 측정하기 위해 사용하는 직접 측정 가능한 변수는 **지표**(indicator) 또는 **관측변수**(observed variable)라고 부른다. 요인분석은 다양한 분야에서 사용되는 매우 유용한 통계분석기법이다. 척도 개발에 요인분석을 사용하는 목적은 다음과 같다.

**① 복수의 지표와 관련된 요인의 개수를 파악한다**

[그림 13-1]의 예처럼, 연구자가 이론에 근거하여 척도를 개발하기 위해 6개의 지표를 준비하였다고 가정하자. 이론상 하나의 지표로 존재하지만, 우측의 경우처럼 2개의 요인이 존재하고, 각 요인이 3개의 지표로 구성되어 있는 경우도 가능하다. 요인분석은 각 지표와 요인 간의 관계를 분석하여 최종적으로 몇 개의 요인이 존재하는지 판단할 수 있도록 도움을 준다.

**② 불필요한 지표의 수를 줄일 수 있다**

척도 개발 초기에는 척도의 지표 또는 항목을 충분히 준비하는 것이 바람직하다.

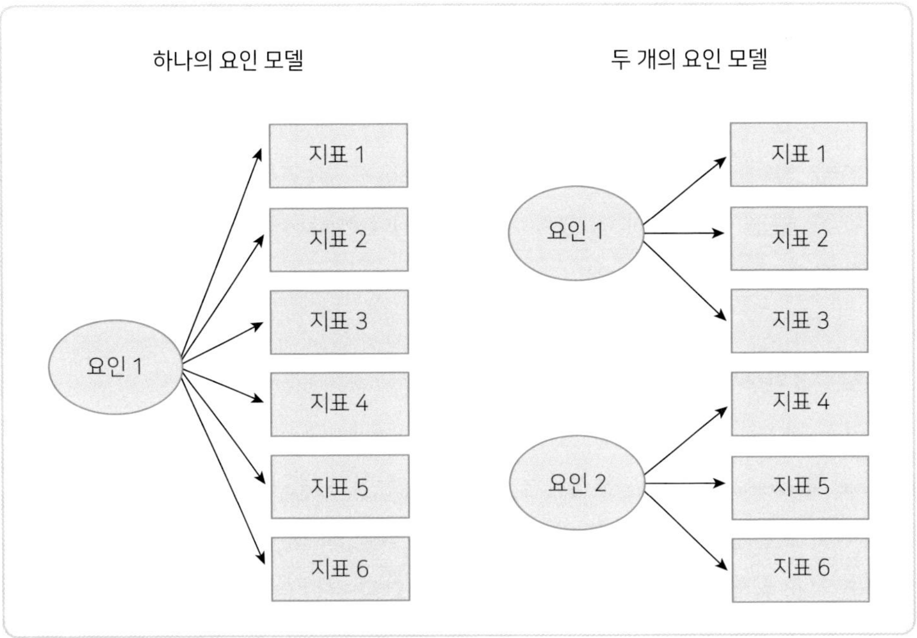


[그림 13-1] 요인의 파악

이후에 검사를 거치면서 요인의 측정에 크게 도움이 되지 않는 지표를 가려내어 줄이는 과정을 거치게 된다. 이론적으로 연관성이 있는 모든 지표가 일정 부분 요인과 연관성이 있지만, 대체로 모든 지표가 충분한(통계학적으로 유의미한) 상관관계를 가지는 것은 아니다. 요인분석은 요인과 지표들 사이의 상관관계를 분석하여, 최종적으로 요인측정에 유의미한 기여를 하는 지표만 선택하여 측정의 신뢰도가 증가하고 척도가 간결하고 명확하게 된다.

**③ 요인의 의미를 정의할 수 있다**

요인분석의 또 다른 어려움은 요인의 의미를 정확하게 정의하는 것이다. 대체로 이론을 근거로 요인의 의미를 정의하고 예상하는 것이 정석이지만, 실제 분석에서 연구자가 예상하지 못했던 요인을 발견하는 경우도 발생한다. 이런 경우, 요인분석은 새로운 요인을 구성하는 지표들을 명확하게 구별해 줌으로써 요인의 특성과 의미를 정확하게 정의할 수 있도록 도와준다.

### (2) 요인분석의 과정

요인분석의 목적을 간단하게 규정하면, 복수의 지표들 중에서 요인을 파악하는 것이다. 요인은 높은 상관관계를 가지는 한 집단의 지표들로 규정된다. 우리가 관찰할 수는 없지만 하나의 요인이 이미 존재하고, 그 요인의 영향력이 우리가 직접 관찰할 수 있는 여러 개의 지표로 나타나게 된다. 여기서는 요인분석을 수행하는 과정을 간단히 설명하고자 한다.

#### ① 단수요인모델의 설정

요인을 찾아내는 첫 과정은 상관관계 행렬(correlation matrix)을 구하고 단수요인모델(single factor model)을 설정하는 것이다. [그림 13-2]에서처럼 6개의 지표가 모두 하나의 요인을 구성한다는 가정하에서 출발하는 것이다. 이 가정을 검사하기 위해서는 지표 간의 상관관계를 검사하면 된다. 만약 하나의 요인만 존재한다면, 6개의 지표는 상관관계가 상당히 높아야 한다. 왜냐하면 동일한 요인이 동시에 6개의 지표에 동일한 영향을 주고 있기 때문에 6개의 지표는 형태는 다르지만 하나의 원인에 의해 드러나는 6개의 결과에 지나지 않는 것이기 때문이다.

[그림 13-2] 단수요인모델

그러나 만약 지표 1, 지표 2, 지표 3이 높은 상관관계를 가지고 지표 4, 지표 5, 지표 6이 높은 상관관계를 가진다면 단수요인모델의 가정은 기각하고 2개의 요인을 가진 모델을 검사하게 된다. 〈표 13-1〉의 상관관계 행렬을 볼 때, 2개의 요인이 존재할 가능성이 높다.

**표 13-1** 상관관계 행렬

| | 지표 1 | 지표 2 | 지표 3 | 지표 4 | 지표 5 | 지표 6 |
|---|---|---|---|---|---|---|
| 지표 1 | 1.00 | | | | | |
| 지표 2 | .78 | 1.00 | | | | |
| 지표 3 | .85 | .82 | 1.00 | | | |
| 지표 4 | .09 | .05 | .22 | 1.00 | | |
| 지표 5 | .12 | .12 | .18 | .91 | 1.00 | |
| 지표 6 | .20 | .18 | .30 | .88 | .82 | 1.00 |

최종적으로 2개의 요인이 인정된다면 [그림 13-3]과 같은 요인모델이 성립하게 된다.

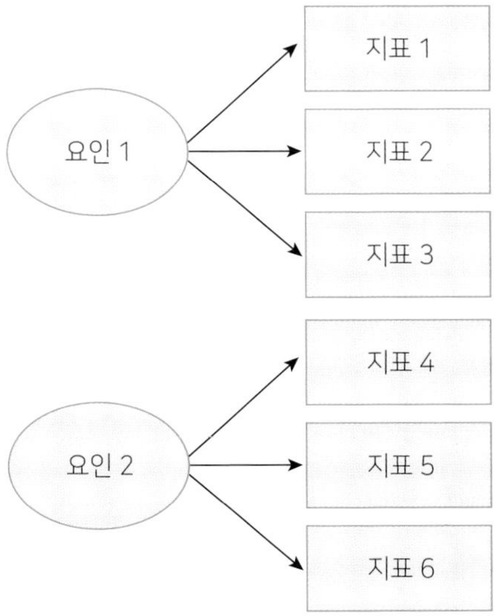


**[그림 13-3]** 복수요인모델

### ② 요인 수의 결정

앞의 경우처럼 명확하게 두 개의 요인이 구분되는 경우는 흔치 않다. 실제 경우에서 요인의 수를 결정하는 것은 결코 쉽지 않은 결정이다. 실제의 척도는 수십, 수백 개의 지표로 구성되어 있으며, 많은 지표가 유사한 상관관계를 가진다. 적절한 요인 수를 결정하기 위해서는 ① 통계학적 기준과 ② 비통계학적 기준이 사용된다.

#### ■ 통계학적 기준

통계학적 기준은 **탐색적 요인분석**(exploratory factor analysis) 같은 통계기법을 이용하여 요인의 수를 확정하는 것이다. 실제 과정은 좀 더 복잡하지만, 개념적으로 요인의 수를 결정하는 과정은 다음과 같다. 지표들 사이의 상관관계를 분석하여 통계학적으로 유의미한 경우($p < .05$) 요인을 추출하며 한 집단의 지표들의 상관관계가 상당히 높아서, 통계학적 기준으로 볼 때 우연히 발생할 확률이 5% 미만인 경우이다. 이 경우 지표들은 하나의 요인을 구성한다고 판단한다. 통계학적 검사를 반복하여 통계학적으로 유의미한 지표들 사이의 관계가 남지 않을 때까지 계속해서 요인을 추출해 나가는 것이다.

#### ■ 비통계학적 기준

비통계학적 기준이라고 해서 통계적 방법이 필요 없는 것은 아니다. 통계학적 기준의 경우 유의도(p value)를 사용하지만, 비통계학적 기준은 유의도 대신 상관관계의 정도를 주관적으로 해석하여 요인의 수를 결정하는 것이다. 가장 널리 사용되는 비통계적 기준은 ① 고윳값 기준과 ② 스크리 검사가 있다.

- **고윳값**: 고윳값(eigenvalue)은 하나의 요인이 설명할 수 있는 정보의 양을 나타내는 수치이다. 예를 들어, 청소년의 우울증(요인)을 측정하기 위해 20개의 지표를 가지고 있다고 가정하자. 실제 자료를 가지고 20개의 지표가 모두 우울증을 측정하는지, 또는 하나의 요인이 아닌 두 개 또는 세 개의 요인이 존재하는지 검사한다. 이때 각 지표가 가진 우울증에 대한 정보의 양을 1로 추정한다. 이 경우 총 정보의 양은 20(20개의 지표)이 된다. 만약 첫 요인의 고윳값이 10이라고 하면 이 요인이 총 정보 20 중 10만큼의 정보(50%의 정보)를 설명하고 있다는 것이다. 고윳값이 10인 요인을 모형에 포함시키기로 결정한 후, 다

음으로 작은 고윳값을 가진 요인을 검사하게 된다. 대체로 고윳값이 1보다 큰 요인까지 검사하는 것이 일반적이다. 고윳값이 1보다 작다는 것은 요인이 가진 정보의 양이 하나의 지표보다 작다는 것을 의미하며, 이론적으로 하나의 요인은 최소한 하나의 지표(보통은 둘 이상의 지표)를 가져야 하기 때문에 하나의 지표보다 적은 정보 양을 가진 요인은 존재할 수 없다.

한편, 실제 과정에서 고윳값이 1보다 크다고 해서 모두 요인으로 인정하는 것은 아니다. 연구자가 요인 수를 결정할 때는 다시 이론적 타당성과 척도의 특성을 고려하여 최종적인 결정을 하는 것이 바람직하다. 고윳값은 연구자의 결정을 돕는 하나의 지침으로 사용되어야 한다.

- **스크리 검사**: 스크리 검사(scree test) 또한 고윳값을 사용한다. 고윳값을 이용한 검사가 절대적인 고윳값 수치를 주된 기준으로 사용한다면, 스크리 검사는 고윳값의 상대적 차이를 시각적으로 비교하는 방법이다. [그림 13-4]는 스크리 도표의 한 예이다. 도표에서 첫 번째 요인의 고윳값은 약 25이며, 두 번째 요인의 고윳값은 약 4이다. 스크리 도표는 항상 왼쪽의 요인이 가장 높은 고윳값을 가지고 점차 고윳값이 감소하는 형태를 가지고 있다. 이러한 형태가 산비

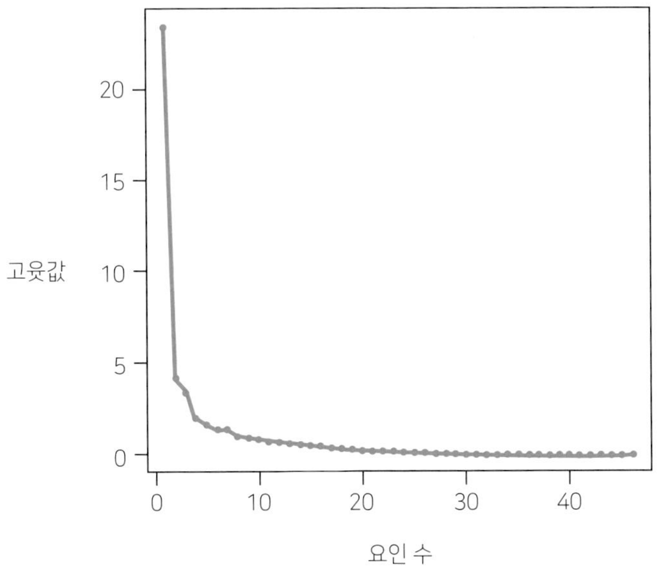


**[그림 13-4] 스크리 도표**

탈을 닮아서 스크리 검사라는 명칭을 얻게 되었다. 이러한 형태를 가지게 된 이유는 항상 첫 번째 요인이 지표들이 가진 정보의 가장 많은 양(공변동으로 측정된다)을 차지하면서 가장 높은 고윳값을 가지고, 두 번째 요인이 그다음으로 많은 정보의 양을 차지한다. 이후의 요인들은 앞쪽의 요인이 차지하고 남은 공변동으로 구성이 되기 때문에 고윳값이 점차 감소한다.

스크리 도표를 해석하는 몇 가지 방법이 있으나, 하나의 방법을 선택한 후에도 연구자의 주관적인 결정이 필요하다. 스크리 도표를 해석하는 방법 중 Cattell(1966)이 제시한 해석법을 소개한다. 도표에서 좌측에 분포한 요인의 고윳값은 급격하게 감소한다. 다음의 예에서 세 번째 요인까지가 이 경우에 해당한다. 그러나 일정한 요인 수에 도달하면 고윳값의 감소폭은 줄어들면서 평탄한 형태를 이루게 된다. 이러한 평탄한 부분을 Cattell은 엘보(elbow)라고 부른다. Cattell은 엘보의 앞부분에 있는 요인들을 실질적인 요인으로 간주할 것을 추천하고 있다. Cattell의 방법은 스크리 검사법을 해석하는 데 중요한 기초를 제공한다. 하지만 실제 스크리 도표가 항상 명확하게 구분되는 엘보를 가지는 것은 아니다. 이 경우, 연구자는 선행연구와 이론적 타당성을 참고하여 최종 결론을 내려야 한다.

**③ 요인회전**

요인회전(factor rotation)은 판독하기 어려운 수학적인 요인분석 결과를 쉽게 이해할 수 있는 구조로 재해석하는 과정이다. 유의할 점은, 요인회전은 요인에 속해 있는 지표들을 서로 바꾸거나 재구성하는 것이 아니며, 단지 더욱 명확한 해석을 위하여 관점(vantage point)을 바꾸어 결과를 재해석하는 것에 불과하다는 것이다. 요인회전법은 요인행렬표를 좌표 위에 두고 회전하는 방법인데 직교회전(orthogonal rotation)과 사각회전(oblique rotation)이 일반적으로 이용되고 있다. 직교회전이라는 명칭은 좌표상에서 회전하는 축 간에 직각이 형성되기 때문이며, 사각회전이라는 명칭은 직각이 아닌 둔각 또는 예각을 이루기 때문이다.

직교회전은 요인들끼리의 관계를 0으로 설정하는 방법이다. 직교회전의 가장 큰 특징은 요인들의 관계뿐만 아니라 지표와 요인의 관계가 단순해지면서 해석이 용이하다는 것이다. 반면에 사각회전은 요인끼리 상당한 관련이 있다고 설정하는 방법이다. 이 경우 요인과 지표들의 관계가 복잡해지면서 해석에 주의가 필요하다.

연구자의 입장에서 직교회전을 쓰는 것이 편리하겠지만, 회전방법의 선택은 이론적 근거에 기반을 두어야 한다. 만약 두 요인이 서로 관련이 있다는 충분한 이론적 타당성이 있다면 사각회전을 하는 것이 바람직하다.

## 2. 척도 개발 사례

앞에서 척도 개발을 위한 이론적 내용을 설명하였고 이 절에서 실제의 표준척도가 개발되는 과정을 설명하고자 한다. 척도 개발방식은 다양하지만, 다음의 사례는 표준척도가 개발되는 일반적인 과정으로 보아도 무방하다.

### 〈사례〉 아동행동평가척도

다음의 사례에서 사용한 척도는 아동행동평가척도(Child Behavior Checklist: CBCL)이다. 아동행동평가척도는 Achenbach과 Edelbrock이 1980년대 초에 개발한 이후 지속적인 수정과 검정 과정을 거쳐 아동의 행동 및 정서 장애를 평가하는 척도로 널리 사용되고 있다(Lowe, 1998).

#### ■ 척도의 구조

아동행동평가척도의 기본 구조는 품행장애를 가진 아이들의 부모들이 아이들의 행동에 관한 복수의 질문에 답하는 형태이다. 개발 이후 척도는 아이들의 연령에 따라 2세와 3세 아동을 위한 아동행동평가척도(CBCL/2-3)와 4세와 18세 사이의 아동·청소년을 위한 척도(CBCL/4-18)로 구분되었다(Achenbach, 1991a). CBCL/2-3이 문제행동(behavior problem)만을 평가하는 반면, CBCL/4-18은 문제행동과 사회적 능력(social competence)을 조사한다. 부모가 작성하는 CBCL 이외에 교사가 작성하는 교사보고 양식(Teacher Report Form), 연구자가 작성하는 직접관찰 양식(Direct Observation Form), 청소년이 직접 보고하는 청소년 자기보고(Youth Self-Report)를 추가하였다(Achenbach, 1991b). 한국에서는 오경자와 이혜련(1990)이 한국의 상황에 맞도록 수정한 K-CBCL을 개발하여 사용하고 있다.

과정 1) 척도 개발 목적 설정과 선행연구 검토

Achenbach와 Edelbrock은 아동의 행동 및 정서 장애를 측정하기 위한 척도를 개발하기로 결정하고 난 후, 철저하고 방대한 선행연구 검토에 착수하였다. 선행연구 검토는 행동장애와 관련된 이론들과 학계에 보고된 품행장애의 실제 사례를 연구하면서 공통분모를 찾아가는 과정이었다. 이 과정에서 임상학자들과 의사들의 조언과 견해를 참고하였다.

과정 2) 개발자에 의한 타당도와 신뢰도의 평가

대략적인 지표 개발이 완료된 후, Achenbach와 Edelbrock은 다양한 방법을 이용하여 CBCL의 신뢰도와 타당도를 평가하였다.

■ **신뢰도 평가**

- 품행장애 아동의 부모를 대상으로 일주일 간격으로 검사-재검사법을 사용하여 두 검사 간의 급간상관계수(interclass correlation coefficient) 0.95를 획득하였다.
- 초기에 측정한 신뢰도가 장기간 지속되는지 알아보기 위해 3개월 후에 재검사를 실시하였고, 급간상관계수 0.84를 얻었다.
- 상호평가를 위하여 부모가 직접 작성한 경우와 전문 조사자가 개입하여 조사한 경우를 비교하여 급간상관계수 0.93를 획득하였다.
- 직접관찰 양식의 경우 상호평가기법을 이용하여 0.92의 상관계수 값을 획득하였다.
- 교사보고 양식의 경우 검사-재검사법을 사용하여 상관계수 값 0.87을 획득하였다.

■ **타당성 평가**

- Achenbach와 Edelbrock(1983)은 기준타당도를 검사하기 위해 품행장애 판정을 받아 병원에 등록한 아이들과 그렇지 않은 아이들을 비교하여 두 그룹에서 현저히 다른 결과를 얻었다.
- Reed와 Edelbrock(1983)은 직접관찰 양식의 결과와 문제행동에 대한 선생님들의 견해, 아이들의 학업성취도가 상관관계가 있음을 보고하였다.
- Kazdin과 Heidish(1984)는 행동장애로 병원에 입원한 아이들에게 CBCL을 사

용하여 품행장애와 기타 행동장애를 성공적으로 구분할 수 있었다.

- Edelbrock, Greenbaum과 Conover(1985)는 동시타당도를 확인하기 위해 교사보고 양식과 the Conners Revised Teacher Rating Scale을 동시에 사용하여 두 척도의 결과가 상당히 유사하다는 것을 보고하였다.

과정 3) 부록의 첨가

Achenbach와 Edelbrock은 아동의 행동장애를 정확하게 진단하기 위해서는 다양한 출처의 정보를 이용할 필요가 있다는 판단 아래, 초기의 척도가 부모의 관찰에만 의존하던 것에서 벗어나 다양한 척도를 추가하였다. 부모에 의해 작성되는 기본 양식 이외에 교사보고 양식, 직접관찰 양식, 청소년 자기보고를 추가하였다(Lowe, 1998).

과정 4) 관련 연구자들에 의한 타당도와 신뢰도의 평가

CBCL의 신뢰도와 타당도는 개발자에 의해서만 입증된 것이 아니다. 하나의 척도가 표준척도로 인정받기 위해서는 많은 연구자에 의해 신뢰도와 타당도를 검정받아야 한다.

■ **신뢰도 평가**

- Achenbach, Verhulst, Baron과 Akkerhuis(1987)는 CBCL이 미국 이외의 지역에서 사용될 수 있는가를 검사하였다. 연구팀은 미국과 네덜란드에서 품행문제 아동들을 상대로 CBCL을 사용하여 두 결과를 비교해 본 결과, 통계학적으로 유의미한 차이점이 없었다.
- Crawford와 Lee(1991)는 검사-재검사법을 통해 CBCL의 단기간 안정성을 보고하였다.
- De Groot, Koot과 Verhulst(1994)의 연구결과도 CBCL이 인종과 언어를 초월하여 일반적으로 사용될 수 있음을 보고하였다.
- Lambert, Knight, Taylor와 Achenbach(1994)는 자메이카와 미국의 아동들에게 동시에 CBCL을 사용하여 유사한 결과를 얻었다.
- Leung 등(2006)은 중국어로 번역한 CBCL을 사용하여 높은 수준의 신뢰도를 획득하였음을 보고하였다.

## 참고문헌

김영종(2008). 사회복지 조사방법론(2판). 서울: 학지사.

노경섭(2019). 제대로 알고 쓰는 논문 통계분석. 서울: 한빛아카데미.

노형진(2014). SPSS를 활용한 주성분분석과 요인분석. 서울: 한올출판사.

성태제(2019). 알기 쉬운 통계분석(3판). 서울: 학지사.

Achenbach, T. M. (1991a). *Manual for Child Behavior Checklist/4-18 and 1991 Profile*. Burlington, VT: University of Vermont, Department of Psychiatry.

Achenbach, T. M. (1991b). *Manual for the Teacher's Report Form and 1991 Profile*. Burlington, VT: University of Vermont Department of Psychiatry.

Achenbach, T. M., & Edelbrock, C. S. (1983). *Manual for the child behavior checklist and revised child behavior profile*. Burlington, VT: University of Vermont, Department of Psychiatry.

Achenbach, T. M., Verhulst, F. C., Baron, G. D., & Akkerhuis, G. W. (1987). Epidemiological comparisons of American and Dutch children: I. Behavioral/emotional problems and competencies reported by parents for ages 4 to 16. *Journal of the American Academy of Child and Adolescent Psychiatry, 26*, 317-325.

Cattell, R. B. (1966). The scree test for the number of factors. *Multivariate Behavioral Research, 1*, 245-276.

Crawford, L., & Lee, S. (1991). Test-retest reliability of the Child Behavior Check List ages 2-3. *Psychological Reports, 69*, 496-498.

De Groot, A., Koot, H. M., & Verhulst, F. C. (1994). Cross-cultural generalizability of the Child Behavior Checklist cross informant syndromes. *Psychological Assessments, 6*, 225-230.

DeVellis, R. F. (2003). *Scale development: Theory and applications* (Vol. 26). Thousand Oaks: Sage Publications.

Drake, B., & Jonson-Reid, M. (2008). *Social work research method: From conceptualization to dissemination*. New York: Pearson Education.

Edelbrock, C. S., Greenbaum, R., & Conover, S. (1985). Reliability and concurrent relations between the teacher version of the Child Behavior Profile and the Conners Revised Teacher Rating Scale. *Journal of Abnormal Child Psychology, 13*, 295-304.

Kazdin, A. E., & Heidish, I. E. (1984). Convergence of clinically derived diagnoses and parent checklist among inpatient children. *Journal of Abnormal Child Psychology, 12*, 421-436.

Lambert, M. C., Knight, F. H., Taylor, R., & Achenbach, T. M. (1994). Epidemiology of behavioral and emotional problems among children of jamaica and the United States: Parent reports for ages 6 to 11. *Journal of Abnormal Child Psychology, 22*(1), 113-128.

Leung, P. W. L., Kwong, S. L., Tang, C. P., Ho, T. P., Hung, S. F., & Lee, C. C. (2006). Test-retest reliability and criterion validity of the Chinese version of CBCL, TRF, and YSR. *Journal of Child Psychology and Psychiatry, 47*(9), 970-973.

Lowe, L. A. (1998). Using the Child Behavior Checklist in assessing Conduct Disorder: Issues of reliability and validity. *Research on Social Work Practice, 8*(3), 286-301.

Monette, D. R., Sullivan, T. J., & DeJong, C. R., & Hilton, T. P. (2002). *Applied social research: Tool for the human services*. Wadsworth Publishing.

Pagano, R. R. (2000). *Understanding statistics in the behavioral sciences*. Belmont, CA: Wadsworth/Thomson Learning.

Reed, M. L., & Edelbrock, C. S. (1983). Reliability and validity of the Direct Observation Form of the Child Behavior Checklist. *Journal of Abnormal Child Psychology, 11*(4), 521-530.

# 찾아보기

## 인명

## 내용

## 저자 소개

**손병덕(Sohn Byoungduk)**
Oxford University 박사
총신대학교 사회복지학과 교수

**신연희(Shin Yeunhee)**
이화여자대학교 박사
성결대학교 사회복지학과 교수

**양혜원(Yang Haewon)**
연세대학교 박사
총신대학교 사회복지학과 교수

**이상무(Lee Sangmoo)**
Washington University in St. Louis 박사
평택대학교 사회복지학과 교수

**장신재(Chang Cinjae)**
연세대학교 박사
서울장신대학교 사회복지학과 교수

**전미애(Chun Miae)**
University of Southern California 박사
서울대학교 박사
총신대학교 사회복지학과 교수

**황혜원(Hwang Hyewon)**
Michigan State University 박사
청주대학교 사회복지학과 교수

# 사회복지조사론

Social Welfare Inquiry

2021년 3월 15일 1판 1쇄 인쇄
2021년 3월 20일 1판 1쇄 발행

지은이 • 손병덕 · 신연희 · 양혜원 · 이상무 · 장신재 · 전미애 · 황혜원
펴낸이 • 김진환
펴낸곳 • (주) 학지사
04031 서울특별시 마포구 양화로 15길 20 마인드월드빌딩
대표전화 • 02)330-5114 팩스 02)324-2345
등록번호 • 제313-2006-000265호

홈페이지 • http://www.hakjisa.co.kr
페이스북 • https://www.facebook.com/hakjisabook

ISBN 978-89-997-2365-0 93330

정가 17,000원